마음 독립,
스스로 나를 선언하다

정신건강의학과 전문의가 전하는 치유와 위로의 메시지

마음 독립, 스스로 나를 선언하다

고한석 지음

이더레인
Iedereen

프롤로그

자신을 믿으세요?

맞은편에 이상형이 앉아 있다. 심장이 뛰고 무슨 말을 해야 할지 모르겠다. 그 와중에도 소개해 준 친구가 고맙다는 생각은 든다. 첫 만남이라 어색하기는 하지만, 카페에 흐르는 감미로운 음악이 긴장감을 덜어준다. 이윽고 상대가 입을 열기 시작한다. 편하게 말할 수 있도록 얼른 입가에 미소를 짓는다.

"질문 하나 해도 될까요?"
"네, 편하게 아무거나 물어보세요."
"자신을 믿는 편이세요?"
"……………"

질문이 너무 어렵다. 취미나 신변잡기에 대한 질문이라면 손쉽게 대답하겠는데 느닷없이 자신을 믿느냐는 질문에 뭐라고 대답을 해야 할지 막막하다.

"물론이죠. 저는 저 자신을 전적으로 믿어요"라고 말하자니 너무 거만해 보일까봐 걱정이 앞서고 "사실 저는 스스로를 못 믿는 편이에요"라고 말하자니 너무 자신감 없어 보일까 걱정이 된다. 이런 나를 상대가 좋게 볼 리도 만무하다.

　아마도 대다수의 사람들은 스스로에 대한 믿음을 절대 신뢰와 절대 불신 사이의 어느 지점에 두고 있을 것이다. 그리고 자신에 대한 믿음은 그때그때의 상황에 따라 급변한다는 것을 잘 알고 있을 것이다. 그렇다면 자신 외에 타인에 대한 믿음은 어떨까? 과연 우리는 어떤 사람을 믿을 수 있다고 표현할까? 돈이 많은 사람? 지위가 높은 사람? 자본주의 사회에서 이런 부류의 사람은 분명히 힘이 있다. 하지만 엄밀히 말하자면, 이런 사람을 믿는다고 말할 때는 그 사람 자체를 믿는다기보다는 그 사람이 지닌 돈과 지위를 믿는다는 표현이 더 적합할 것이다.

　사실 의외로 답은 간단할 수 있다. 초등학교 시절에 우리는 이미 모범 답안을 배웠다.

　'약속을 잘 지키는 사람, 책임감이 강한 사람, 배려심이 깊은 사람, 도덕적인 사람'

　우리는 이런 사람들을 무의식중에 믿고 따른다. 즉, 스스로를 믿고 싶다면 이런 가치를 평소에 실현하며 살면 되는 것이다. 하지만 현실은 그렇지 못할 때가 많다. 사실, 돈이 많고 지위가 높은 사람이라고 해서 자기 믿음이 굳건하다고 단정 짓기는 어렵다. 누구나 살다 보면 예측 불가능한 역경은 찾아오기 마련이며, 그 순간의 선택에 돈이나 사회적 지위가 반드시 영향을 미치는 것은 아니다. 돈과 지위에 기대지 않고 자신에 대한 믿음을 키우기 위해서는 위기의 순간에 합리적으로 대처할 줄 알아야 한다. 그 과정에 필요한 것은 스스로 고민하고, 선택하고, 책임지는 자세일 것이다. 당연한 말이지만 돈이 이런 것들을 모두 보장하지는 않는다.

자신에 대한 믿음을 갖고 온전히 살기 위해서는 '자율성autonomy'이 필요하다. 여기서 말하는 자율성이란 스스로 선택하고 책임지는 자세를 말한다. 이 자율성을 다르게 표현하면 '마음 독립'이라고 할 수 있다. 이름은 하나지만 별명은 여러 개일 수 있듯이 자율성은 마음 독립, 자기 신뢰, 자기 믿음 등으로 표현될 수 있다. 그리고 이들 모두에는 유사한 뜻이 내포되어 있다.

어쩌면 누군가는 이 시점에, 이렇게 말할지도 모르겠다.

"그런 뻔한 답을 원하는 게 아니니, 실생활에 직접 도움이 되는 얘기를 해 보라고요."

이런 이유를 들먹이며 심리학 관련 서적을 멀리하는 사람도 꽤 많다. 쉽게 말해서, 먹고 사는 데 별 도움이 안 된다는 것이다. 물론 심리학 서적을 읽는다고 해서 갑자기 월급이 오르거나 어제 산 주식이 급등하는 것은 아니다. 그렇기 때문에 심리학 서적의 효용성에 대한 반박도 충분히 이해는 간다. 사실 우리네 삶이라는 것이 하루하루 돈을 벌며 살기도 퍽퍽한 것이 사실이다.

하지만 조금만 관점을 달리해서 생각해 보면 어떨까? 사실, 돈은 단기간에 많이 벌기는 힘들다. 스스로에 대한 믿음도 마찬가지다. 순식간에 자기 믿음이 자라서 신뢰할 수 있는 사람으로 거듭나는 것이 아니다. 그렇다면 내가 이미 가지고 있는 자원을 효율적으로 사용하는 것을 고민해 보는 것도 한 방법이다. 마치 뻔한 월급 내에서 효율적으로 지출하기 위해 머리를 싸매고 고민하는 것처럼 말이다.

그러기 위해서는 먼저 자신을 알아야 한다. 자신을 알아야 자기 신뢰가 생기고, 자기 신뢰가 있어야 세상의 풍파를 견딜 수 있다. 한편으론 돈이면 다 될 것 같은 세상이지만, 현실적인 해답은 자율성의 회복에 정답이 있을 수 있다. 삶을 책임지겠다는 마음가짐이 있을 때, 삶은 좀 더 온전해질 수 있다. 삶의 온전함은 마음의 평화로 이어지고, 마음이 편해지면 일도 능률적으로 할 수 있다. 간접적이지만 돈벌이에도 도움이 된다.

자기 신뢰라는 그럴듯한 이유를 제쳐두고라도 자율성이 필요한 이유는 또 있다. 자율성은 인간의 타고난 심리적 본능이기 때문이다. 정신의학자 에릭 에릭슨은 연령에 따른 심리사회적 발달을 설명하면서, 인간은 만 1세부터 3세까지 자율성의 실현에 몰두한다고 말했다. 아이가 말을 곧잘 하게 되면, 자주 내뱉는 말이 있다. 바로 "싫어"라는 말이다. "싫어"라는 말 속에는 하고 싶은 대로 하겠다는 자기주장이 있다. 이것이 바로 자율성을 추구하는 것이다.

어릴 적부터 자율성을 추구하는 것을 보면, 자율성은 인간의 타고난 심리적 본능임이 분명하다. 본능은 충족돼야 한다. 그렇지 않으면 삶은 필연적으로 불행해진다. 배고프면 먹어야 하고, 졸리면 자야 한다. 여기에 예외는 없다. 물론, 형편에 따라 반찬은 부실할 수 있고, 수면 시간은 부족할 수 있다. 하지만 어찌됐건 먹고 자기는 해야 한다. 자율성의 실현도 식욕과 수면욕의 실현과 다를 바 없다. 그렇기 때문에 이제라도 자율성의 가치를 충분히 이해하고, 마음 독립을 위해 노력해야 한다.

지금까지 말한 내용을 바탕으로, 마음 독립이 필요한 이유를 요약하면 다음 두 가지로 압축할 수 있다.

첫째, '마음 독립'이 있어야 삶은 온전해진다.
둘째, '마음 독립'은 타고난 심리적 본능이다.

이 책은 크게 5개의 파트로 구성된다.

Part 1에서는 감정을 들여다보고 그 감정이 어떤 행동으로 이어지는지 살펴볼 것이다. 대부분의 사람들은 자신의 감정을 잘 안다고 생각하지만 왜 그런 감정을 느끼는지 그리고 그 감정이 어떤 행동으로 이어지는지 잘 모르는 경우가 많다. 이에 Part 1에서는 감정이 행동에 어떻게 영향을 미치는지 중점적으로 살펴볼 것이다.

Part 2~4에서는 우리가 스스로 선택하고 책임지며 자율적으로 살아야 하는 이유와 마음 독립을 위해서는 시간을 어떻게 쓰고, 타고난 흥미를 어떻게 발굴하며, 정신적 에너지는 어떻게 사용해야 하는지를 구체적으로 살펴볼 것이다. 또한 각박한 현실이 마음 독립을 어떻게 방해하고 있는지 살펴보고 동시에 합리적인 대처법도 논의하려고 한다.

마지막으로 Part 5에서는 무의식 세계가 우리에게 미치는 영향에 대해 살펴볼 것이다. 평소 우리는 의식적 사고만을 중요시하지만, 사실은 무의식적 사고가 일상에 지대한 영향을 미치고 있다. 이에 Part 5에서는 무의식적 사고에 영향을 미치는 요소들을 살펴보고 나아가 성격이 특이한 사람들의 사례를 통해 무의식과의 소통이 왜 중요한지 살펴보도록 하겠다.

'마음 독립'을 한마디로 표현하기는 어렵지만, 독자의 이해를 돕기 위해 간략하게 설명하자면 이렇게 정의하고 싶다.

'삶의 다양한 도전을 당당히 직면하고 의식적, 무의식적 사고 과정을 거쳐 자기 가치에 부합되는 선택을 실천하고 결과에 대해서도 책임지는 태도'

이제부터 '마음 독립'을 위한 본격적인 여정을 시작하려고 한다. 마음 독립을 이루기 위해서는 먼저 자신을 알아야 한다. 그리고 자신을 제대로 알려면 많은 생각을 해 봐야 한다. 아무쪼록 이 책이 독자들로 하여금 스스로를 알고 자기 믿음을 쌓아가는 데 도움이 되기를 바란다.

생각의 세계에 오신 것을 환영한다.

차례

프롤로그　자신을 믿으세요? • 4

Part 1
마음 독립을 위한 첫 걸음, 감정 들여다보기

쇼핑 중독, 폭식… 상처받은 어린 소녀가 있었다 • 15
지금 당신이 분노하고 있는 이유 • 27
SNS 노이로제 • 37
아름다운…그래서 더 어려운 그림 '연애' • 49
착한 사람 콤플렉스 • 59

Part 2
마음 독립을 위한 두 번째 걸음, 스스로 선택하기

다른 것이지 틀린 게 아니에요 • 71
누구나 달인이 될 수 있다 • 82
네가 진짜로 원하는 게 뭐야? • 93
이제는 분노 문제에 관심을 가져야 할 때 • 104

Part 3
마음 독립을 위한 세 번째 걸음, 생존 전략 세우기

우리가 가장 행복해야 하는 시간 • 121
마음에도 생존 전략이 필요하다 • 132

삶의 가치를 높이는 시간 사용법 • 143
경험을 활용하는 3가지 방법 • 151
영양가 있게 휴식하기 • 164

Part 4
**마음 독립을 위한 네 번째 걸음,
공감하고 존중하기**

외로워지는 나, 착각하는 너 • 177
나는 왜 너에게 끌릴까? • 188
결혼은 정말 미친 짓일까? • 200
누구나 공감 받기를 바란다 • 212
나의 평생 동지, 자존감의 힘 • 224
현명한 사람은 스스로를 소진 시키지 않는다 • 235

Part 5
**마음 독립을 위한 마지막 걸음,
무의식 세계 이해하기**

내 삶의 지도 : 관계의 4분면 • 251
마음을 비춰 주는 거울 • 263
감정이 널뛰는 사람과 함께 하는 법 • 273
불안에 시달리는 사람과 함께 하는 법 • 288
이기적인 사람과 지내는 법 • 301
합리적으로 감정 다스리기 • 316

에필로그 Slow and steady wins the race • 331

아직 우리 사회는 개인이 가족과 사회를 위해 헌신하는 것을 미덕으로 여기는 편이다. 그리고 이런 가치를 적극적으로 실현한 개인이 승승장구하던 시절도 있었다. 그런데 앞으로는 '자기 책임, 자기 혁신'의 실현이 중요한 시대가 될 것이다. 실제로 이런 가치를 실현하고 있는 개인이 우대받기 시작했다.

Part

1

마음 독립을 위한
첫 걸음,
감정 들여다보기

Chapter 1

쇼핑 중독, 폭식…
상처 받은
어린 소녀가 있었다

　정신과 진료실은 세상살이의 축소판이다. 진료실 안에는 다양한 이야기가 떠다닌다. 거리의 다양한 얼굴만큼이나 내담자의 사연 또한 비슷한 듯하면서도 차이가 있다.
　우울, 불안, 불면은 정신과 방문의 주된 원인이다. 과거에도 그랬고 앞으로도 정신과를 찾는 사람들의 절대 다수가 같은 증상을 호소할 것이다. 그런데 최근 들어 이전과 다른 형태의 문제로 내원하는 이들이 늘고 있다.

쇼핑 중독, 거식증, 폭식 등 욕구를 정상적으로 통제하지 못해 어려움을 겪고 있는 경우다. 대부분의 사람들은 쉽게 공감하기 어려운 문제일 수도 있다. 하지만 순간의 욕구를 통제하지 못하는, 충동조절장애 impulse control disorders 증상을 보이는 이들은 생각보다 많다. 모든 정신적 질환이 그렇듯 외면하고 방치하면 대인기피나 우울증 등 보다 심각한 문제로 이어질 수 있다.

쇼핑으로만 느낄 수 있는 자유, 성취, 안도감

우리나라 사람들은 아직도 정신과 방문을 주저하는 경향이 있다. 그래서 내담자 중에는 가족이나 친구, 지인과 함께 병원을 찾는 경우가 적지 않다. 쇼핑 중독 문제로 병원을 찾은 20대 후반 여성 김혜은 씨의 경우도 그랬다. 그녀는 평소 친 언니처럼 의지하며 지낸다는 이웃과 함께 처음 내원했다.

혜은 씨는 언제부터인가 쇼핑에 허비하는 시간이 점점 길어졌다고 한다. 그로 인해 남편과의 다툼이 잦아지고 있었다. 우선, 혜은 씨 일과부터 들어 봤다.

"여섯 살짜리 아들을 유치원에 보내고 나면 인터넷 쇼핑을 자주 하는 편이예요. 주로 아이의 옷이나 책, 장난감 등을 판매하는 사이트를 많이 이용해요."

얼핏 보면 여느 평범한 아이 엄마들과 다를 바 없어 보이는 혜은 씨였다. 하지만 그녀는 쇼핑에 지나치게 집착하고 있었다. 스마트폰이나 인터넷 화면에 할인이나 한정 상품 등을 알리는 배너광고가 뜨면 당장이라도 그 제품을 사야 한다는 충동을 자제하지 못했다.

문제의 실체를 파악하기 위해서는 혜은 씨와 남편 사이의 관계, 가정의 경제 상황 등에 대해서도 면밀히 들여다 볼 필요가 있다. 외벌이 가정인 혜은 씨네의 경제권은 남편이 갖고 있었다. 공과금을 비롯한 생활비며 사소한 지출에 이르기까지 전적으로 남편이 관리하고 있었다. 혜은 씨는 가계 관리로 신경 쓰는 것보다 그때그때 남편에게 필요한 돈을 받아 쓰는 것이 편하다고 했다.

경제관념이 부족한 혜은 씨의 쇼핑에는 브레이크가 없었다. 구매하려는 물건이 고가인 경우에 한해 남편과 상의하기도 했지만, 결정권이 넘어오는 순간 주저 없이 남편의 신용카드 번호를 입력했다. 혜은 씨의 소비에는 어떠한 고민도, 계획도, 후회도 없었다. 얼마나 필요하고 중요한 물건을 구매하는가의 문제가 아니었다. 마음에 드는 물건을 얼마나 빨리 수중에 넣느냐가 중요했다. 혜은 씨는 부모님이나 어른들에게 용돈을 받으면 그 즉시 학교 앞 문방구나 분식집, 오락실로 향하던 초등학생 시절의 모습 그대로였다.

필요한 것을 산다면야 문제는 없었겠지만, 혜은 씨의 소비에는 꼼꼼한 계획도 충분한 고민도 없었다. 마음에 드는 물건을 구매하기 위해 재빨리 클릭하는 것만이 중요했다. 클릭하는 순간에는 아이에게 뭔가를 해 준다는 생각에 뿌듯함마저 들었다고 했다. 순간의 충동을 이기지 못해 구매한 것이니 합리적 선택이라 보기 어려웠지만, 정작 본인은 인식하지 못했다.

그러다 보니 좁은 집에 아이 용품은 넘쳐났다. 수많은 책과 장난감이 들어차 이제는 보관하기도 어려운 지경이다. 그런데도 택배 물품은 끝없이 배송됐다. 뻔한 살림에 비슷한 용품을 계속 사다 보니 남편의 질책은 늘어만 갔다. 그러다 한 번씩 다툴 때면 혜은 씨도 미안한 마음이 들었다고 했다. 그러나 그때뿐이었다. 낮에 집에 있을 때면 어김없이 핸드폰으로 손이 갔다.

혜은 씨를 깊이 있게 이해하려면 자라온 환경을 알 필요가 있었다. 세 번째 면담 때, 혜은 씨에게 가족 관계에 대해 자세히 말해 달라고 부탁했다.

"아버지는 알코올 중독에다 경제적으로 무능한 분이었어요. 그래서인지 제 기억 속의 엄마는 항상 우울하거나 신경질적일 때가 많았죠. 학교에서 돌아온 저를 반갑게 맞아 주거나 제 얘기에 귀 기울여 준 적이 별로 없었죠."

어린 시절을 회상하고 이야기하는 것이 혜은 씨에게는 힘겨운 일이었다. 감정이 복받쳐 쉽게 말을 잇지 못하는 그녀를 위로하며 천천히 이야기를 이어가도록 했다.

"어릴 적 나는 왜 태어났을까? 차라리 태어나지 않았으면 좋았을걸. 그런 생각을 자주했던 것 같아요. 가족끼리 외식을 하거나 여행을 가는 친구들을 보면 너무 부러웠어요. 우리 집과는 너무 달라서 부러워하며 멀리서 쳐다볼 뿐이었어요."

심각한 쇼핑 중독 증상을 보이고 있는 20대 후반 여성과 어려운 가정 형편, 외로움으로 인해 자존감이 극도로 낮아진 어린 소녀가 오버랩 되고 있었다.

어린 시절 부모와의 관계는 일평생 살아가며 맺게 되는 숱한 인간관계에 지대한 영향을 미친다. 아이는 부모의 지지적인 반응을 통해 안정적인 자아를 형성하고 세상을 향해 다가설 수 있는 용기를 얻게 된다. 안타깝게도 혜은 씨에게는 이 같은 정서적 경험이 결여되어 있었다. 성인이 된 후에도 마음 한구석에는 '나는 사랑 받을 가치가 없어! 나 같은 사람을 누가 좋아하겠어!' 같은 부정적인 생각들이 자리 잡고 있었다.

서양 격언 중에 "효과적인 양육이란 자녀가 자랄 수 있는 뿌리를 만들어 주고 그런 다음 날아갈 수 있는 날개를 달아주는 것이다"라는 말이 있다. 어린 시절 혜은 씨는 자유로운 날개를 달기는커녕 충분한 자양분을 공급받지 못해 뿌리마저 흔들리는 처지였다. 자신감이 부족했던 혜은 씨는 학창 시절 친구들에게 다가가기 어려웠다고 했다. 친구들도 자신을 우습게 볼 것이라는 지레짐작 때문이었다.

혜은 씨는 20대 초반, 지금의 남편을 만나 연애결혼을 했다. 무엇보다 자기 얘기에 귀 기울이고 진심으로 관심을 보여 주는 모습에 마음이 끌려 결혼을 결심하게 됐다고. 사람은 자신을 비추는 상대를 통해 부족한 자아상을 회복하기도 하는데, 혜은 씨에게는 연애 시절 남편이 그런 존재였을 것이다.

혜은 씨는 결혼 전이나 이후로도 부모님과의 관계가 원만하지 않았고 왕래도 거의 없다고 했다. 신혼 때와 달리 남편과의 관계도 갈수록 소원해지면서 자신이 믿고 의지할 수 있는 사람은 옆집 언니뿐이라고 했다.

혜은 씨의 치료를 위해서는 남편의 도움과 협조가 필요해 보였다. 한 번쯤 함께 내원해 줄 수 있느냐는 요청에 남편은 순순히 응했고, 아내의 치료 과정에 적극적으로 참여하겠다는 의사를 보였다. 정신과 진료실을 찾은 남편에게 아내의 성장환경이나 처가 분위기에 대해 어떻게 생각하고 있는지 물었다.

"아내가 친정 가는 것을 꺼리는 편이에요. 어쩌다 친정에 가도 장모님과는 별로 대화도 안 해요. 좀 특이하다고 생각은 했지만, 저도 자세한 내막은 안 물어봤어요. 꼬치꼬치 캐묻기도 그렇고 해서요."

혜은 씨에게 친정은 내비치고 싶지 않은 치부 같은 존재였을 것이다. 그녀의 남편에게 어릴 적 부모와의 관계가 개인의 성격이나 가치관 형성에 중요하다는 것을 설명해 주었다. 그는 아내가 왜 그렇게 자존감이 낮고 대인 관계가 원만하지 못했는지 이해가 간다며 안타까워했다.

때로는 부부 사이에 직접 거론하기 어려운 문제들이 치료과정이나 의사의 전달을 통해 좀 더 쉽게 얘기되기도 한다. 물론, 언제나 만족스러운 결과가 보장되는 것은 아니다.

항상 공허함에 시달렸던 혜은 씨는 연애할 때는 남편의 관심으로 지금은 인터넷 쇼핑으로 공허함을 메꾸고 있었다. 쇼핑이나 인터넷으로 공허함을 메꾸는 것은 한계가 있다. 공허함이란 스스로 자기 마음을 다독이고 거기에 주변 사람의 애정이 더해질 때, 서서히 메꿔질 수 있는 것이다. 다행히 혜은 씨 남편은 아내에게 애정이 있었고 도와주고 싶어 했다.

혜은 씨의 남편은 "저도 회사생활에 치이다 보니 아내한테 신경을 못 쓴 것 같네요. 대화 주제도 항상 쇼핑 문제였던 것 같고요"라며 미안한 표정을 지었다.

그렇다고 당장 쇼핑을 못하게 하거나 제한하는 것은 효과적인 방법이 아니다. 대다수 현대인들이 그렇듯 혜은 씨에게도 스마트폰은 필수품이고, 인터넷을 배제한 생활은 상상하기조차 힘든 것이 현실이다.

혜은 씨에게 쇼핑 시간은 '스스로 선택하는 시간'처럼 느껴졌겠지만, 사실 이런 행동으로 마음의 빈자리를 채울 수는 없다. 쇼핑 시간이 길어질수록 현실 회피 및 자기 소외는 심해질 뿐이다. 면담하면서 혜은 씨도 점차 이런 부분을 이해하는 듯했다.

남편과 이웃 언니의 도움도 필요하다. 하지만 이 역시 근본적인 해결책은 될 수 없다. 그 동안 혜은 씨는 매사를 타인에게 의존하려는 경향이 강하고 스스로 결정하고, 책임지려는 의지나 훈련이 부족했다. 그래서 남편의 동의를 얻어 가계의 일부분을 직접 꾸리고 결정하도록 해 봤다. 혜은 씨는 낯설어했지만 자기 방식으로 살림하는데 점차 재미를 느끼는 듯했고 씀씀이도 줄어들었다.

혜은 씨는 주민센터에서 운동을 시작했고, 틈틈이 문화 강좌에도 나가기 시작했다. 치료자는 내담자가 옳은 길을 찾도록 도와줄 뿐이다. 길이 있는 방향만 제시할 뿐, 길을 찾는 일은 온전히 내담자의 몫이다. 혜은 씨도 다행히 첫걸음은 뗀 격이었다. 중간 중간 어려움은 있겠지만 묵묵히 걸어 나가기를 바랄 뿐이었다.

모범생, 힘들 땐 음식 뒤로 숨는다

20대 중반의 이세은 씨는 마른 체형에 딱 보기에도 핏기가 없었다. 자그마한 목소리로 고민을 얘기했는데, 주된 고민은 '폭식 및 구토 증세, 대인기피, 소화 장애' 등이었다. 고등학교 시절부터 시작된 식이 장애 증세는 꽤 심했고 직장도 그만둔 상태였다. 부모님은 세은 씨가 초등학교 5학년 때 이혼했고 이후에는 아버지와 지냈다고 했다.

다소 깐깐한 인상의 아버지는 "혹시 세은이가 홀아버지 밑에서 큰다고 버릇이 없거나 제멋대로라는 말은 들을까 걱정을 많이 했어요. 그래서 엄하게 키우기는 했어요"라고 말했다. 세은 씨는 고개를 숙인 채 가만히 듣고만 있었다. 조용했지만 왠지 모를 부녀간의 거리가 느껴졌다.

학업 성적이 우수했던 세은 씨는 아버지의 바람대로 상위권 대학에 입학했다. 대학생이 된 후에는 활동적으로 지내보려 했지만, 워낙 내성적인 성향이라 쉽지가 않았다. 학창시절 내내 오로지 묵묵히 공부만 해 왔었는데 새로운 사람들과 어울리고 다른 활동을 하려고 하니 맞지 않는 옷을 입는 것처럼 불편하고 어색하기만 했다. 그렇게 세은 씨는 지극히 모범적이고 평범한 대학생활을 보냈다. 세은 씨 아버지도 그런 세은 씨에게 고마움을 느꼈다고 했다.

문제는 대학 졸업을 앞두고 본격적인 취업 준비와 함께 시작됐다. 고등학생 때부터 이따금 있었던 폭식 증상이 심해졌고, 급기야 체중 증가에 대한 두려움으로 일부러 토하거나 설사약을 복용하기 시작했다. 회사에 입사한 후에도 증상은 계속됐다. 딸의 상태를 알게 된 아버지는 일시적인 스트레스 때문일 것이라고 달래기도 하고, 때로는 의지의 문제라며 다그치기도 했다. 그럴수록 세은 씨의 증상은 더욱 심해졌고 결국 회사를 그만두고 정신병원에 입원하게 됐다.

정신병원에 입원한 세은 씨는 매일 아침 체중을 제고 규칙적으로 식사하도록 행동 치료를 받았다. 이런 방법은 식이 장애 치료의 표준적인 방법이지만 세은 씨에게는 압박으로 느껴진다는 것이 문제였다. 입원 치료가 별 도움이 되지 못하자 세은 씨는 퇴원했고, 지인의 소개로 본원을 내원하게 된 것이었다.

초기 상담 과정에 식습관을 묻기는 했지만, 너무 깊게 파고들지는 않았다. 왜냐하면 이런 질문에는 그 동안 수도 없이 답했을 것이고 또다시 식습관에 집중하는 것은 세은 씨에게 부담이 될 거란 생각 때문이었다. 대신 자기신체에 대한 솔직한 심정과 어떨 때 스트레스를 받는지 등을 자세히 물어 봤다.

대부분 식이장애 환자들처럼 세은 씨도 신체에 대한 왜곡이 심한 편이었다. 객관적으로 마른 상태였지만, "엉덩이는 펑퍼짐한 편이에요. 그리고 허벅지는 굵은 편이고요"라고 말했다.

반복된 면담으로 세은 씨의 폭식 증상이 스트레스 취약성과 관련이 있다는 것을 인지할 수 있었다. 세은 씨는 누군가에게 지적이나 질책을 받을 때 극도의 스트레스를 느끼고 반사적으로 음식을 마구 섭취하고 구토하는 행위를 반복해 왔다. 그 궁극적 원인은 역시 너무나도 엄격했던 아버지였다. 자율적인 성인으로 성장하지 못한 세은 씨는 자그마한 상처에도 음식 뒤로 숨곤 했다. 그리고는 그런 자신이 너무 한심하고 수치스러워 보상이라도 하듯, 음식을 먹자마자 바로 구토를 했다.

정신과 치료는 환자의 환경과 상태를 고려해 신중하고 세밀하게 선택, 적용되어야 한다. 세은 씨의 경우 정신병원의 입원치료가 오히려 역효과를 가져왔다. 입원 당시 행동 치료는 어느 정도 필요한 과정이었지만, 엄격한 식이조절 프로그램은 냉혹했던 아버지의 시선을 다시 경험하게 하는 결과를 가져왔다.

상담과 치료 과정에서 세은 씨의 아버지는 자신의 양육 방법이 문제였음을 깨닫고 안타까워했다. 아내 없이 홀로 어린 딸을 어떻게 키워야 할지 막막했던 아버지는 엄격함이라는 한 가지 방법만을 선택했다. 물론 이 역시도 전적으로 딸을 위한 선택이었다.

부모의 강압적인 통제에 자녀들은 반항하기도 하지만 보통은 순응하는 경우가 많다. 그렇지만 순응에만 길들여진 자녀는 자율성을 키울 기회를 놓치고 건강한 성인으로 자라는 과정이 더디고 어려울 수 있다.

세은 씨의 아버지는 더 늦기 전에 딸이 독립된 성인으로 성장할 수 있도록 노력하겠노라 다짐했다. 세은 씨 역시 아버지의 뜻에 따라 너무 수동적으로 살았던 자신을 깨우치고, 이제라도 자기 욕구와 흥미를 찾아보겠다고 했다.

물론 단기간에 많은 것을 바꾸기는 어려울 것이다. 세은 씨와 세은 씨 아버지 모두 수십 년을 이어온 생활의 관성이 있기 때문이다. 다행히 치료가 끝날 무렵, 세은 씨는 일상생활에서 자발적인 모습을 보였기에 치료자는 조금은 안심할 수 있었다.

어릴 적 상처에 대한 이해는 치료에 도움이 된다

내원 당시 혜은 씨와 세은 씨 모두 충동적 행동으로 힘들어하고 있었다. 이성적으로는 벗어나고 싶었지만, 수년 동안 반복된 행동은 습관이 되어 그들의 발목을 번번이 붙잡고 있었다. 두 사람 모두 어린 시절 부모님과의 관계가 안정적이지 못했다. 그것이 자율적인 성인으로 자라는 데 악영향을 끼쳤다. 물론 모든 것이 부모님 탓이라는 말은 아니다. 그러나 어릴 적 상처가 내담자의 일상생활에 영향을 미친 것은 분명한 사실이었다.

내담자와 그들 가족은 치료자의 조언에 따라 어릴 적 상처가 현재

생활에 영향을 미친다는 것을 이해하게 된다. 물론, 이해한다고 모든 것이 해결되는 것은 아니다. 그래도 이해는 본질 인식을 도와주며, 본질 인식은 해결방안을 모색하는 원동력이 된다.

인간의 자율성 욕구는 평상시는 물론 위기의 순간에도 발동된다. 스트레스 상황에서도 자신이 선택할 수 있는 부분을 찾아 실행하려 애쓴다. 혜은 씨는 인터넷 쇼핑을 선택했고 세은 씨는 달콤한 음식을 선택했다. 그런데 조금만 생각해 보면 이런 행위는 회피 행위임을 쉽게 알 수 있지만, 정작 본인은 자각하기 어렵다. 회피의 순간만큼은 꽤 큰 위안을 얻기 때문이다. 그래서인지 회피 행동에 쉽게 빠져들고 회피 행동은 습관이 되는 악순환을 보인다. 시간이 흐르면 통제력은 무너지고 어느새 중독된 행동이 내담자를 압도한다.

치료 과정에 가족을 포함한 주위 사람의 보살핌은 큰 도움이 된다. 그래도 근본적인 해답은 나에게서 찾아야 한다. 과연 나를 힘들게 하는 것은 무엇인지? 내가 할 수 있는 것은 무엇인지 등을 곰곰이 생각해 봐야 한다.

앞으로 혜은 씨와 세은 씨 앞에는 수없이 많은 역경이 있을 것이다. 핸드폰과 음식은 너무 가까운 거리에 있다. 현실이 힘들 때면, 핸드폰에 손이 가고 단 음식을 입에 넣을지 모른다. 그렇기는 해도 자기 문제를 스스로 인식하기 시작했기에 희망의 불씨를 키울 수 있었다.

Chapter 2

지금 당신이
　　분노하고 있는 이유

　정신과 진료실을 찾는 내담자의 성비를 보면 여성이 훨씬 많다. 정신과 방문의 주요 원인인 '우울장애, 불안장애' 같은 기분장애 유병률이 상대적으로 여성에게서 더 높게 나타나기도 하지만, 솔직한 자기 속내를 털어 놓는 것에 대한 남성들의 거부반응도 한 이유인 것 같다.

　이유를 좀 더 생각해 보면, 성별에 따른 성향 차이도 있겠지만 사회적 분위기도 한몫을 거드는 것 같다. 가부장적 사회환경에 길들여진 우리나라 남성들은 여전히 자기감정을 솔직히 토로하는 데 익숙하지 않다. 그러다 보니 진료실을 찾는 남성의 경우 문제가 심각한 경우가 많다. 어떡해서든 혼자 해결해 보려 노력했지만, 한계를 느끼고 뒤늦게 진료실을 찾기 때문이다.

남성들 역시 진료실에 들어오면 다양한 증상을 호소한다. 특히 최근에는 분노 조절에 어려움을 느끼고 내원하는 이들이 늘고 있다.

모범생의 잣대가 이제는 부담스러운 현실

40대 중반의 남성 이세원 씨는 180cm가 훌쩍 넘는 키에 건장한 체격이었다. 처음 방문한 당시 눈 맞춤이 어색했고 몸은 다소 경직되어 있었다. 자신을 고등학교 교사라고 소개한 세원 씨는 분노가 너무 심해 고민 끝에 진료실을 찾은 경우였다.

"어제는 방에 있는데 갑자기 기타를 부숴버리고 싶은 거예요. 이러다간 아무래도 사고를 칠 것 같아 용기 내서 와 봤어요. 오늘도 병원에 들어오는 것을 누가 보지는 않을까 마음이 조마조마했네요."

조심스럽게 말문을 연 세원 씨와 대화를 나눠 보니 가정 및 직장 생활 모두 원만치는 못한 상태였다. 그리고 불쑥불쑥 치밀어 오르는 분노 때문에 많이 지쳐 있는 상태였다.

세원 씨는 3남매 중 장남이었고, 부모님은 모두 초등학교 교사였다. 그리고 아버지의 가르침과 결정이 절대적으로 중요한 가부장적 환경에서 성장했다. 일찍 철이 들어서인지 어릴 때도 응석을 부려 원하는 것을 얻은 적은 거의 없다고 했다. 세원 씨 아버지는 항상 "너는 맏이니깐 동생들한테 모범이 돼야 한다"라는 말을 자주 하셨다고 했다. 그리고 세원 씨도 바르게 살아야 한다는 의무감에 어린 시절을 보낸 것 같다고 표현했다.

초반 몇 번의 상담 당시 세원 씨는 고민하며 말하는 기색이 역력했고, 매번 병원에 오는 것이 망설여진다고 표현했다. 내담자의 이런 심리 상태를 '저항resistance'이 있다고 표현하는데, 진료실 방문이나 감정 표현에 어려움이 있을 때, 심리적 저항 상태에 있다고 표현한다. 관점을 조금 다르게 해서 생각해 보면 이렇게 심한 저항을 이겨내고 진료실을 찾는다는 것은 그만큼 심한 내적 고통을 겪고 있다는 뜻이다. 말로 잘 표현하지는 못했지만, 그의 상기되고 불편한 표정 속에는 분노와 억압이 서려 있는 듯했다.

그렇다면 평범한 중년 남성이 왜 이토록 심한 분노에 사로잡히게 됐을까? 면담을 하면서 조금씩 분노의 원인을 이해할 수 있었다.

첫째, 세원 씨의 타고난 기질을 생각해 볼 수 있다. 검사를 해 보니 세원 씨는 '인내심persistence' 항목에서 꽤 높은 점수가 나왔다. '기질temperament'이란 유전적으로 타고난 내적 성향을 말하는데, 성장 과정에서 다양한 모습으로 나타날 수 있다. 옛말에 '엉덩이가 무거워야 공부를 잘한다'는 말이 있듯이, 세원 씨의 경우 타고난 끈기와 인내심이 높은 학업 성취도로 이어졌을 확률이 높다.

그런데 참고 견디는 성향은 가부장적 가족 환경에서는 억압으로 이어질 수 있다. 인간은 누구나 부모님의 사랑을 받기 위해 본능적으로 노력한다. 세원 씨도 엄격한 아버지의 사랑과 인정을 받기 위해 부단히 참고 견디며 성장했을 가능성이 높다. 세원 씨와의 면담을 통해 이런 사실은 충분히 확인할 수 있었다. 그런데 성장 과정에서 자기 욕구와 흥미를 억누르기만 하다 보면 자신을 거부하고 자신을 분리하기 쉬워진다. 그 결과, 자존감은 상처받는다.

세원 씨의 타고난 인내심은 높은 학업 성취도로 이어졌지만, 한편으로는 자신을 억압하는 족쇄로 작용하기도 했다. 이처럼 타고난 기질은 주위 환경에 따라 다양한 결과를 낳는다.

둘째, '방어기제 defense mechanism'를 고려할 수 있다. 세원 씨는 면담 결과 '억압 repression과 부정 denial'의 방어기제를 주로 사용하고 있었다. 감정을 느끼고 표현하는 것을 극도로 억누르고 있었다. 방어기제 사용은 무의식적 반응으로 스트레스를 받을 때, 자아를 보호하는 기능을 한다. 그리고 때때로 방어기제 사용은 세상의 풍파를 견디도록 도와준다. 그런데 정도가 심하면, 현실을 회피하고 미성숙한 적응 전략에 안주하도록 만들 위험도 있다.

어린 아이에게 억압과 부정의 방어기제는 든든한 지원군일 수 있다. 억압과 부정을 통해 부모 및 친구와 원만히 지내고, 눈앞의 고통을 피할 수 있기 때문이다. 20대까지는 방어 기제를 통해 내적 평화를 위협하는 스트레스를 제압할 수도 있다. 그런데 억압과 부정의 방어기제에 지나치게 의존할 때, '자기 소외, 자기부정, 분노' 같은 문제가 발생할 수 있다. 처음 내원했을 당시 세원 씨의 상태가 그랬다.

부정과 억압이 세원 씨를 보호해 주던 시기도 분명 있었을 것이다. 그러나 지금은 부정과 억압이 세상과 단절되는 장벽이 되고, 감정을 느끼지 못하게 하는 갑옷이 되고 말았다.

셋째, 앞에서 잠깐 언급한 '사회적 분위기'를 고려할 수 있다. 어느 사회나 오랜 시간 수많은 사람의 삶과 경험이 녹아 있는 무의식 세계가 존재한다. 무의식 세계는 사회 전반에 작용하는 가치와 신념을 만드는데, 이런 가치와 신념을 '사회적 무의식, 집단적 무의식'이라 표현한다. 그리고 우리는 모두 태어날 때부터 사회적 무의식에 지대한 영향을 받는다.

사회적 무의식은 개인의 무의식에 영향을 미치고, 미처 인식하기도 전에 일상생활에 배어 나온다. 너무나 자연스러운 과정이라 대다수 시민은 암묵적으로 사회적 무의식에 순응하며 산다.

현재도 '유교문화, 집단주의, 가족주의'는 우리 사회의 무의식을 이루고 있다. 물론, 사회적 무의식이 항상 문제가 있다는 말은 아니다. 사회적 무의식은 미풍양속을 만들고, 어울림과 나눔의 문화적 토대를 조성하기도 한다. 그런데 사회적 무의식이 자유를 과도하게 억압할 때, 개인은 자율성에 위협을 느끼고 온전한 독립을 못할 수 있다. 세원 씨 집안의 가부장적 분위기가 알게 모르게 세원 씨의 정서적 홀로서기에 악영향을 미친 것처럼.

감정을 느끼는 것이 감정에 자유로워지는 첫걸음이다

정신과를 찾는 사람들의 이유는 제 각각이지만, 궁극적인 목표는 현재의 고통을 덜고, 보다 행복한 삶을 살고자 하는 것에 있다. 수 차례 면담을 통해 세원 씨의 고통을 이해할 수 있었지만, 치료적 접근은 쉽지 않았다. 무엇보다 어릴 적부터 자기 생각과 감정을 억제해 온 것이 문제였다.

심리학자 스티븐 헤이스는 이런 얘기를 했다.

'기꺼이 느끼지 않으려는 만성적인 경향의 부작용 중 가장 슬픈 것은 무엇을 피하고 있는지조차 인식하기가 점차 어려워진다는 점이다.'

세원 씨는 '감정표현 불능증 alexithymia' 상태였다. 처음 방문 당시 누구나 느끼는 보편적 감정인 '기쁨, 슬픔, 즐거움' 등을 제대로 느끼기 어려운 상태였다. 분노는 이런 상태가 지속하여 마음이 더는 견디기 어려움을 알아 달라고 아우성치는 신호였다. 그것도 매우 절실한 형태로. 감정을 만성적으로 회피하는 사람은 펄펄 끓는 물 속에 마음의 손을 계속해서 담그고 있는 상태와 비슷하다. 뜨겁다는 신호를 무시하면, 결국 마음은 화상을 입는다. 그리고 돌이킬 수 없는 상처가 남는다.

세원 씨처럼 감정 표현이 서툰 내담자와는 치료적 동맹을 맺기가 쉽지 않다. 다른 내담자에 비해 충분한 면담 시간이 필요하다. 치료자의 과욕이 자칫하면 내담자가 다시 억압의 갑옷 속으로 숨도록 만들기 때문이다. 치료 초기 세원 씨도 감정 표현을 극도로 절제했다. 지나온 습관처럼 치료자 앞에서도 자기 생각과 감정을 잘 보이지 않았다. 병원에 오는 자신을 수치스럽게 여기고 못마땅해 했다. 그래도 수용적인 분위기를 유지함에 따라, 세원 씨도 점차 자기 속내를 보이기 시작했다. 그러면서 그 동안 철저히 차단하고 부인했던 감정에 조금씩 접근하고 있었다.

사람은 누구나 내면에 미성숙하고 여린 부분이 있다. 정신의학자들은 이것을 '어린 자기, 분할된 자기, 부분 자기' 같은 용어로 표현하는데, 세원 씨의 경우도 엄격하고 통제적인 아버지가 무의식에 내재화되어 있었다. 그리고 내재화된 아버지가 감정 표현을 가로막는 엄격한 도덕적 기준으로 작동하고 있었다. 면담하면서 세원 씨는 점차 자신의 엄격한 도덕적 잣대를 이해하게 됐고, 감정을 느끼고 표현하는 것을 조금은 편안하게 느끼게 됐다.

'감정을 경험하는 것은 그 자체로 대단한 치유력이 있다'는 말은 임상 경험상 충분히 이해할 수 있는 말이다. 면담시간에 세원 씨 스스로 어떤 상황에 불편함을 느끼는지를 찾아보도록 했다. 감정은 본성과 욕구를 파악하는 데 중요한 단서가 되기 때문이다. 감정에 다가가고, 감정 뒤에 숨어 있는 생각을 이해할수록 억눌려 있던 자기와 화해할 가능성이 커진다. 이성으로 억눌려 있던 본성이 회복될수록, 자유로워지고 자신에게 진실해질 수 있다.

살다 보면 누구나 불안하고, 화가 나고, 우울해지는 경험을 하게 된다. 이런 감정 자체는 인생살이의 핵심을 이루는 것들이다. 좋은 감정과 나쁜 감정이 따로 있다기보다는, 특정 감정에 사로잡히는 것이 주의해야 할 부분이다. 주위를 보면, 행복만을 고귀한 가치로 여기고 행복만을 추구하는 사람이 있다. 그런데 행복만을 추구하다 보면, 도전은 피하고 익숙한 것에만 안주하여 다양한 감정 경험은 제한된다. 그 결과, 오히려 행복 및 성장과는 멀어지는 역설에 빠진다. 다양한 감정 경험은 삶의 성숙을 위해서는 필요하다. 성장하기 위해서는 반드시 꼭.

많은 사람이 자신의 '심리적 특성, 장단점, 가능성, 한계' 등을 미리 속단하곤 한다. 이런 성향을 정신의학에서는 '자기 개념화 self-conceptualization'라고 부른다. 세원 씨처럼 감정 표현을 억제하는 자기 개념화에 빠져 있으면, 삶의 반경은 축소된다. 세원 씨에게는 감정에 솔직해지고 감정을 표현하는 것이 이기적인 것처럼 느껴질 수 있다. 수십 년간 지켜온 자기만의 규칙을 어긴다는 생각이 들기 때문이다. 이렇듯 어릴 적부터 지켜온 습관의 영향력은 매우 클 수 있다.

세원 씨에게는 감정을 느끼는 것만큼 적절히 표현하는 것도 필요한 상황이었다. 생각과 감정은 행동화될 때 온전해진다. 진료실에서 감정을 느끼고 표현하는 경험도 중요했지만, 궁극적으로는 일상생활에서 완성돼야 했다. 무엇보다 세원 씨는 아내와의 관계 회복이 시급한 상황이었다.

세원 씨 부부는 서로의 성격은 물론, 성장 환경이나 집안 분위기까지 사뭇 달랐다. 아내는 쾌활하고 자기주장에 막힘이 없는 성격이었다. 연애 시절 세원 씨는 그런 아내의 모습에 호감을 느꼈지만 결혼 후에는 오히려 부담스럽고 불편하게 느껴질 때가 많았다. 원만한 부부관계를 위한 아내의 노력에도 불구하고 세원 씨는 뒤로 숨고 자신을 억제하려고만 했다. 그러다 보니 부부관계는 어긋나고 말았다.

부부는 서로 다른 환경에서 성장한다. 부부간에도 편안하게 느끼는 대화 환경은 다르다. 그래도 다행인 점은 세원 씨의 아내는 상대의 생각과 감정을 충분히 존중하는 심성을 갖고 있었다. 문제는 역시 마음의 문을 닫아 걸고 감정 공유를 회피하려고만 드는 남편, 세원 씨였다.

세원 씨 부부에게 시간을 정해 규칙적으로 대화해 볼 것을 권유했다. 최근 들어 대화 빈도가 준 것이지, 세원 씨도 조용한 곳에서 대화하는 것은 싫어하지 않는 눈치였다. 퇴근 후 아내가 불쑥 건네는 이야기가 압박으로 느껴졌을 뿐. 세원 씨는 이 부분부터 솔직하게 말할 필요가 있었다. 퇴근 직후에는 대화에 집중하기 힘들고 조용한 곳에서 대화하고 싶다는 것을 얘기할 필요가 있었다.

표현하지 않고 남이 나를 이해해주길 바라는 것은 욕심일뿐이다. 세원 씨에게 대화를 피할수록 부부관계는 어긋나고 분노는 더 쌓여간다는 것을 설명해 주었다. 그리고 갈등을 무작정 회피하지 말고, 화가 폭발하기 전에 불만을 얘기하는 것이 현명한 태도임을 설명해 주었다. 세원 씨도 "잘 될지는 모르겠지만, 한번 노력해 볼게요"라고 했다. 평소 세원 씨는 집에 있는 것이 불편해 방과 후에도 일부러 일한 뒤 귀가하는 편이었다. 갈등 상황을 회피하고 있는 중이었다.

누구든 개인 시간이 줄면 까칠하고 예민해진다. 세원 씨에게도 개인 시간에 운동도 좋고 다른 것도 좋으니 즐길 만한 활동을 시작해 보도록 권유했다. 그러다 보면 기운이 점차 회복되고 부정적 에너지는 줄어드는 효과가 있기 때문이다.

학교 방학 기간이 끝나면서 세원 씨의 병원 방문은 어려워졌다. 얘기해 보니 세원 씨는 교사라는 직업에 대한 소명 의식이 컸다. 그런데 처음 기대와는 달리 틀에 박힌 교과 과정과 여러 행정업무에 시달리면서 직업적 회의를 느끼고 있었다. 세원 씨는 학생들에게 자기 경험과 지식을 알려주고 싶어 했다. 이것이 세원 씨가 교편을 잡은 동기 중 하나였다.

마지막 면담을 종료하면서, 세원 씨가 일상생활에서 에너지를 회복하고 직장에서도 자기 가치를 실현하기를 바라고 응원했다.

Chapter 3

SNS 노이로제

SNS Social Network Service 노이로제라는 말이 있다. 언제 어디서든 실시간 소통이 가능하기 때문에 편리하지만 시도 때도 없이 날아오는 메시지 때문에 수시로 주의가 흐트러지거나 상대의 반응이 탐탁지 않으면 과도하게 신경을 쓰는 등 부정적인 반응을 보일 때 쓰는 말이다.

SNS가 활성화되면서 현대인들은 시간과 공간의 제약을 받지 않고 웹Web 상에서 자유롭게 소통할 수 있게 되었고 그것은 인간관계를 보다 폭넓게 강화시키는 효과를 가져왔다. 하지만 실시간으로 소통이 이뤄지는 SNS 때문에 강박증, 일명 노이로제 증상을 보이는 사람도 적지 않다. 혹시 중요한 메시지를 놓칠까봐 수시로 SNS를 확인하거나 상대가 즉각적으로 답변을 하지 않으면 서운함을 너머 분노를 느끼는 경우도 있다. 정신의학적 관점에서 보면 모두 강박증에 해당된다.

SNS가 편리한 문명의 이기利器인 것은 분명하지만 과유불급過猶不及이란 말이 있듯이 과하게 사용하면 문제가 생기는 법이다. 다음 사례에서는 잘못된 SNS 사용으로 부작용이 난 경우를 살펴보고 그 해결책을 모색해 보도록 하겠다.

불안 증폭기가 돼버린 SNS

얼마 전, 기업 마케팅 부서에 입사한 20대 후반의 여성 유지현 씨는 오늘 아침 회사 중진들이 모인 자리에서 발표를 했다. 며칠을 고생하며 만든 자료 덕분에 별 무리 없이 마칠 수 있었지만 긴장감은 이루 말할 수 없이 컸다. 사람이 불안을 느끼는 상황 중 하나가 타인 앞에서 발표를 하는 경우인 만큼 갓 입사한 직원이 상사들 앞에서 발표할 때의 긴장감은 굳이 설명할 필요가 없을 것이다.

다만 지현 씨의 걱정과는 달리 발표 내용은 전공 분야이기도 했고 바로 위 선배가 여러 번 피드백을 주기도 해서 분위기는 비교적 괜찮았다. 더구나 발표 직후 대다수의 선배들이 수고했다며 격려해 주어 뿌듯하기도 했다. 그런데 막상 마케팅 부서 최고 상사의 반응은 시원찮게 느껴졌다. 순간 속으로 '내가 뭘 잘못했나?' 하는 생각은 들었지만 너무 정신이 없기도 했고 자기 생각에도 큰 실수는 없었던 듯싶어 본연의 업무를 시작할 수 있었다.

한편, 지현 씨에게는 사귄 지 얼마 안 된 남자친구가 있었다. 발표가 끝난 후, SNS로 무사히 마쳤다고 연락을 했고, 남자친구는 수고했다며 격려해 주었다. 비록 곁에 있지는 않지만 든든한 지원군이 있어 지현 씨는 깊은 안도감을 느낄 수 있었다. 점심시간이 되어 여유가 생기자 예전부터 보고 싶었지만, 발표 때문에 잠시 미뤄뒀던 영화 생각이 났다. 발표도 끝났겠다, 홀가분한 기분으로 남자친구에게 카톡을 보냈다.

"오늘 저녁 때 시간 어때? 괜찮으면 내가 저번에 말한 영화 보러 가자."

남자친구는 직업상 회의가 많고 외근이 잦아 답장이 조금 늦을 때도 있었다. 남자친구의 업무여건을 잘 알고 있던 터라 지현 씨는 답장이 올 때까지 기다렸지만 인기 있는 영화라 빨리 예매를 해야 한다는 생각에 답장이 없자 답답해졌다.

다시 한 번 연락해 볼까 싶어 카톡을 열어 보니 남자친구는 문자메시지를 확인한 상태였다(카톡은 개발자의 의도는 모르겠지만 상대방의 메시지 수신 여부를 확인할 수 있다). 메시지를 확인하고도 답이 없던 적은 처음이라 지현 씨는 조금은 기분이 언짢았다. 사실 지금의 남자 친구는 만난 지 오래되지 않아 믿음이 확고하다고 말하기는 어려웠다. 썩 괜찮은 사람이라는 생각은 하고 있지만 아직은 서로에 대해 속속들이 잘 안다고 할 수는 없는 단계이다.

왜 답장을 하지 않을까 싶어 이런 저런 생각을 하던 중 불현듯 예전 남자친구와도 연락하는 문제로 간간이 다투던 것을 떠올렸다. 그때의 경험과 지금의 상황이 겹쳐지면서 지현 씨는 한층 더 실망감을 느꼈다. 바쁜 것은 이해하지만 서운한 마음이 드는 것은 어쩔 수 없었다. 물론 이런 반응이 좀 심하다는 생각도 들었지만 머릿속에서는 그 동안 서운했던 기억이 새록새록 떠오르고 있었다.

심난한 마음으로 점심식사를 하고 업무에 복귀할 즈음 지현 씨는 아침에 반응이 시원찮던 상사와 마주쳤다. 그 순간 지현 씨의 머릿속에는 '내가 혹시 발표를 잘못한 건 아닐까? 선배들은 그냥 겉치레로 격려해 준 건 아닐까?'라는 생각이 주마등처럼 스쳐 지나갔다. 한 번 그런 생각이 들자 자리로 돌아와도 일은 손에 잡히지 않았다.

객관적으로 상황을 파악해 보면, 남자친구가 답변을 하지 않는 이유와 상사의 반응이 시원찮았던 이유를 정확히 알 수는 없다. 상사의 경우 전날 과음을 했을 수도 있고, 출근길에 기분 나쁜 일이 있어 회의에 집중하기 어려웠을 수도 있다. 물론 상사의 기준으로 발표 내용이 미흡했을 수도 있다. 그러나 대다수 선배가 잘했다고 격려해 준 것을 보면 발표 내용에 큰 문제는 없었다고 보는 것이 타당할 것이다. 지현 씨 본인도 발표 직후에는 비교적 만족하지 않았던가. 그렇다면 남자친구와 연락이 안 돼 불편해진 심기가 다시 마주친 상사에 대한 지현 씨의 판단에 영향을 미쳤다고 보는 것이 합당할 것이다.

이런 상황을 정신의학에서는 개인이 '인지적 오류, 부정적 사고,

편향적 사고'에 빠져 있다고 표현한다. '마치 상사의 마음속에 들어가 본 듯 그리고 독심술이 있는 점쟁이라도 된 듯' 성급하게 단정 짓는 모습을 일컫는 말이다.

인간은 누구나 부정적 사고에 빠져들기 쉬운 성향을 타고났다. 위험에 대비하고 미래를 걱정하는 조상의 걱정 DNA가 자손에게 전해졌기 때문이다. 단, 사소한 일에도 부정적으로 반응하기 쉬운 것이 인간의 본성이라면, 평소 긍정적 사고를 하기 위해 부단히 노력할 필요가 있다. 그런 노력이 더해져야 합리적으로 사고하고 판단할 수 있기 때문이다. 하지만 인간은 불안과 우울 같은 정서에 압도될 때 합리적으로 사고하기가 무척 어렵다. 그런 이유로 필자는 우울증과 불안증이 심한 내담자인 경우 중요한 결정은 치료가 진행된 후 천천히 하도록 권유한다.

위 사례의 지현 씨의 경우도 상사의 속마음을 추측할 때는 전후 사정을 살펴보고 종합적으로 판단하는 것이 바람직한 대응이다. 그렇게 해야 불필요한 에너지 소모도 적고 업무 효율성도 유지할 수 있기 때문이다. 필자가 보건데 이날도 집에 가서 곰곰이 생각해 보면 아침 발표에 대해서는 비교적 만족했을 확률이 높다. 지현 씨의 진짜 문제는 남자 친구의 반응에 대한 과도한 해석에 있었다.

알고 보면, 남자친구가 메시지를 확인했지만 긴급회의가 생겨 미처 답을 못했을 수도 있다. 혹은 극장을 알아보고 연락을 하려던 찰나에 급한 일이 생겼을 수도 있다. 물론 지현 씨가 생각하는 안 좋은 상황도 완전히 배제할 수는 없다. 하지만 진실이 무엇이건 충분한 근거 없이 성급히 결론을 내린 것만은 분명한 사실이다. 연락하는 문제로 예전 남자친구와 다투던 그 경험이 아무런 상관이 없는 현재 상황에 대해 지현 씨가 제멋대로 예견하고 속단하도록 부추긴 것이다.

정신의학적으로 보면 이런 사고 과정은 자신도 모르게 무의식적으로 일어나며 속도 또한 무척 빠르다. 정신의학자들은 이런 사고를 '자동 사고automatic thought'라고 부른다. 자동 사고에는 '타고난 기질, 지난 경험, 자존감 수준' 등이 영향을 미친다. 만약 지현 씨가 지금의 남자친구에 대해 섣불리 회의를 품는다면, 이것은 지현 씨의 자존감 수준이 영향을 미쳤다고 봐야 한다.

이처럼 개인의 자존감 수준은 대인관계에 막대한 영향을 미친다. 자존감이 낮은 사람은 현실을 있는 그대로 받아들이지 못하는 경우가 많고 타인을 배려하는 여유도 부족하다. 감정이 요동치는 상황에서는 좀처럼 상대를 객관적으로 바라보지 못할 뿐만 아니라 상대를 쉽게 오해하기 때문이다. 또한 상대가 내게 해 줄 수 있는 것과 해 줄 수 없는 것만을 따지며 인간관계를 단편적으로 인식하는 경향을 보이기도 한다.

위와 같은 상황은 뇌 과학을 활용하면 좀 더 자세히 파악할 수 있다. 뇌는 불확실한 상황에 놓이면, 기존의 지식을 바탕으로 재빨리 판단하려고 한다. 그래야 위험을 파악하고 적절하게 대비할 수 있기 때문이다. 이것은 본래 생존을 위한 뇌의 기능이지만 섣부른 자동 사고와 결합될 때는 부정적인 결과를 낳는다. 뇌는 확실한 증거가 없어도 그럭저럭 이야기를 잘 꾸며내기 때문이다. 즉, 우리는 천부적 이야기꾼인 뇌에 속아 별 의심 없이 추측에 불과한 것을 진실인 듯 쉽게 받아들이는 것이다.

이런 상황을 예방하기 위해서는 사실과 해석 그리고 감정을 분리해서 생각할 필요가 있다. 사실에 대한 개인의 해석은 정확할 수도 있고 틀릴 수도 있다. 지현 씨의 경우를 보면, 남자친구의 연락이 늦어지는 상황사실을 예전의 좋지 않았던 경험과 결부시켰으며해석 그 때문에 불안감감정은 증폭됐다.

지현 씨가 정확한 판단을 내리려면 먼저 남자친구의 말을 듣고 결론을 내야 한다. 이 세 가지를 잘 구분하지 못하는 사람은 일상생활에서도 오판할 가능성이 크다. 만약 오후 늦게라도 남자친구가 메시지를 확인했지만 급한 회의 때문에 답이 늦었다고 사과한다면, 지현 씨는 남자친구를 오해한 것이다.

비슷한 경우로 학부모 중에는 자녀에게 메시지를 보냈는데 답이 늦으면 불안하다고 호소하는 분들이 있다. 틈틈이 자녀 위치를 파악하면서도 어쩌다 답이 늦으면 불안해진다는 것이다. 반면, 부모의 조급한 태도를 보며 자녀는 지나친 간섭이라며 반항한다. 결과적으로 불안감을 없애려고 보낸 메시지가 불안감을 증폭시킨 것이다. 이렇게 보면, SNS를 통해 쉽게 연결된다는 것도 항상 좋지만은 않은 듯 싶다.

지현 씨 역시 남자친구의 답이 없자 자동 사고를 발동해 불안감을 증폭시켰다. 친밀감을 기대하며 보낸 메시지가 고독감으로 되돌아온 것이다. 사실 SNS는 아무것도 하지 않았다. 서로를 연결해 줬을 뿐이다. 하지만 지현 씨는 스스로 불안을 키우고 외로움을 초래했다. 이것은 지현 씨의 낮은 자존감과 SNS가 만들어낸 부작용이라고 할 수 있다. 즉, 평소에 걱정이 많고 자존감이 낮은 사람에게 SNS는 불안을 증폭시키는 역할을 할 수 있는 것이다.

갈등의 장소가 돼버린 SNS

현석 씨는 최근에 페이스북을 시작했다. 페이스북을 하다 보니 팔로워 숫자는 늘어났고, 소식이 끊겼던 친구와도 다시 연락이 닿았다. 친구 목록에 저장되어 있는 숫자만큼이나 사회적 인맥이 느는 것 같아 뿌듯함도 들었다. 그러던 어느 날, 고등학교 동창 중 한 명에게서 친구요청 메시지가 왔다. 별로 친하지 않았던 사이라 잠시 망설였지만, 막상 요청을 무시하는 것도 마음에 걸려 친구 맺기를 수락했다. 어차피 대부분의 사람들이 페이스북을 통해 간단한 안부 정도를 묻기 때문에 별 부담 없이 생각했다.

현석 씨는 평소 페이스북을 사용하면서 가끔은 솔직한 생각을 글로 써서 올리고는 했다. 개방된 SNS에 자신의 생각을 여과 없이 노출시키는 것이 마음에 걸렸지만 현석 씨는 여러 사회 문제에 고민이 많았기 때문에 자신만의 공간이기도 한 페이스북에 다양한 글을 올리는 편이었다.

　그러던 중, 얼마 전 친구 맺기를 수락한 동창이 비판적 글을 자주 올리는 것이 문제가 되었다. 학창시절에도 성향이 다른 것은 알고 있었지만, 다른 사람들도 보는 페이스북에 감정적으로 반응하며 글을 올리자 현석 씨는 화가 치밀어 올랐다. 처음에는 서로의 의견을 나누는 정도였지만 갈수록 인신공격적인 글이 오갔다. 그러자 현석 씨는 '애초에 친구 요청을 받아주는 것이 아니었어'라고 자책하며 페이스북 탈퇴를 고려하는 지경까지 이르렀다.

　요즘은 SNS를 통해 자기 의견을 올리는 사람이 많다. 매체의 특성상 SNS는 쌍방향 소통이 특징이다. 사회 현상에 대한 본인의 생각을 글로 올리기도 하고, 마음에 드는 글은 기꺼이 공유하기도 한다. 그러다 보면 식견이 넓어지는 장점도 있다. 그런데 여기에는 치명적인 단점이 있다. 직접 얼굴을 대면하고 대화를 하는 것이 아닌 '간접 소통' 방식이기 때문에 여러 가지 문제가 발생할 수 있다. 대표적으로 글로만 의사소통을 하는 SNS의 특성상 의미 전달에 왜곡이 있을 수 있다.

　우리는 타인과 의사소통을 할 때 흔히 대화의 주제가 가장 중요하다고 생각한다. 그러나 언어학자들의 연구에 의하면 '말할 때의 표정, 신체적 몸짓, 말의 높낮이와 빠르기' 같은 비언어적 요소들이 메시지 전달에 더 중요하다고 말한다. 글로만 하는 의사소통의 경우 이런 부수적인 표현이 부족하다 보니 의사 전달에 한계가 있을 수밖에 없다. 물론 이모티콘 등으로 의사전달을 보충하려 하지만, 긴 글이나 의미가 깊은 글에서는 온전한 의견 전달이 어려울 수 있다.

뿐만 아니라 감정 전달에도 한계가 있을 수 있다. 직접적으로 소통할 때는 상대 감정 상태를 봐가며 발언 수위를 조절하지만, SNS에서는 비대면 상황이다 보니 감정적으로 과격해지기 쉽다. 그리고 매체의 특성상 유행어와 준말을 자주 사용하는데, 이 또한 의미의 혼선을 낳기 쉽다. 특히 물리적으로 멀리 떨어져 있다는 안도감 때문에 자기 생각을 과도하게 표현한다. 이것은 대화의 매너가 부족한 것이다.

서로의 의견은 얼마든지 다를 수 있으며 민주적인 사회에서는 그 다름이 충분히 존중돼야 한다. 그런데 간접 소통이라는 이유로 일방적으로 감정적인 반응만을 보인다면, SNS를 통한 소통은 갈등을 증폭시킬 수밖에 없다.

특히 자기 정체성을 찾는 청소년기에 SNS를 통한 갈등을 심각하게 겪을 경우 자율성 확립에 큰 타격을 입을 수 있다. 청소년기에는 필연적으로 부모로부터 독립하기 위한 투쟁이 시작되고 그 과정에서 많은 갈등이 파생되는데 이 시기 다수의 청소년들이 친구를 든든한 버팀목으로 인식한다. 그러다 보니 친한 친구라면 언제든 자신을 지원할 것이라고 믿으며, 사적인 생각과 감정을 여과 없이 SNS에 드러내기도 한다. 그런데 이 과정에서 갈등 상황에 직면할 경우 SNS를 통한 간접 소통의 특성상 불필요한 오해로 인한 폐해가 극대화될 수 있다. 뿐만 아니라 자율성 확립에도 심대한 악영향을 미칠 수 있다. 청소년기의 심리적 특성 상 자신의 생각을 지지해 주고 이해해 주는 제3자를 찾으려고 할 가능성이 다분하기 때문이다.

한편, 갈등 상황이 초래되지 않더라도 청소년기에 SNS를 과도하게 사용할 경우 의존성이 강하고 갈등에 취약한 인격을 가지게 될 수 있다. 가까운 사람들과의 감정 공유를 통해 안도감을 얻을 수 있겠지만 정도가 심할 경우 인간관계의 폭이 좁아지고 정서적 자율성이 부족한 사람으로 성장할 수 있다.

정신의학자 마이클 하우소어는 청소년의 SNS 사용에 대해 이렇게 표현했다.

"10대를 포함한 청소년은 친구의 삶에 엄청난 관심이 있고, 동시에 무리에서 낙오되는 것을 극도로 꺼려 한다."

그의 말을 통해 우리는 청소년이 휴대폰을 자신의 분신인 듯 애지중지하는 이유를 알 수 있다. 타인의 반응에 쉽게 영향을 받는 청소년기의 특징 상 과도한 SNS 사용은 그 자체로 다양한 정서적 문제를 야기할 수 있으며 갈등 상황에 노출될 경우 문제는 더욱 심각해진다. 실제로 진료실에는 이런 문제로 고민이 많은 청소년들이 찾아오고 있다.

이제는 SNS 사용에 대해 진지하게 고민해야 할 때

현대인에게 인터넷, 휴대폰, SNS 없는 일상생활은 상상하기 힘들다. 이들은 인간관계를 풍성하게 해 주고 많은 편리함을 제공한다. 하지만 매체의 특성상 소외감을 안겨 주고 불안과 분노를 증폭시킬 위험성도 대단히 높다.

신속성과 손쉬운 연결은 상황에 따라 불안감을 증폭시킬 수 있다. SNS 특유의 형식 파괴와 자유분방함은 때로는 분노를 불러일으킬 수 있다. 상대에 대한 예의와 배려가 중요한 이유가 여기에 있다. SNS 자체는 본질적으로 우리를 연결해 주는 역할만 했을 뿐이다. 따라서 연결의 완성은 각자의 '생각, 태도, 활용 방법'에 달려 있는 것이다.

SNS의 부작용이 나날이 늘어가고 있는 만큼 이제는 '검색한 정보의 정확성 여부를 판단하는 방법, 온라인에서 내 행동이 타인에게 미치는 영향을 이해하는 방법, SNS에서 효과적으로 나를 알리는 방법, 건전한 인터넷 자아를 만드는 방법, 사생활 침해로부터 자신을 보호하는 방법' 등에 대해 진지하게 고민할 필요가 있다.

구체적으로는 '네트워크 인지, 인터넷 윤리, 정보 소양' 등으로 표현되는 가치에 대해 충분히 고민하고 답을 찾아가는 과정이 필요할 것이다. SNS 사용으로 인한 부작용의 폐해가 나날이 심각해지고 있다. 어느 때보다 이성적으로 현명하게 SNS를 사용할 줄 아는 능력이 절실하게 요구되는 요즘이다.

Chapter 4

아름다운… 그래서
더 어려운 그림
'연애'

　정해진 삶의 반경에서 벗어난 낯선 환경, 새로운 문제들을 마주할 때면 누구든 당황하게 된다. 일차적으로 기존의 지식과 경험으로 상황을 인식하고 문제를 해결해 보려 하지만 원하는 결과를 얻는 경우는 흔치 않다.
　낯선 환경에 놓일 때, 사람들의 반응은 제 각각이다. 새로운 것에 흥미를 느끼며 적극적으로 다가가는 이들이 있는가 하면, 일단 회피하고 보는 완고한 스타일들도 있다. 그런데 정도의 차이가 있을 뿐

완전한 회피란 있을 수 없다.

　방 안에 틀어박혀 온종일 인터넷만 하는 경우라면 새로운 자극은 없는 것 아니냐고 반문할지 모르겠다. 그런데 이런 경우라 할지라도 간접적으로는 세상과 끝없이 소통하고 있다. 같은 것을 경험해도 사람마다 느끼는 것은 다르다. 세상을 살며 저마다의 개성으로 새로운 환경을 해석한다.

　사진의 기본 기능은 세상을 있는 그대로 담아내는 것이다. 그에 비해, 그림 그리기는 사진보다 화가의 개성이 많이 묻어난다. 굳이 비교하자면, 새로움을 담는 과정은 사진 찍기보다는 그림 그리기에 가깝다고 할 수 있다. 같은 풍경을 그리더라도 화풍에 따라 다양하게 표현되는 것처럼 저마다 그리는 세상은 다르다. 이렇게 보면 일상생활은 세상을 각자 개성으로 머릿속에 담는 그림 그리기처럼 느껴진다.

　우리는 지금 이 순간에도 머릿속에 수많은 그림을 그리며 살아가고 있다. 그 중 흥미롭고 또 어려운 것이 인간관계와 관련된 것이며 최고 난이도는 역시 이성을 만났을 때 그리게 되는 그림이다.

　이성과의 만남이라는 그림을 그리는 화가들의 화풍 역시 제 각각이다. 조심스레 연필로 윤곽부터 그리는 사람이 있는가 하면, 첫 만남의 느낌을 과감하게 원색으로 그리는 사람도 있다. 그런데 처음부터 과감하게 색칠한 뒤, 여백이 없다는 것에 아쉬워하고 고칠 수 없다는 것에 당황해 하는 경우도 적지 않다.

반복되는 경험에 나를 알 수 있는 중요한 단서가 있다

20대 후반의 남성 재호 씨는 얼마 전부터 새로운 만남을 시작했다. 하루하루가 즐거웠지만 고치지 못한 예전의 습관이 다시금 재호 씨를 고민의 방으로 데리고 갔다. 여자 친구의 지난 행적이 궁금해지기 시작한 것이다. 재호 씨는 혼자 있는 것을 극도로 싫어한다고 하면서 이렇게 말했다.

"가족 관계로 부모님과 10살 넘게 차이가 나는 형이 두 명 있어요. 어릴 때 부모님이 장사를 하셔서 온종일 밖에 계실 때가 많았죠. 형들 하고도 워낙 터울이 나다 보니 혼자 있는 경우가 많았고 외롭다는 생각을 많이 했어요. 그래서인지 성인이 되면 빨리 결혼해야겠다는 생각을 자주 했어요."

재호 씨 어머니는 미안한 마음에 용돈을 풍족히 주었지만, 용돈으로 빈 마음이 채워지지는 않았다고 했다. 애정 결핍 때문인지 여자 친구가 생기면 연애 초부터 푹 빠지는 편이라고 했다. 그러면서 고민을 털어놓기 시작했다.

"제가 연애를 시작하면 여자 친구의 과거에 자꾸 집착해요. 그 사람이 누군지 좀 더 빨리 알고 싶어서 그러는 거겠죠. 좋게 보면 빨리 믿고 싶은 마음에 그런다고 볼 수도 있지만, 여하튼 생각했던 모습과 실제 모습이 다르면 고민이 많아져요."

요약하자면, 재호 씨는 선입견과 기대감으로 성급히 그림을 그린 후 되돌아보니 여백도 없고 고칠 방법도 없어 난감해 하고 있는 것이다. 이처럼 인간관계 갈등의 원인이 자신의 지나친 기대에 있는 경우도 허다하다. 머릿속으로는 서로를 알아가는 시간이 필요함을 인정하면서도 여자 친구의 지난날이 궁금해지는 것은 참기 힘들었다고 말했다.

과거는 그 사람이 현재 하고 있는 말과 행동에 자연스레 묻어 나온다. 그러므로 상대 언행을 천천히 살피는 것이 본래의 모습을 알 수 있는 가장 효율적인 방법일 것이다. 재호 씨도 이런 사실을 어렴풋이 알고는 있었지만, 행동으로 옮기지는 못하고 있었다. 이처럼 아는 것과 행동으로 옮기는 것은 다를 수 있다.

재호 씨의 이성 관계에는 또 다른 문제가 있었다. 만나는 사람마다 감정 기복이 심하고 재호 씨의 일상생활을 과도하게 통제하려 든다는 것이었다. 이런 성향의 여성은 연애 초반에는 화려함과 솔직함으로 이성의 이목을 잘 끄는 편이다. 하지만 반복되는 감정의 출렁임에 남자 친구는 결국 지치고 만다.

"예전 여자 친구 중에는 약을 먹겠다고 위협하거나, 헤어지면 가만히 안 있겠다고 협박한 적도 있었어요. 이런 경험을 몇 번 하고 나니 이제는 감정 기복이 적은 안정적인 사람을 만나야겠다는 생각이 들더라고요."

그런데 이번에도 여지없이 비슷한 성격의 여성을 만나고 있었다. 아니, 감정 기복과 재호 씨를 통제하려는 성향은 예전보다 심해 보였다.

상대 행동이 문제인 것은 맞지만, 반복되는 재호 씨 선택도 눈여겨볼 문제였다. 반복되는 선택은 잘 들여다보면 나의 내면을 살펴볼 좋은 기회이기 때문이다. 재호 씨 말처럼 안정적인 애착 관계를 경험하지 못한 것이 지금의 이성 관계에 영향을 미치는 듯했다. 그리고 재호 씨가 갖고 있는 '새로움을 추구하는 기질'과 '관계 지향적인 기질' 또한 이성 관계에 영향을 미치는 듯했다. 이런 기질이 화려하고 유혹적인 여성을 주로 쫓게 만들고, 시간이 필요한 깊이 있는 관계 맺기에는 걸림돌로 작용했기 때문이다. 재호 씨는 이성적으로는 지적이고 믿음이 가는 여성을 원하면서도, 감정적으로는 예민하고 화려한 여성에게 끌리고 있었다.

재호 씨는 최근에 여자 친구와 헤어졌다고 말하면서, "저는 왜 항상 이런 스타일의 여성에게 끌리는지 모르겠어요"라며 한숨을 쉬었다.

재호 씨의 반복적인 선택은 무의식 세계와 관련이 있을 것이다. 무의식 세계는 스스로는 파악하기 어려운 방대한 영역이기 때문에, 반복되는 선택의 이유를 잘 모르는 것도 무리는 아니다. 무의식 세계는 현실의 선택과 행동에 지대한 영향을 미친다. 우리가 미처 인식하지 못할 뿐이다. 만약, 이유를 알기 어려운 선택이 반복되고 있다면, 이것은 무의식 세계의 영향일 수 있다. 의식하기 어려운 강력한 힘이 일상생활에 영향을 미치는 것이다.

첫인상의 함정

누군가를 소개받는다는 것은 설레고 흥분되는 일이다. 주선자가 알려준 상대의 정보를 비밀스레 간직하고 약속 장소로 향한다. 서로 간단한 인사를 하고 몇 마디 대화를 나눴을 뿐인데도 머릿속에는 많은 생각이 떠다닌다.

첫인상은 넉넉잡고 3초면 결정된다고 한다. 새하얀 도화지를 펼쳐놓고 3초 이내에 상대를 그리기 시작한다는 말이다. 개인 성향에 따라 밑그림부터 그릴 수도 있고 물감으로 과감히 채색부터 할 수도 있다.

어찌 보면, 참으로 놀라운 뇌의 기능인 듯싶다. 처음 본 사람이지만 3초면 지난 경험을 바탕으로 상대를 그리기 시작한다니 말이다. 사람은 생각하는 동물이고 생각하는 기능 중의 하나가 판단하는 기능이다. 이 말은 판단하는 것은 인간의 본능이라는 말이 된다. 그런데 판단이라는 것이 생각보다는 비합리적인 경우도 꽤 많다. 앞서 살펴본 재호 씨의 경우가 그렇다.

인생이라는 그림은 삶의 성숙도에 따라 완성도가 달라질 수 있다. 이 말은 세상과 사람에 대한 경험이 적은 젊은 시절에는 성급한 그림 그리기를 주의해야 한다는 것을 의미한다. 요즘 사람들은 무엇이든 너무 성급히 결정지으려는 경향이 있다. 급히 먹는 음식은 체하기도 쉽다. 빠르다는 것은 그만큼 깊이가 얕다는 의미일 수도 있다. 미천한 경험으로 상대를 쉽게 평가할 때, 실수할 가능성은 커진다.

이성 관계도 마찬가지이다. 성급함보다는 신중하게 접근할 필요가 있다. 현실적으로 이성을 만난다는 것은 상당한 시간과 에너지 금전적 투자를 요하는 일이다. 그 기회비용을 최소화 하고픈 마음이 이해가 가지만 조급함은 더 큰, 만회하기 힘든 손해를 가져올 수도 있다. 바쁠수록 돌아서가라는 옛말을 이성관계에서도 꼭 되새길 필요가 있다.

현실을 들여다보면, 빠르게 판단하고 결정하려는 뇌의 성향을 이용하는 사람들이 있다. 말끔한 외모와 화려한 언변으로 상대의 판단을 흐트러뜨리는 것인데, '눈에 보이는 것이 존재하는 모든 것이다' 라고 믿는 뇌의 성급함을 역이용하는 것이다.

사람은 찰나의 순간이나 겉모습만 보고 설불리 판단해서는 안 된다. 상대의 그럴듯한 첫인상에 속아 돌이킬 수 없는 후회를 남기는 사람들을 흔히 볼 수 있다. 말과 외형은 꾸미기도 쉽고 속이기도 쉽다. 충분한 시간을 두고 관찰한 행동을 근거로 사람을 판단하고, 믿어야 한다. 흔들림 없는 지혜를 얻기 위해서는 역시 세월과 연륜이 필요하다.

누구나 이런 경험을 해 본 적이 있을 듯싶다. 머릿속으로는 생각이 떠오르는데 그것을 말로 하려면 어렵고, 글로 표현하려면 더더욱 어려운 그런 경험을. 이유는 생각의 다양함을 담기에는 언어의 다양성이 부족하기 때문이다. 생각과 언어의 공간 사이에는 표현하기 어려운 느낌이 스며들어 있다. 그래서 다양한 경험을 해보는 것이 표현의 풍성함을 위해서는 필요하다.

새로 만난 사람을 머릿속에 그릴 때, 주의해야 할 것이 있다. 상대 겉모습 뒤에는 그 사람만의 사연과 경험이 숨어 있다는 사실이다. '열 길 물속은 알아도 한 길 사람 속은 모른다'는 속담처럼. 섣부름으로 쉽게 그림을 그린 뒤, 뒤돌아 후회한 적은 없는지를 반성해 볼 일이다.

판단하는 습성은 본능인지라 완전히 억누르기는 어렵지만, 새로 만난 사람을 단숨에 그리는 일은 없도록 주의해야 한다. 경험에는 한계가 있고, 판단에는 실수가 있을 수 있다. 경험에 대한 개방성 그리고 판단에 대한 반성의 태도가 있을 때, 성장할 수 있다. 항상 그럴 수는 없겠지만, 때로는 연필로 밑그림을 그리고 그 위에 서서히 색칠하는 여유를 가져보는 것은 어떨까?

정신과 의사는 때로는 여러 명의 그림을 동시에 그린다

정신과 의사의 일을 한 마디로 정의한다면, 누군가의 얘기를 듣는 것이다. 물론, 단순히 귀로만 듣는 것을 의미하는 것이 아니다. 우울, 불안 등의 증세를 호소하는 내담자가 있다면 그 증상의 이면에 자리한 내담자와 주위 사람들의 복잡하게 얽힌 사연까지 세심히 살펴야 한다.

여기, 가정에서는 아내와 그리고 직장에서는 상사와의 갈등으로 힘들어하는 내담자가 있다고 가정해 보자. 정신과 의사는 내담자로부터 어느 정도 필터링 된 사연들 듣게 되지만, 그 가운데도 뜻밖의 수 많은 인물과 사건들을 마주하게 된다.

예를 들어 부인과의 갈등을 보면 어릴 적 부모님과의 갈등이 지금의 갈등을 일으킨 주된 원인일 수 있다. 그리고 내담자는 미처 파악하기 어려웠겠지만, 상사의 강압적인 태도 뒤에는 엄한 집안 환경에서 살아남기 위한 상사 나름의 자구책이 숨어있을 수도 있다.

이렇게 보면, 내담자와 '일 대 일'로 얘기하는 듯하지만, 어느새 많은 사람이 등장한다. 내담자의 부모님, 부인, 상사가 같이 등장하는 것이다. 이렇듯 치료자는 내담자뿐 아니라 주위 사람까지도 동시에 그려야 할 때가 많다. 그래서 정신과 치료는 시간이 걸리고 치료자의 숙련도도 중요할 수밖에 없다.

요즘은 대인관계 스트레스로 진료실을 찾는 경우가 많다. 사례는 다양하지만, 내담자 중에는 융통성이 부족한 사람이 많다. 쉽게 말해 어느 상황에서도 똑같은 그림을 그리는 것이 문제가 되는 것이다. 배경이 바뀌면 그림이 달라져야 하건만, 이들은 항상 똑같은 그림을 그린다. 그러니 문제가 생길 수밖에. 이런 경우 문제 원인을 파악했다 하더라도 표현은 조심해야 한다. 섣부른 평가는 내담자의 고지식함을 강화하기 때문이다. 그래서 면담 시에는 '정중한 태도 유지하기, 섣불리 판단하지 않기, 주의 깊게 듣기' 등이 중요하다. 치료자도 사람인지라 내담자의 인상을 머릿속에 빨리 그리고픈 욕구가 들 때도 있다. 그래도 치료자는 이런 욕구를 잘 견뎌야 한다.

끊임없이 수용하고 존중하다 보면, 내담자가 조금씩 변하기 시작한다. 비유하자면 자기 멋대로 세상을 그리던 사람이 밑그림을 그리고 신중히 색을 칠하는 모습을 보이기 시작하는 것이다. 천천히 세상을 그리는 방법도 있음을 알려 주는 것이 치료자의 역할이다. 그 과정에 때로는 치료자도 깨달음을 얻는다. 내담자를 통해 세상에는 다양한 풍경이 있음을 배우기 때문이다.

화가마다 화풍이 있듯, 우리는 모두 나름의 개성으로 그림을 그린다. 표절 문제가 사회적 이슈인데, 모방한 그림을 내 그림인 양 여긴 적은 없는지 모르겠다. 나만의 색깔로 그린 그림이 아니면 내 그림이 아니다. 내 머릿속의 그림이라 아무도 모르리라 안도할지 모르겠지만, 적어도 나는 알고 있다. 마음의 법정에서는 내 양심이 재판관이다.

나만의 화풍으로 개성 있게 그린 그림을 머릿속에 쌓아간다면, 그래도 인생은 좀 더 살만하지 않을까?

Chapter 5

착한 사람 콤플렉스

　시대와 가치관이 많이 달라졌다고 해도 여전히 대부분의 사람들에게 '착하다'는 말은 이상적이고 긍정적인 의미다. 착하게 산다는 것은 누가 뭐라 해도 훌륭한 덕목임에 틀림없다. 누구나 착하게 살라는 말을 공부 열심히 하라는 말만큼 무수히 많이 들어봤을 것이다. 이상형으로 착한 사람을 원하는 사람도 많고, 새해 첫날이면 '착하고 정직하게 살아야겠다'고 다짐하는 사람도 많다.
　전래동화를 보면 착한 사람은 역경을 이겨내고 행복해진다. 권선징악은 어릴 때 읽던 책의 단골 주제 아니던가. 세상의 풍파 속에서 착하게 살아야 겠다는 다짐은 옅어질 때도 있지만, 자식에게 만큼은 그래도 착하게 살라고 강조하는 것을 보면. 그런데 타인에게는 착하다고 인정받지만, 정작 본인은 불행하다 느끼는 사람도 있다. 여기 두 사람처럼.

착하기까지 한 원더우먼… 힘들다

30대 여성 나영 씨는 유능하고 부지런해서 항상 칭찬을 받는다. 나영 씨는 법학 전문 대학원을 우수한 성적으로 졸업하고 변호사로 일하고 있다. 남편과는 캠퍼스 커플이었는데 현재 남편은 대학병원 레지던트로 일하고 있다.

최근 들어 남편이 여유가 조금 생겼지만, 아직은 레지던트 신분이라 시간 제약이 있다. 어찌됐건 부부로서 나영 씨가 남편에게 도움을 청하는 것은 당연한 일이지만, 나영 씨는 혼자 일을 처리하는 스타일이었다. 가정 살림과 자녀 양육 모두 나영 씨가 책임지고 있었다.

나영 씨 하루는 누구보다 빨리 시작된다. 핸드폰 알림에 겨우 일어나 가족의 아침식사와 딸의 등교를 준비한다. 가족에게 아침을 먹이겠다는 결심은 결혼 전부터 자신에게 했던 약속이다.

비록 몸은 힘들지만 아침 준비를 하면서 왠지 모를 뿌듯함도 느낀다. 전쟁 같은 아침을 보낸 뒤, 나영 씨는 지하철로 출근한다. 지금 시간이 나영 씨에게는 최초의 개인 시간이다. 그런데 그것도 잠시뿐. 나영 씨는 핸드폰을 열어 메일을 확인하고 머리기사를 재빨리 훑기 시작한다. 붐비는 지하철 안에서도 스마트폰으로 메일을 확인하고,

뉴스를 찾아보는 등 서둘러 업무를 시작한다.

나영 씨는 직장에서 인정받는 변호사다. 일 처리가 야무지고 책임감이 강하기 때문이다. 주어진 일뿐 아니라 적임자를 찾기 어려운 일도 솔선수범해서 맡는 경우도 있다. 벅찬 일정에 힘든 적도 많았지만, 인정받는다는 생각에 없는 힘도 짜내서 일하는 스타일이다.

나영 씨의 이런 성향은 어릴 때부터 시작됐다. 나영 씨에게는 오빠 두 명이 있었다. 아이가 부모의 관심을 받는 방법은 두 가지다. 말썽을 피우거나 모범생으로 잘 자라거나. 오빠들은 말썽꾸러기였지만 나영 씨는 자기 일은 알아서 하는 모범생이었다. 부모들은 칭찬해주었고 나영 씨는 그렇게 하는 것이 자기 임무라 생각했다.

학창시절 나영 씨는 타인의 부탁을 잘 들어주는 착한 아이였다. 그 과정에 자신의 '욕구, 흥미, 관심'은 별로 중요시하지 않았다. 돌이켜보면 나영 씨에게 완벽해지라고 강요한 사람은 없었다. 인정받는 것을 인생의 목표로 규정짓고 본인 스스로 무게를 지웠을 뿐.

완벽주의 성향은 결혼 후에도 계속됐다. 습관도 있겠지만 남편과 친정 부모님에게 자주 부탁하는 것은 독립적이지 못하다고 생각했다. 나영 씨는 집에서나 직장에서나 혼자 업무를 척척 해내는 슈퍼우먼이었다. 그런데 최근 들어 문제가 생겼다. 온종일 몸은 무겁고 집중력도 예전 같지 못했다. 총명했던 두뇌는 정지해버린 것만 같았다. 숙면도 못 취하는 날이 늘었고 의욕도 예전 같지 않았다.

나영 씨의 현재 상태는 전형적인 '번아웃 증후군Burn out syndrome, 탈진

증후군' 상태였다. 에너지가 무한대인 것처럼 힘차게 달렸지만, 이제는 한 발자국도 움직이기 힘들었다.

예전부터 나영 씨는 친구들에게 인기가 많았다. 없는 시간을 쪼개 고민을 들어주고 때로는 명쾌한 해답을 주었기 때문이다. 그런데 이젠 그런 부탁이 전혀 달갑지 않다. 사실 나영 씨는 지금 지쳐 있다. 그럼에도 여전히 주위의 부탁에 나영 씨는 없는 시간을 다시금 조정하는 자신을 발견한다. 습관이란 것이 이토록 무섭다는 것을 나영 씨는 비로소 체감하고 있다.

부탁을 거절한다는 것이 나영 씨에게는 자신만의 규칙을 어기는 것처럼 느껴진다. 습관을 고수할수록 에너지 고갈은 커갔지만, 부탁을 거절하기는 어려웠다. 아이러니하게도 타인의 인정을 독차지하던 '착한 여성'은 이젠 '과잉 성실 증후군' 속에 본연의 자신을 잃어가고 있었다.

나영 씨처럼 독립적으로 성장한 사람은 부탁하는 것을 나약하고 의존적인 모습으로 받아들이기 쉽다. 상대가 가족이라 할지라도. 임무를 성실히 수행하고 결과에 책임지는 것은 바람직한 자세다. 그런데 현대사회에서 혼자 모든 것을 할 수는 없다. 한계를 인정하는 것은 책임감을 키우는 것만큼이나 중요한 문제다. 자기능력 내에서 소화 가능한 부분을 책임지는 것이 현명한 태도다. 모든 것을 다하려다 가는 아무것도 할 수 없게 된다.

업무가 많을 때는 이렇게 거절해 보면 어떨까? 빼곡한 일정표를 보여주며 부탁을 들어줘도 효율성이 떨어질까 우려된다고 말해보는 것이다. 그러면 부탁한 사람도 이해할 것이다. 주위 사람에게 부탁을 못 한다는 것은 믿음이 부족해서 그럴 수 있다. 타인의 부탁을 자기 능력을 선보이는 기회라 여겼건 나영 씨처럼, 나영 씨 주위의 누군가도 자기 능력을 선보이려 애쓰고 있을지도 모른다.

자녀의 모든 것을 챙기려는 나영 씨의 태도 또한 아이의 성장에 꼭 유익한 것은 아니다. 누구나 도전을 통해 성장한다. 아이도 마찬가지다. 나영 씨는 이제라도 아이가 다양한 경험을 할 수 있도록 도와줘야 했다. 그리고 무엇보다 나영 씨는 빨리 개인 시간을 확보해야 했다. 그래야 다시 활기차고 적극적인 예전 모습을 되찾을 수 있다.

자기표현에는 용기가 필요하다

30대 남성 성호 씨는 회사에서 '예스맨Yes man'으로 불린다. 주위의 부탁을 거절하지 못하고, 주말에도 밀린 업무를 처리하러 회사에 나오는 날이 많다. 점심 메뉴를 고를 때도 동료 의견에 전적으로 따른다. 성호 씨가 '싫다'라고 말하는 것을 들어본 동료는 거의 없다.

성호 씨는 3대 독자다. 어릴 적부터 성호 씨에 대한 어머니의 애정은 각별했다. 학창 시절 어머니의 과도한 관심이 버거울 때도 있었지만, 크게 반항한 적은 없었다. 취업에 필요한 경력 쌓기도 어머니가 미리 계획해 주었다. 많이 풍족한 살림은 아니었지만, 부모님 뒷바라지는 어느 집에도 뒤처지지 않았다.

　전공 선택과 직장 선택 모두 부모님 의견에 따랐다. 다행히 그 과정에 성호 씨도 큰 불만은 없었다. 그런데 성호 씨는 사회생활을 하면서 고민이 생겼다. 직장 생활을 하다 보면 선택의 순간이 찾아오는데, 혼자 선택하기가 어려웠던 것이다. 선택의 순간이 성호 씨에게는 부담이었다.

　그에 반해 성호 씨와 입사 동기지만 두 살 많은 진태 씨는 의사결정이 빠른 편이었다. 유들유들한 성격이라 상사와도 잘 어울리는 편이었다. 그런 진태 씨를 볼 때면, 성호 씨는 자신이 한없이 작게 느껴졌다. 그러던 어느 날, 성호 씨에게 진태 씨가 구원의 손길을 먼저 내밀었다. 둘이 있을 때면, 회사 분위기나 상사 성향에 대해 진태 씨는 일장 연설을 하곤 했다. 성호 씨는 그런 진태 씨의 존재가 한없이 든든했다.

　성호 씨는 소위 '마마보이'라고 불리는 사람이다. 지나친 과잉보호로 성인임에도 정신적 독립을 하지 못했다. 직장에서 어머니의 빈자리는 진태 씨가 그럴듯하게 채워주고 있었다. 그런데 동료들이 볼 때, 둘의 관계는 조금 이상했다. 동기임에도 진태 씨가 상사인 듯 성호 씨에게 명령을 하고, 성호 씨 공로를 진태 씨가 낚아챈 적도 있었기 때문이다. 성호 씨도 불만은 있었다. 그렇지만 '불만을 섣불리 얘기했다 진태 형이랑 멀어지기라도 하면 어쩌지?'라는 걱정이 그를 압도했다.

성호 씨처럼 의존적인 사람은 '거부 불안rejection phobia'이 매우 크다. 의지했던 사람이 자신을 멀리할지도 모른다는 생각은 그에게는 저주와도 같다. 그래서 자기주장은 하지 못하고 상황의 포로가 된다. 주변에 진태 씨처럼 이기적인 사람이 존재하면, 굴레는 더욱 가혹해진다. 만약, 누군가가 "진짜 좋아하는 것은 뭐예요? 앞으로 하고 싶은 일은 뭐예요?" 같은 질문을 하면, 성호 씨는 안절부절못할 수도 있다.

성호 씨는 혼자 생각하고, 결정하고, 책임지는 훈련이 절대적으로 부족했다. 성호 씨에게는 '의식하는 삶'의 실천이 필요했다. 자기 생각이 있어야 자기주장을 할 수 있기 때문이다. 이제라도 성호 씨는 다양한 경험을 해봐야 했다. 처음에는 낯설더라도 작은 것부터 실천해야 했다. 반복적인 상황 회피는 자기 태만을 낳을 뿐이다.

부모님이나 주위 사람 기대에 부응하는 삶은 진정한 내 삶이 아니다. 그럴수록 자기기만은 심해진다. 선택을 피하는 것은 책임지지 않겠다는 것이며 본인 권리도 포기하겠다는 뜻이다. 자기가 없는 삶에 충족감은 존재하지 않는다. 자기 삶에 진실해져야 한다.

어느 날 성호 씨는 동료들과 영화를 봤다. 본인 취향이라 다시 보고 싶은 생각도 들었다. 동료 중 한 명은 지루했다며 불평을 했다. 그러면서 성호 씨 생각은 어떤지 물어봤다. 성호 씨는 잠시 머뭇거리고는 "저도 별로였어요"라고 말했다. 순간적으로는 동료와의 어울림에 안도감을 느꼈을 수도 있다. 그렇지만 진실하지 못한 태도에 내면의 자존감은 상처받았을 것이다.

친절함에는 주위의 배려도 중요하다

나영 씨와 성호 씨 같은 사람을 우리는 착한 사람이라 부른다. 그런데 나영 씨의 과잉 친절로 인한 탈진과 성호 씨의 거절에 대한 불안은 누구도 쉽게 파악하지 못한다. 과정은 다르지만 둘 다 자기 생각을 표현하지 못한 것이 문제였다. 자신에게 진실하지 못한 것이 부메랑으로 돌아와 자신을 힘들게 했다. 상처받은 영혼을 이제는 누구도 위로해 주기 힘든 상태였다. 안타깝게도 자기 자신도 힘든 이유를 모를 수 있다.

'타고난 기질, 집안 환경, 어릴 적 경험' 등이 지금 상황을 초래했음을 부인할 수 없다. 그런데 이것만으로 지금 상황을 전부 설명할 수는 없다. '사회적 분위기' 또한 책임이 있다. 아직 우리 사회는 개인이 가족과 사회를 위해 헌신하는 것을 미덕으로 여기는 편이다. 그리고 이런 가치를 적극적으로 실현한 개인이 승승장구하던 시절도 있었다. 그런데 앞으로는 '자기 책임, 자기 혁신'의 실현이 중요한 시대가 될 것이다. 실제로 이런 가치를 실현하고 있는 개인이 우대받기 시작했다. 자기희생이 강요되는 사회에서는 자기주장은 이기적인 것이 되고, 자기주장을 하는 개인은 고립되기 쉽다. 이런 분위기라면, 개인은 집단에 기대어 자신을 숨기려고 들 것이다. 결국 개인은 소외되고 그런 개인이 모인 사회는 경쟁력을 잃어갈 것이다.

단, 자기주장을 하는 과정에서 호전적인 태도나 부적절한 공격성을 보여서는 안 된다. 자기 생각만큼 타인의 의견도 존중해야 한다. 나를 지키면서 타인도 배려해야 한다. 자기주장을 올바르게 하는 사람은 타인과 도움을 주고받으며 자기만의 개별화와 타인과의 이어짐이라는 두 가지 목적을 성취한다. 그런 사람은 한 손에는 자율성을 그리고 다른 손에는 친밀한 대인관계를 쥐고 산다.

타인의 부탁을 잘 들어주는 착한 사람 주위에는 그것을 이용하는 사람이 존재하기 마련이다. 마치 성호 씨 곁에 있던 진태 씨처럼. 이런 사람은 자기 임무를 타인에게 넘기고 반복되는 호의는 당연한 권리로 여긴다. 참으로 뻔뻔스러운 사람이다. 이런 사람은 이기적인 행동으로 서로 돕고 배려하는 사회 분위기에 찬물을 끼얹는다.

나영 씨와 성호 씨 모두 진정한 자신을 드러내지 않았고, 당연히 그래야 하는 상황에서도 자기 가치를 지키지 못했다. 그 결과 자존감은 상처 입었다. 이렇게 보면 세상이 그들을 상처 입혔다기보다는 자기 스스로 상처 입힌 부분도 있다.

누구나 한계는 있다. 한계 없는 책임감은 무책임을 유발할 수 있다. 타인 평가에 의존하는 그런 착함보다는 자기 한계를 인식하고, 한계 내에서 베푸는 착함이 진정한 선善일 것이다.

갈등의 악순환을 끊기 위해서는 구세대가 신세대 생각을 개방적으로 들어야 한다. 그리고 신세대도 기성세대의 경험을 존중해야 한다. 여러 어려움은 있겠지만, 선순환만 탄다면 서로를 좀 더 이해하는 긍정적 경험을 할 수 있다.

Part

2

마음 독립을 위한
두 번째 걸음,
스스로 선택하기

Chapter 1

다른 것이지
틀린 게 아니에요

"엄마랑 더는 할 말 없으니, 그냥 저 좀 혼자 있게 내버려 두세요!"
"결국은 자기 뜻대로 할 거면서, 과장님은 왜 자꾸 우리 의견을 묻는 거야? 정말 이해가 안 가!"
　가정이나 직장 혹은 일상에서 우리가 흔히 하는 말들 속에는 세대 차이로 인한 불편한 감정이 담겨 있는 경우가 많다. 세대 차이란 '서로 다른 세대들 사이에 있는 감정이나 가치관의 차이'를 뜻하는데 이제는 일상용어가 됐지만, 사용된 지는 그리 오래되지 않았다. 세대 차이란 말이 처음 등장한 때는 1960년대로 서구에서 급속한 사회적,

문화적 변화로 인해 구세대와 신세대의 가치 차이가 심해지면서 처음 사용되었다고 한다.

환경에 지대한 영향을 받는 인간의 특성상, 세대 차이는 어찌 보면 당연한 일이다. 중요한 것은 세대 차이 그 자체가 아니라, 그것을 인지하고 받아들이는 사회 구성원들의 태도이다. 세대 차이의 존재를 인정하고 수용하는 사회적 분위기는 다양성으로 연결되지만, 부정과 억압은 사회적 갈등으로 연결된다. 서로의 다름을 인정하지 않음으로써 멀어지고 헝클어져 버리는 대인관계와 같은 맥락으로 볼 수 있다.

이제는 '10년이면 강산도 변한다는 말'은 너무 진부한 표현으로 느껴진다. 요즘은 서너 살 터울만 돼도 문화적, 언어적 이질감을 느끼게 되는 경우가 많다. 그만큼 가정이나 일터, 일상 생활에서 세대 차이로 인한 갈등을 보다 빈번하게 경험하고 있다.

그건 틀렸어! 또 말해 봐, 아빠가 들어 줄게

중학생 아들을 둔 태현 씨는 하나뿐인 아들을 자기주장과 자기 책임이 강한 성인으로 키우고 싶었다. 그러기 위해서는 인생의 선배로서 자기 경험을 전수해 주고 아들의 잘못은 즉시 교정해 주어야 한다고 생각했다. 그런데 최근 들어 아들이 태현 씨를 멀리하고 자기 방에서만 지내는 시간이 늘어났다. '사춘기여서 그렇겠지'라고 이해하면서도, 내성적 성향의 아들이 더욱더 외골수가 되지는 않을까 걱정도 됐다.

"걱정 말고 말해 봐. 아버지한테 숨길 게 뭐가 있어. 남자라면 자신 있게 자기 생각을 말할 줄 알아야지."

태현 씨는 평소 아들을 민주적으로 대한다고 믿고 있었다. 하지만 급한 성격이 문제였다. 아들의 말을 기다려 주기보다는 다그치는 것이 먼저였다. 그럴수록 아들은 멀어질 뿐이었고, 이유를 이해하지 못한 태현 씨 또한 답답할 뿐이었다. 아들과의 대화가 생각대로 풀리지 않으면 화가 났고, 그 감정을 이따금씩 아내에게 돌리곤 했다.

"안 그래도 혼자 커서 걱정이 많은데, 당신이 응석을 다 받아주니 갈수록 소극적으로 변하는 거잖아. 당신도 문제가 많아."

이렇게 압박하고 채근할수록 아들은 자존감에 상처를 입고 위축될 뿐이라는 것을 태현 씨는 미처 이해하지 못했다. 직장에서 태현 씨는 기존 방법이 효과가 없으면 남 탓을 하기보다는 다른 방법을 찾는 사람이었다. 자기 생각과 행동이 낳는 결과에 대해 고찰해 보는 합리적인 사람이었다. 그런데 가정에서의 태현 씨는 일방적인 훈계와 질책이 소용없다는 것을 깨닫지 못했고, 오히려 정도가 심해지고 있었다. 가정에서는 자기 언행을 돌아보지 못했고 직장에서 실행하고 있는 원칙을 집에서는 적용하지 못했다. 효과가 없는 방법으로 아들에게 다가가려 한들 부자 관계는 점점 멀어질 뿐이었다.

사춘기 자녀를 둔 부모라면 쉽게 이해할 만한 상황이다. 오죽하면 '중2병'이라는 말이 있겠는가? 사회에서 가장 고집이 세고 공격적인 부류 중 하나가 중2 학생들이란 말인데, 충분히 이해가 간다. 사춘기에 접어든 아이들은 자신만의 공간을 만들어 간다. 사춘기 시절은 자아정체성을 찾으려 고군분투하는 시기이며, 자기 영역을 침범하는 사람에게는 매몰차게 군다. 물론 부모도 예외는 아니다. 아니, 사실은 부모가 자기 영역을 침범하는 경우가 가장 빈번하기 때문에, 사춘기 자녀들은 부모를 가장 경계한다. 자녀가 걷고 말하며 성장하는 10년 이상의 세월을 똑똑히 가슴으로 기억하고 있는 부모에게는 시련이 다가온다. 자식의 낯선 태도와 반응에 상처받는다.

그런데 자녀가 사춘기가 되고 자기 영역을 확보하고 있다면, 이제는 부모도 상황을 받아들이고 지지해 주어야 한다. 양육의 궁극적 목적이 자율성을 키우는 것임을 다시 한 번 되새길 필요가 있다. 가족은 어떤 조직보다 한 번 만들어진 구조 및 의사소통 패턴이 고수된다는 특징이 있다. 부모는 자녀에 대해 막중한 책임감을 느끼며 모든 것을 통제해야 한다고 생각하기 쉽고, 그 과정에서 자녀는 가족 내에서의 역할에 순응하도록 요구받기 쉽다. 자녀가 어릴 때는 별문제가 안 되지만, 자의식이 발달하는 사춘기 시절에는 갈등의 원인이 된다. 부모는 자기 권위에 대한 도전으로 오해해 화를 내기 쉽고, 그럴수록 자녀의 반항심은 커진다. 그렇다면 이런 난관을 헤쳐 나갈 방법은 없을까?

10대 시절이 감정 조절이 미숙하고 의사소통도 서툰 시기임에는 분명하다. 그러므로 우선은 부모의 태도부터 생각해 보는 것이 좋을 듯싶다. 부모는 자녀를 '독립된 인격체'로 존중해야 한다. 태현 씨도 직장에서는 다른 직원이나 고객은 존중했지만, 정작 가정에서는 아들을 독립된 인격체로 존중하지 않았다. 자신이 가르치고 교정해야 하는 미성숙한 존재로만 여긴 것이 문제였다. 그리고 대화 시에는 어리다는 이유로 자녀의 생각을 무시해서는 안 된다. 자녀의 얘기를 듣다 보면 조언하고 싶은 욕구가 들 수도 있지만, 우선은 비판하지 않고 차분히 들어야 한다. 성급한 조언은 자녀에게는 잔소리로 느껴질 뿐이고, 이런 상황이 반복되다 보면 자녀는 마음의 문을 닫기 때문이다.

태현 씨는 자신이 민주적이며 말을 잘 들어준다고 생각했지만 대화하는 방식은 태현 씨 마음대로였고, 아들이 어쩌다 하는 말도 자의적으로 해석하고 평가할 뿐이었다. 자신의 생각이 존중 받지 못하는 상황에서는 누구나 자율성에 위협을 느끼고 방어적인 태도를 보인다. 성인이라면 자신의 예전 중, 고등학교 시절을 돌이켜보면 쉽게 이해할 수 있을 것이다. 지금부터라도 태현 씨는 아들이 자신만의 공간을 만들어가고 있음을 인정하고 존중해 주어야 한다. 그리고 아들과 의견이 다르다면, 자기 의견을 단순히 강요하기보다는 다름의 이유를 설명해 주는 것이 좋다. 존중받은 경험을 한 아들은 태현 씨에게 서서히 마음의 문을 열 가능성이 커진다.

사춘기가 되면 가족보다 친구들과 있는 것을 좋아한다. 이유는 관계의 '수평성' 때문이다. 평등한 관계에서 존중 받고 있음을 충분히 느끼고, 공정성을 몸소 이해한다. 부모도 대화 시에 귀 기울이려 노력하지만 자녀 태도가 비협조적이라면, 우선은 "이건 좀 불공평하구나"라고 표현해 보자. 물론, 화는 나겠지만 감정적 반응을 줄이고 차분하게 말하는 것이 관계 유지에는 효율적이다. 자녀도 시간이 지나면 자기 잘못을 깨닫는다.

부모는 자신의 학창시절을 떠올리며 현재 상황을 대처하려 든다. 하지만 부모와 자녀의 학창 시절 사이에는 수 십 년의 세월이 엄연히 존재한다. 또한 부모는 미래를 준비해야 한다며 자녀를 일방적으로 다그치기도 한다. 건전한 사회인이 되기 위한 준비 과정은 필요하지만, 누구에게나 미래는 불투명한 미지의 세계일 뿐이다. 부모도 자녀와의 경계를 인정하고 자녀의 영역을 존중할 때, 과도한 책임감에서 벗어나고 막연한 불안감을 줄일 수 있다. 부모도 모든 것을 아는 완벽한 존재는 아니다.

선배, 나 같은 신입 아니었어요?

혜영 씨는 얼마 전 경제뉴스를 전문으로 다루는 신문사 기자로 입사했다. 어릴 적부터 꿈꾸던 직업이었기에 기대감이 컸다. 대학에서 관련 분야를 전공했고, 대학 연합 신문사에서 일한 경험도 있어 나름 자신감도 갖고 있었다. 그런데 입사 후 적응 기간이 필요하리라 예상은 했지만, 막상 일을 시작하니 생각보다 어려움이 많았다. 업무에 대한 이해가 미숙한 상태인데도 현장 취재가 잦았고, 기사 초고를 작성하는 일도 만만치 않았다. 겨우 초고를 작성해 직장 선배에게 피드백을 부탁하면, 돌아오는 반응이 시큰둥한 경우도 많았다. 혜영 씨 질문에 진심 어린 충고나 조언을 해 주는 선배는 별로 없었다. 적어도 혜영 씨 느낌은 그랬다.

어떨 때는 "대학 시절 기자 경험도 있다고 들었는데 이런 기본적인 것도 모르는 거야?"라며 핀잔을 주는 선배도 있었다. 혜영 씨의 자신감은 갈수록 저하됐고 직업을 잘못 선택한 것은 아닌지 고민이 됐다. 몇 개월만 더 일해 보고 향후 거취를 결정하기로 맘을 먹었다. 그런데 다행히 힘들어하는 혜영 씨를 격려해 주는 선배가 몇 명은 생겼고 조금씩 안정을 찾을 수 있었다.

직장과 가정의 분위기는 사뭇 다르다. 가족들은 서로의 실수에 비교적 관대하며 다른 가족 구성원을 위해 자기 시간과 에너지를 기꺼이 할애하기도 하지만, 직장 동료들은 그러기가 쉽지 않다. 각자 맡은 일을 해내는 것도 버겁기 때문에 동료를 돌아볼 마음의 여유가 부족한 것이다. 핵가족 하에서 부모의 집중적인 보살핌을 받으며 성장한 신입사원을 향해 선배들은 의지가 빈약하다며 비난하기도 한다. 신입사원이 평소 '자기 결정, 자기주장, 자기 책임'이 충분히 훈련되지 않은 상태라면, 입사 후 큰 혼돈을 겪을 수 있다.

혜영 씨도 점차 업무에 적응하면서, 입사 초기에는 선배들에게 많은 기대를 품었다는 것을 깨달았다. 빨리 유능한 동료로 인정받고 싶었고, 신입사원으로서 따뜻한 지도 편달도 받고 싶었다. 적극적으로 일을 배울 생각을 하지 못하고, 선배들이 자신을 이끌어 주기만을 바란 것이다. 사회생활이 처음이었던 혜영 씨는 직장이 가정 같은 분위기일 거라고 기대했고 그것은 큰 착각이었다.

누구든 새로운 도전은 겁이 난다. 실수할까 두렵고 주위 동료들의 평가에도 민감해진다. 그런데 어떤 일이든 익숙해지기까지는 시간이 필요하고 그 과정에 시련은 있다. 실수를 반복하지 않으려 노력하고 임무를 기꺼이 맡으려 하는 것이 책임감 있는 자세다. 그리고 책임감 있게 행동하는 것이 업무 숙달도 빠르고 승진에도 유리하다는 것은 상식에 가깝다.

신입사원 시절 동료와의 관계에 고민이 많다면, 우선 자기 태도부터 되돌아보는 것이 필요하다. 일을 배우는 것보다 상사와의 관계에 지나치게 신경 쓰는 것은 아닌지, 업무의 효율성보다 상사 마음에 드는 것에 몰두하고 있는 것은 아닌지, 부모님처럼 누군가 내 고민을 해결해 주리라 기대하고 있는 것은 아닌지 등을 곰곰이 생각해 볼 필요가 있다.

궁극적으로 직장인으로서 추구해야 할 가치는 '업무의 숙달, 경험의 축적'임을 명심해야 한다. 효율성과 생산성을 추구하는 것이 직업 조직이지만 인간관계가 중요하지 않다는 말은 아니다. 오히려 효율적 업무 수행을 위해서는 동료 간의 원만한 관계 형성이 필요하다. 직장 내의 효율적인 관계 구축을 위해서는 상사의 태도가 중요하다. 상대적 약자인 부하 입장에서는 아무래도 상사에게 먼저 다가가기가 어렵기 때문이다.

혜영 씨 같은 신입사원이라면, 상사의 무관심에 쉽게 위축될 수 있다. 혜영 씨가 다소 의존적인 면이 있기는 했지만 좀 더 일찍 혜영 씨를 배려해 주는 선배가 있었더라면, 적응은 훨씬 빨랐을 것이다. 부하는 자기 의견이 존중된다는 느낌이 들 때, 의견의 채택 여부를 떠나 맡은 바 임무에 좀 더 책임감을 느낀다. 상사는 부하가 자기 의견을 표현하는데 두려움이 있음을 알아야 한다. 상사가 부하의 말에 귀 기울이고 적절한 반응을 보일 때, 부하의 불안은 상당 부분 줄어든다.

딸을 이해하지 못하겠다, 그러니 아내가 문제다!

갓 대학에 진학한 딸과의 갈등으로 조언을 청한 지인이 있었다.

대학생으로 어엿한 성인이 된 딸이 이성 교제를 시작하면서 문제가 시작됐다. 지인은 딸의 남자친구를 직접 대면해 보지는 않았으나 재학 중인 학교를 비롯해 아내로부터 전해들은 몇몇 정보만으로도 탐탁지 않게 생각됐다. 그 친구와의 교제를 반대하자 딸은 강하게 반발했고, 아빠와 대화조차 하려 들지 않았다.

지인은 마냥 품 안에 어린 아이로만 생각했던 딸의 불응이 당혹스럽고 답답하다고 했다. 딸과의 감정의 골이 깊어지면서 아내에게 괜한 짜증을 내는 경우가 늘었다고 했다.

이처럼 가정에서 두 사람의 갈등이 심해지면, 두 사람이 서로를 외면한 채 다른 가족에게 감정을 투사하고 불평을 터트리곤 한다. 갈등의 골이 이미 깊은 상태에서, 직접 대화하지는 못하고 간접적인 방법으로 자기감정을 드러내는 것이다. 본인의 마음에 들지 않는 자식의 행동을 배우자의 탓으로 돌리고, 남편이 미워진 부인이 시댁 식구에게 데면데면하게 구는 경우 등이 흔한 예이다. 정신의학에서는 이런 상태를 '수동 공격성passive aggression'이 표출되고 있다고 표현한다. 본인의 공격성을 상대에게 직접 표현하는 것이 아니라, 제삼자나 혹은 상대가 눈치 채기 어려운 방법으로 표현하는 것을 일컫는 말이다.

가정과 직장에서 수동 공격성은 상대적 약자인 자녀와 부하가 주로 보이는 편이다. 아무래도 직접적으로 분노를 표현하는 것은 두렵기 때문이다. 사춘기 자녀는 부모와의 대화를 피하고 자기 방에서만 지내려 하고, 부하는 상사를 험담하거나 계획서를 조금 늦게 작성하는 방식으로 분노를 표출한다. 누구나 이런 방법을 사용하고 있고 때로는 기분 환기의 효과도 있으며, 정도가 심하지 않다면야 큰 문제는 아니다. 그런데 만약 수동 공격성이 습관화되면 문제일 수 있다.

학창 시절 해결되지 않은 부모와의 갈등이 성인기까지 문제가 되는 경우를 경험하곤 한다. 부모는 시간이 지나면 갈등이 해결되리라 막연히 기대하지만, 반대인 경우도 많다. 성인이 돼서도 부모와의 관계는 갈등상태로 머물고, 다른 인간관계에 악영향을 미친다. 부모와의 관계는 우리 삶에 미완성 상태로 공존하는 중요한 관계 중 하나다. 수동 공격성은 표현하는 당사자에게도 손해이기 쉬운데, 이는 직장에서 쉽게 관찰할 수 있다. 습관적으로 상사를 험담하는 부하는 소극적이고 너그럽지 못한 사람이 되기 쉽다. 그런데 안타까운 것은 자신도 손해 보고 있닸는 것을 본인은 깨닫지 못한다는 사실이다.

    세대 간 의견 차이는 유사 이래 계속 있었다. 현재 상황을 구세대가 경험을 들먹이며 자기 멋대로 해결하려 들 때, 신세대는 세대 차이를 느낀다. 세대 차이는 미묘한 통제권 다툼 및 감정 대립으로 연결될 수 있다. 그리고 감정 대립의 종착역은 상호 불신이다. 자기 결정권을 제한당할 때, 인간은 누구나 본능적으로 저항한다. 신세대가 구세대에게 보이는 대표적 저항 방법이 '수동 공격성'이다. 갈등의 악순환을 끊기 위해서는 구세대가 신세대 생각을 개방적으로 들어야 한다. 그리고 신세대도 기성세대의 경험을 존중해야 한다. 여러 어려움은 있겠지만, 선순환만 탄다면 서로를 좀 더 이해하는 긍정적인 경험을 할 수 있다.

Chapter 2

누구나 달인이 될 수 있다

　필자가 평소에 즐겨보는 TV 프로그램 중에 '생활의 달인'이란 프로그램이 있다. 연예인이나 전문 방송인이 아닌, 평범한 일반인이 주인공으로 등장하는데, 평범한 듯 보이지만 대단한 스토리를 다루고 있다. 제각각 다양한 사연을 지닌 등장인물들은 자신의 생업이나 취미 등 특정 분야에서 각고의 노력을 기울인 끝에 탁월한 성취를 이룩했다. 가히 '달인'이라는 칭호가 어색하지 않다.
　프로그램을 통해 소개되는 달인들에게서는 뚜렷한 공통점을 발견할 수 있다. 몸이 고된 일을 하고 있어도 하나같이 밝은 표정이다. 그들은 자신의 일과 생활에 애착을 갖고 있고 자부심과 감사가 몸에 배어 있다. 그리고 타고난 재주가 있든 없든 오랜 기간 노력한 시간이 반드시 있다. 이런 달인의 특징은 어떻게 설명할 수 있을까? 우선 '동기 이론motivation theory'에 대한 이해가 도움이 될 듯하다.

나를 움직이는 두 개의 엔진

동기란 나를 움직이게 만드는 힘을 말한다. 내면에서 올라오는 힘을 '내적 동기'라 부르고, 외적으로 나를 움직이게 하는 힘을 '외적 동기'라 부른다. 주위를 보면, 동기와 관련된 강의와 서적은 차고 넘칠 지경이다. '자발적으로 내적 동기를 불러일으키는 법', '학습에 관한 동기 이론' 같은 주제는 누구나 수없이 들어봤을 것이다. 그런데 그 내용들을 살펴보면 아쉬움이 더 큰 것이 사실이다. 지나치게 기술적 방법론에 치우쳐 있다든지 혹은 내적 동기와 외적 동기가 실생활에서 철저히 구분할 수 있고 대립적 개념인 것처럼 기술한 텍스트들도 있다. 동기 이론의 실제 적용은 어렵고 피상적인 수준에 머무르는 것이 대부분이다.

언제나 그렇듯 현실은 복잡 미묘하다. 내적 동기와 외적 동기가 동시에 작용하는 경우가 부지기수이며 둘의 조화가 필요한 경우도 많다. 동기 이론을 온전히 이해하고 올바르게 적용하기 위해서는 이러한 현실적인 어려움을 이겨내야 한다. 그러기 위해 우선 외적 동기가 무엇인지부터 살펴 보자.

대표적인 외적 동기로는 '보상과 처벌'을 들 수 있다. 보상은 칭찬, 격려, 승진, 물질적 사례 등으로 현재의 행동을 강화하는 목적을 지닙다. 처벌의 목적도 물리적 제약을 가하는 데 있기보다는 문제 행동을 줄이고 긍정적 행동을 유도하는 것에 있기에, 처벌과 보상의 궁극적 목적은 같다고 할 수 있다. 현실에서 외적 동기는 강력하게 작동한다. 학창 시절 선생님의 칭찬과 격려는 큰 힘이 되며, 직장에서의 승진과 보너스는 사기 진작에 큰 도움이 된다. 적재적소에 사용만 된다면, 외적 동기의 현실적 효과는 매우 크다. 그런데 외적 동기가 너무 강조될 때 여러 가지 문제가 발생할 수 있다.

예를 들어 기본급보다는 성과급이 훨씬 큰 경우, 개인은 실적 달성을 위해 비도덕적이고 편법적인 행동을 별 거리낌 없이 저지를 수 있다. 반복되다 보면 편법에 점차 무감각해지고 빠르고 쉬운 지름길만을 추구하기 쉽다. 단기적으로는 목표 달성을 통해 물질적 보상을 받을지는 몰라도, 장기적으로는 위법 행동을 할 우려도 있고 깊이 있는 기술 습득은 요원한 일이 될 수도 있다. 효율성을 극도로 강조한 성과급 제도가 의도치 않게 비도덕적 행동을 유발할 수 있는 것이다.

다음 문제점으로는 흥미를 느끼고 즐겁게 하던 행위도 보상이 주어지면 일이나 의무처럼 느껴질 수 있다는 점이다. 어느 심리학자가 초등학교 학생에게 퍼즐을 주고 마음껏 맞추도록 했다. 처음에 아이들은 흥미를 느끼고 다양한 방법으로 퍼즐을 맞추려 노력했다. 적극적이고 창의적인 모습을 보였다. 그런데 실험 도중 특정 모양의 퍼즐을 주어진 시간 내에 완성하면 과자를 주는 보상을 적용했더니, 아이들의 흥미와 동기가 눈에 띄게 감소하는 모습을 보였다. 퍼즐 맞추기가 아이들에게 즐거움을 주는 목적적 활동에서 과자를 얻기 위한 수단적 활동으로 변했기 때문이다. 생산적이고 창의적인 활동을 격려하기 위한 외적 보상이 오히려 아이들의 상상력을 가로막는 아이러니를 낳은 셈이다.

이처럼 보상을 줄 때는 매우 조심할 필요가 있다. 방법에 따라 상대의 자율성과 창의력을 저하시키고 보상에만 집중하게 함으로써 일을 통한 성장과 발전을 가로막을 수 있기 때문이다. 보상은 상대의 긍정적 행동을 격려하고 노력의 가치를 인정하는 수단으로 사용돼야 한다. 예를 들어 직장에서 주는 보너스와 성과급이 돈벌이를 위한 행동만을 강요하는 성격을 띠기보다는 그 동안의 노고에 대한 감사의 수단이 될 때, 직원의 사기와 동기는 진정으로 고취될 수 있다. 그러므로 보상을 줄 때는 상대의 자율적 판단과 행동에 최소한의 영향을 미치고, 상대가 자기 가치가 인정받는다는 느낌이 들 수 있도록 세심한 주의를 기울여야 한다.

한편, 외적 동기와 함께 동기 이론의 한 축을 이루는 것으로 내적 동기가 있다. 내적 동기가 발휘되는 순간으로는 어린아이가 마냥 즐거워하며 놀이를 하는 경우나 성인이 시간 가는 줄 모른 채 취미 활동에 집중하는 경우 등이 있다. 이렇듯 내적 동기는 활동 자체에 흥미를 느끼고 활동의 결과보다는 과정에 집중할 때 나타난다.

동기 이론의 전문가 에드워드 L. 데시는 인간은 자율적으로 선택할 수 있고, 스스로 해결할 수 있다는 자신감이 들 때, 내적 동기가 발현된다고 주장했다. 선택할 수 있는 환경이 조성되고 잘할 수 있다는 자신감이 들 때, 내적 동기에 따라 행동할 확률은 커진다. 그런데 현실을 보면 내적 동기에 따라 행동한다는 것이 쉽지 않다. 수많은 학생과 직장인을 보더라도 스스로 선택하고 자신감을 느끼며 지내는 시간보다 억압되고 위축된 상태로 지내는 시간이 많다.

그렇다면 내적 동기를 실현하며 산다는 것은 이론으로만 존재하는 비현실적 주장일 뿐일까? 물론 내적 동기를 실현하며 산다는 것은 어려운 일이지만 그렇다고 방법이 전혀 없는 것은 아니다. 우선 다음의 내용들을 살펴 보자.

첫째, 인간은 흥미와 관심이 가는 일을 할 때, 잘할 가능성이 높고 그런 활동을 하도록 상황을 조정할 확률이 크다는 사실이다. 타고난 성향에 따라 행동할 때, 내적 동기는 고양되며 고양된 내적 동기는 성취감으로 연결될 수 있다. 그렇다면 하고 싶은 일만 해야 내적 동기가 높아진다는 뜻인가?

물론 현실은 하고 싶은 일만 하며 살 수는 없다. 그런데 하고 싶고 흥미가 느껴지는 일을 전적으로 억압하기만 할 때, 문제는 발생한다. 자기 본성은 외면하고 사회적 기준만 신봉할 때, 인간은 소외감을 느끼기 때문이다. 특히 이런 현상은 '사회화'를 달성하는 학창 시절에 두드러지게 나타날 수 있다. 따라서 어른들은 아이들이 내적 동기와 자율성에 훼손을 입지 않고 건강한 사회화를 이룩할 수 있도록 지속적인 도움을 주어야 한다.

예를 들어 정규 교과 내용은 정해져 있지만, 수업 방식이나 아이들의 참여 방법 등은 선생님 재량으로 조정해 보는 것이다. 그리고 가정에서 자녀와 갈등이 있을 때, 관점의 다름을 인정하고 자녀의 선택을 최대한 존중하는 태도를 보이는 것이다. 현실적 여건 내에서 최대한 아이들이 결정할 수 있는 여지를 주고 그들의 의견을 존중할 때, 아이들의 내적 동기는 크게 손상 입지 않을 수 있다. 그리고 무엇보다 중요한 것은 아이들에게 타고난 본성과 흥미를 찾을 수 있는 다양한 경험을 보장해 주는 기회를 제공하는 것이다. 무의식 세계에 잠자고 있던 적성과 잠재력을 일깨우는 환경을 만날 때, 아이들은 도전하고 성장하는 내적 동기의 참된 실현을 경험할 수 있기 때문이다.

둘째, 가치에 부합되는 삶을 살려고 노력하는 것이다. 예를 들어 직장인이라면 누구나 자기 직무에서 성취감을 느끼고 나날이 발전하고 싶은 욕구가 있을 것이다. 그런데 현실적으로 직장 생활은 수직적 위계질서에 따른 의무와 강요가 많기에 내적 동기의 실현이 쉽지 않다. 그래도 고려할 수 있는 방법은, 상사가 부하 의견을 존중하고 일의 추진에 부하의 자율성을 최대한 보장하는 것이다. 그 과정에 어려움은 있겠지만 한계의 이유를 설명하고 공정하고 일관된 자세로 한계를 적용한다면, 직원의 내적 동기도 크게 훼손되지만은 않을 것이다. 동시에 자율성을 보장 받은 직원은 최선의 선택을 하기 위해 고민하고, 선택의 결과는 일부라도 책임지려는 성숙한 자세를 보여야 한다. 부하도 평소에 능동적인 자세로 자기 장점을 극대화하려 노력한다면 자신감은 늘고 내적 동기는 고양되는 긍정적 경험을 할 수 있을 것이다.

내적 동기를 실현하기 위해서는 내면에 존재하는 잠재력을 발굴하는 것이 중요하다. 타고난 적성과 가능성이 계발되는 순간, 내적 동기는 살아 숨 쉬게 된다. 타고난 잠재력에 접근하는 방법은 평소 관심 가는 일이 무엇인지 수시로 생각해 보는 것이다. 그리고 관심 가는 일에 몰입하거나 좀 더 많은 시간을 할애해 보는 것이다. 생각만큼 쉽지 않고 모든 것을 다 성취할 수는 없다. 하지만 작은 실천과 도전만으로도 내적 동기가 살아 숨 쉬는 보다 활기차고 진실한 삶을 살 수 있다.

원유는 있다, 문제는 채굴과 정제

앞에서 소개한 생활의 달인은 일상에서 내적 동기를 실현하며 사는 사람이다. 그들 중에는 일찍부터 타고난 잠재력을 계발한 사람도 있고 현실적인 여건 때문에 성인이 된 후 자신의 가능성을 개발한 사람도 있다. 전자의 경우는 타고난 재능과 소질을 빨리 계발하여 내적 동기의 힘으로 직업적 가치를 실현했다고 볼 수 있다.

반면, 후자의 경우는 가족 부양과 직업적 성취의 가치를 뒤늦게나마 현실적 여건 속에서 실현했다고 볼 수 있다. 달인이 선택한 직업이 타고난 본성과 성향에 전적으로 부합되는지는 확신할 수 없지만, 중요한 것은 달인이 주어진 여건 내에서 본인이 잘할 수 있는 부분을 끝없이 고민하고 도전한 끝에 찾았다는 것이다.

비유하자면 타고난 본성이란 심해에 존재하는 아직은 정제되지 않은 원유 같은 상태라 할 수 있다. 채굴된 원유는 정유 방법에 따라 휘발유, 경유, LPG 등이 될 수 있는 것처럼 타고난 본성도 만나는 환경에 따라 다양한 모습을 보일 수 있다. 달인이 오랜 시행착오 끝에 자신만의 비기를 만드는 과정은 흡사 원유를 발굴하고 화학적으로 정제하는 과정과 비슷하다. 기본적으로 석유로 만들 수 있는 제품은 제한이 있는 것처럼, 사람마다 잘할 수 있는 분야 또한 제한이 있다. 누구나 타고난 재능이 한 가지씩은 있다. 누구든 자기 잠재력을 현실적 맥락 속에서 꽃피울 수 있다면, 내적 동기가 살아 숨 쉬는 역동적인 삶을 살 수 있다. 달인이 그런 삶을 살고 있는 대표적인 예다.

타고난 적성과는 거리가 먼 직업을 선택해도 그럭저럭 성취감을 느끼며 살 수는 있다. 그런데 타고난 성향과 너무 동떨어진 일을 한다면 언젠가는 성취감에 한계를 느낄 수 있다. 자발적으로 움직이게 만드는 내적 동기의 실현이 없기 때문이다. 그 결과 삶의 생동감은 줄어든다.

달인의 훌륭한 점은 경제적 성공에만 있는 것이 아니다. 이런 생각은 너무 단순한 생각이다. 달인의 진정한 가치는 직업에 사명감을 느끼고 직업을 자신을 대변하는 또 다른 자아로 여긴다는 사실에 있다. 이처럼 직업을 자기표현, 자기실현의 수준까지 확장한 사람은 직업을 '천직'으로 소중히 여긴다. 수많은 시행착오 끝에 찾은 달인의 직업에는 그들의 노력, 시간, 땀이 녹아 있다. 그렇기에 달인의 직업에는 책임의식과 자기희생이 녹아 있다.

내적 동기가 발현되는 다른 순간으로는 심리학자 미하이 칙센트미하이가 말한 '몰입$_{flow}$'의 순간이 있다. 몰입이란 '주어진 활동에 일정 시간 동안 완전히 빠져드는 마음 상태'를 뜻하는데, '운동선수, 외과 의사, 예술가' 등이 몰입 상태를 잘 느낀다고 한다. 몰입 상태가 되면 강렬한 흥분에 휩싸이고 그 과정이 끝나지 않기를 간절히 바라며 자의식도 희미해진다고 한다. 또한 몰입 상태를 다시 경험하기를 강렬히 원하며, 타고난 본성의 실현이란 무엇인지를 생생히 경험한다고 한다. 요약하자면 몰입이란 고도의 집중을 통해 적절한 도전 상황을 헤쳐나감으로써 내적 동기가 온전히 발현되는 순간이라 할 수 있다.

누구나 일상생활에서 몰입을 경험할 수 있다. 다만, 타고난 적성을 찾고 계발하려는 각고의 노력이 필요하다. 각고의 노력 끝에 빠져든 몰입의 순간이야말로 진정으로 내적 동기가 살아 숨 쉬는 소중한 순간이다.

나를 움직이는 진짜 엔진은 하나

부모, 교사, 상사는 보상 및 처벌 등 외적 동기를 부여함으로써 자녀, 학생, 부하의 긍정적 행동을 강화하려 한다. 그러면서 동시에 자녀, 학생, 부하 스스로가 내적 동기를 부여하며 책임감 있게 지내기를 원한다. 그러나 이상과 현실 사이에는 언제나 좁혀지지 않는 틈이 있다. 이 시점에 동기 이론 전문가인 에드워드 L. 데시 EDWARD L. DECI의 말을 다시 한 번 들어 보자.

"어떻게 하면 타인에게 동기를 부여할 수 있는가?" 이것은 옳은 질문이 아니다.

"어떻게 해야 타인 스스로 동기를 부여할 수 있는 조건을 만들 수 있는가?" 이것이 올바른 질문이다.

그렇다면 스스로 동기 부여할 수 있는 조건을 어떻게 만들 수 있을까? 내적 동기는 내면에서 치솟는 힘으로 무엇보다 나에 대한 이해가 중요하다. 그리고 동시에 주변과의 관계에 대해서도 고민해야 한다. 우선, 타고난 본성과 잠재력을 찾는 것이 중요한데, 이를 위해서는 무의식 세계와 끊임없이 소통해야 한다. '무의식적 나'와 '의식적 나'의 지속적인 소통이 있을 때, 내적 동기가 부여될 수 있는 조건이 갖추어진다. 동시에 외적으로는 자녀, 학생, 부하가 각자의 장점을 발굴할 수 있는 다양한 경험을 할 수 있도록 도와줘야 한다. 그리고 가능한 범위 내에서, 선택하고 행동할 수 있는 여지를 줘야 한다. 그럴 때 비로소 내적 동기가 충분히 부여될 수 있다.

마지막으로 내적 동기의 온전한 실현을 위해서는 스스로 선택한 일에 성취감을 느끼는 것이 중요하다는 것을 강조하고 싶다. 상식적으로 생각해 봐도, 타고난 잠재력을 계발하는 것이 내적 동기를 실현하는 가장 효과적인 방법일 것이다. 그리고 정보화 시대에는 내적 동기를 실현하는 개인이 경쟁력이 높을 것이다.

과정에 여러 어려움은 있겠지만 내적 동기와 함께 가는 삶을 살 때, 인생은 좀 더 아름답지 않을까?

Chapter 3

네가 진짜로 원하는 게 뭐야?

    초등학교 시절 '장래 희망'이란 주제로 글짓기를 했던 기억이 난다. 오래된 일이라 내용은 희미하지만 나와 친구들의 꿈은 저마다 다양했다. 친구들이 돌아가며 '대통령, 외교관, 과학자' 같은 장래 희망을 발표하면, 담임 선생님은 직업의 특징을 설명해 주곤 했다.

    얼마 전 신문에서 초등학생의 장래 희망을 조사한 결과, 1위가 건물주 2위가 연예인이라는 기사를 본 적이 있다. 무엇보다 팍팍한 현실의 영향이 크겠지만, '너무 일찍부터 아이들의 꿈이 사라지거나 획일화되는 것은 아닌가?'라는 생각에 씁쓸한 기분이 들었다. 진료

현장에서 학생들을 만나보면, 꿈을 잃은 채 살아가는 친구들이 꽤 많다. 간혹 꿈이 있다는 친구를 만나더라도, 자세히 얘기를 들어보면 자신이 택한 꿈이라기보다는 부모가 일방적으로 정해준 경우도 많다.

이루고 싶은 자신만의 희망과 이상이 없는 것이나, 부모를 비롯한 외부의 영향으로 설정된 목표를 갖고 있는 학생들은 대부분 진실한 자신과 만나는 기회가 단절되어 있는 상태이다. 본연의 자신과 마주할 통로를 잃고 살아가는 자아는 '거짓 자아'로 살아갈 위험이 크다. 그리고 그로 인한 고통은 온전히 자신에게 돌아오게 된다. 현실적 문제는 다양하지만, 고통의 원인을 생각해보면 부모의 잘못된 양육 태도가 문제인 경우도 부지기수이다.

그건 엄마가 하고 싶고, 되고 싶은 거잖아!

초등학교 6학년인 현주는 엄마와 갈등이 심한 상태였다. 작년부터 갈등의 조짐은 있었는데, 6학년이 되면서 현주의 반항은 좀 더 심해졌다.

"현주야, 빨리빨리 움직여. 이러다 학원에 늦게 생겼잖아."

"학교 끝나자마자 학원가는 게 얼마나 힘든지 알아? 보채지 좀 마."

"너 요즘 들어 왜 이리 반항적이니? 지금은 바쁘니깐 이따 학원 끝나고 얘기 좀 하자."

"아 몰라, 짜증나니깐 말 좀 시키지 마."

학교를 마치고 학원으로 가는 길, 거의 매일 같이 반복되는 현주와 엄마의 실랑이다. 현주는 엄마의 권유로 유치원 때부터 발레를 시작했다. 처음에는 현주도 발레를 재미있어 했고, 지도하는 선생님도 소질이 있다며 본격적으로 배워볼 것을 권했다. 현주 엄마도 어릴 때 발레를 배웠고 대학에서 전공하고 싶었지만, 가정 형편상 발레를 포기한 사연이 있었다.

현주 엄마는 자신이 포기한 꿈을 딸이 대신 이루어주리라는 생각에 물심양면으로 아낌없이 뒷바라지했다. 학교가 끝날 무렵 차에 태워 꽤 먼 거리의 발레 학원에 데려다줘야 했기에, 현주 엄마도 개인 시간은 거의 없었다. 그래도 딸이 흥미를 느끼고 기량도 점차 향상되는 모습을 보여서, 현주 엄마는 힘든지도 몰랐다. 현주가 5학년이 됐을 때, 현주 엄마는 현주를 예술중학교에 진학시키기로 마음을 먹었다. 경쟁이 치열하기에 예전보다 연습 시간은 늘어날 수밖에 없었다. 그럴수록 현주의 개인 시간은 줄었고, 현주 곁에는 친구보다는 엄마가 있는 시간이 훨씬 많았다. 발레는 체중 조절도 중요하기에 군것질은 엄격히 제한되고 있었다.

현주는 자기 뜻대로 할 수 있는 것이 거의 없는 현실이 너무 버거웠다. 현실에서 벗어나고 싶었다. 6학년이면 친구들과 간식을 사 먹거나 수다 떠는 일이 자연스럽건만, 현주에게는 결코 쉬운 일이 아니었다. 현주의 불만은 점차 커졌고, 급기야 불만의 대상은 발레로까지 이어졌다. 발레가 자신의 자유를 억압하는 대상으로 여겨졌기 때문이다. 그리고 발레를 강요하는 엄마도 이제는 벗어나고픈 굴레로 느껴졌다. 얼마 전까지 재미있어 했던 발레가 왜 이제는 벗어나고픈 굴레가 되었을까? 질문의 답은 인간의 '자율성 욕구'와 '내적 동기'에서 찾을 수 있을 듯싶다.

'내적 동기'는 스스로 선택할 수 있는 여지가 있고 잘 할 수 있다는 자신감이 들 때, 온전히 발휘될 수 있다. 현주의 경우도 발레를 잘 배우고 있었고 어느 정도는 자신감도 있는 상태였다. 그런데 5학년이 되면서 현주 엄마의 일방적인 결정으로 연습 시간이 늘어난 것이 문제였다. 현주의 생각과 자기 결정권은 철저히 무시된 결정이었다. 예술중학교 진학도 현주와는 별 상의 없이 현주 엄마 혼자서 결정했다. 현주가 재능을 보이기는 했지만 이런 일방적인 결정은 현주에게 압박과 부담으로 작용할 뿐이었다. 현주 엄마의 의도가 아무리 선하다고 해도 여기에는 분명 문제의 소지가 있다. 그렇다면 구체적으로 무엇이 문제였을까?

첫째, 아이의 내적 동기는 도전의 정도가 적당할 때 부여될 수 있다. 너무 쉬운 도전도 내적 동기를 불러일으키기 어렵지만, 현실적으로 너무 버겁고 어려운 도전도 내적 동기를 불러일으키기는 어렵다. 사실 자녀의 감정과 생각을 존중하지 않으면서, 목표를 적절히 조절하기란 불가능에 가깝다. 부모의 기대만으로 버거운 목표를 일방적으로 정해버리면, 역효과는 고스란히 자녀에게 돌아간다. 그 결과,

부모와 자녀 사이는 멀어진다. 현주 엄마도 예술중학교 진학 여부 및 평소 연습 스케줄 조정에 현주 의견을 충분히 반영할 필요가 있었다. 자기 선택이 존중받지 못할 때, 능동적이고 자율적인 모습은 어른에게도 기대하기 어렵다. 하물며 초등학생인 현주에게는.

둘째, 부모의 지나친 기대가 자녀의 내적 동기를 저하시킬 수 있다. 모든 부모는 자녀가 특정 지식과 기술을 익히고 성숙한 사회화 과정을 달성하기를 바란다. 그런데 그런 기대 또한 자녀의 발달 정도와 타고난 특성, 잠재력을 고려해 현실적으로 조정돼야 한다. 자녀가 처한 상황이나 욕구를 전혀 고려하지 않은 지나친 기대는 자녀의 자율성 욕구를 위협한다.

현 상황을 헤쳐나가는 방법은 현주의 '자율성 욕구'를 회복시켜주는 것뿐이다. 지나친 연습 및 통제로 힘들어한다면, 학원에 다니는 빈도를 조정할 필요가 있다. 당분간 발레를 쉬는 것도 충분히 고려할 수 있다. 당사자를 제외한 진로 선택은 기본적으로 문제가 많다. 예술중학교 진학 여부도 다시 원점으로 돌아가 충분한 시간을 두고 결정할 문제다. 마지막으로 현주의 흥미와 적성보다 현주 엄마의 못 이룬 꿈의 실현이 중요할 수는 없다. 설사 현주가 엄마 뜻대로 발레리나가 된다고 하더라도, 자율성 욕구를 억압당한 현주는 유능한 꼭두각시로 전락할 우려가 큰 상태였다.

진학… 취업… 엄마, 나 이제 뭐 해야 해?

진정한 성인이 되기 위해서는 부모로부터 정신적, 경제적으로 독립해야 한다. 현실적으로 경제적 독립은 시간이 걸릴 수 있지만, 정신적 독립마저 너무 늦춰지는 것은 문제다. 나이가 더 들더라도 온전한 성인으로, 건강한 사회인으로의 자립이 어려워질 수 있기 때문이다.

은행에 다니고 있는, 20대 후반의 여성 유리 씨는 어머니와 함께 처음 진료실을 찾았다.

"직장에서 조금만 지적을 받아도 못 참겠어요. 지적받은 날이면 창구에서 손님들 대응하는 것도 짜증만 나요."

성인임에도 유리 씨는 마치 어린아이처럼 웅얼거리며 얘기를 했다. 그러자 이번에는 유리 씨 어머니가 말을 거들기 시작했다.

"우리 애가 심성은 참 착해요. 집에서는 문제가 없는데 직장에서는 스트레스를 너무 받아요. 하는 일이 사람 상대하는 서비스업이라 그런 것 같아요."

사실 유리 씨 본인도 자신이 사소한 일에도 예민하게 반응한다는 것을 알고는 있었다. 그런데 동료나 상사의 선의의 충고에도 화가 치미는 것은 참기 힘들다고 했다. 이렇듯 상황을 이해하는 것과 감정을 조절하는 것은 별개의 문제일 수 있다. 그래도 불편한 것은 불편한 것이기 때문에, 유리 씨의 불편한 감정을 단서로 고통의 원인을 찾기 시작했다. 면담해 보니 유리 씨의 감정적인 대응은 학창 시절부터 시작되었음을 알 수 있었다.

"돌이켜보면, 잘 지내던 친구와도 사소한 의견 차이가 생기면 쉽게 절교했던 것 같아요. 나를 무시한다는 생각에 화를 참기 힘들었거든요."

이야기를 좀 더 들어보니, 대학 선택과 은행 취업 모두 부모님의 결정이었다. 성인임에도 불구하고 유리 씨는 자기 주도적으로 살지 못했고 그저 부모님의 뜻에 따르기만 했다. 삶의 주인공은 유리 씨가 아닌 부모님이었다.

실수를 통해 발전하는 자연스러운 성장 과정을 방해 받은 아이는 성인이 되면 고민은 피하고 지적 받는 상황은 모면하는데 급급해 한다. 자기주장과 자기 책임이 있어야 할 자리는 자기 보호와 자기 회피가 자리 잡는다. 심리검사 결과, 유리 씨 자체도 불안이 높은 기질을 타고나기는 했다. 그렇기는 해도 유리 씨의 타고난 불안을 더욱 고착화하는데 부모님의 양육 태도가 결정적 역할을 했음을 부인하기는 어려웠다.

부모는 자녀의 실수를 잘 받아줄 책임이 있다. 자녀가 실수했을 때, 부모가 보이는 최악의 반응은 꾸짖거나 비웃거나 벌을 주는 것이다. 이런 과정이 반복되면, 자녀는 새로운 도전은 피하고 실수는 감추는 것에 연연하기 쉽다. 책임감 있고 능동적인 성인으로 성장하는 것이 방해 받는 것이다. 유리 씨의 경우 부모님의 양육 태도가 이와는 다르기는 했다. 하지만 실수를 꾸짖거나 벌을 주지 않는다고 해도 자녀의 사소한 실수에 일일이 참견하는 것도 문제다. 성급한 개입은 보통 부모 자신의 불안이 원인인 경우가 많다.

　자녀가 고민할 때, 부모가 답을 제시하기보다는 자녀 스스로 답을 찾을 수 있도록 도와주는 것이 현명한 태도다. 자녀의 자율성과 책임감을 북돋우려면 부모가 성급히 해결 방안을 제시하기보다는 끈질긴 인내심을 보여야 한다. 물론 참는다는 것이 어려운 일임은 분명하지만, 자녀의 자율성 확립을 위해서는 필요한 과정이다. 부모의 조급한 태도가 유리 씨의 정신적 독립을 방해했다는 것을 부모님은 미처 깨닫지 못했다. 지금부터라도 부모님은 집에서라도 유리 씨가 스스로 선택하고 책임지는 훈련을 하도록 도와주어야 한다. 그렇지 않으면 유리 씨의 정신적 독립은 영영 불가능한 상황이다. 자녀 양육에 있어 부모 불안을 다루는 것이 매우 중요함을 유리 씨 사례에서 다시 한번 느낄 수 있었다.

　둘째, 바람직한 양육을 위해서는 적절한 한계를 설정해야 한다. 주위를 보면, 자녀의 자율성을 북돋는 것과 '방임'을 혼동하는 부모들이 꽤 많다. 많은 부모가 자녀가 원하는 것은 무엇이든 하게 내버려 두는 것이 자녀를 위한 것이라고 착각한다. 자율성의 핵심 요소가 '선택'과 '책임'임을 생각해 보면, 부모의 이런 태도는 오히려 자녀의 자율성 발달에 방해만 된다. 아이의 경우 일관되고 안전한 한계 내에 있을 때, '선택의 범위'와 '책임의 정도'를 몸소 배울 수 있다. 특히 가정에서의 한계 설정은 자녀의 사회화에 매우 중요하다. '내 선택이

가족에게 미치는 영향, 서로 존중하며 상의하는 의사결정 과정' 등을 꾸준히 경험해 본 아이는 가정 밖에서도 타인과 원만히 지낼 확률이 커진다. 또한 자기의 선택이 존중되는 경험을 충분히 한 아이는 타인의 권리도 존중할 것이며 공감 능력이 뛰어난 성인으로 성장할 수 있다.

유리 씨 부모님은 평소 유리 씨가 하고 싶은 대로 하도록 방임해 버렸다. 그러다 유리 씨가 실수하면 뒤처리를 도맡아 해 주었다. 그로 인해 유리 씨의 사회성 발달은 방해 받았다. 오히려 부모님은 유리 씨가 현실적 한계 내에서 스스로 선택하는 방법을 익히도록 교육했어야 했다. 그리고 유리 씨가 주어진 한계를 벗어난 행동을 했을 때는 따끔히 충고하고 타인의 권리를 존중하도록 가르쳤어야 했다. 아쉽게도 유리 씨가 성장하는 동안 이런 과정은 없었고, 결국 유리 씨는 부모님에게 극도로 의존적인 성인이 되고 말았다.

지나치게 허용적인 부모 밑에서 자란 아이는 불안이 높은 편이다. 유리 씨도 대인관계에 불안이 높은 상태였으며 남들의 사소한 평가에도 예민한 반응을 보였다. 어릴 적 명확한 한계 내에서 선택하고 책임지는 과정을 충분히 경험하지 못했기에 자율성이 부족한 성인으로 자란 것이다. 개인의 자율성 정도는 삶의 질에 막대한 영향을 미친다.

엄마, 그런데 '나'는 어디 있어?

우리나라 부모의 자녀 사랑은 각별하다. 가계 지출 비율을 봐도 교육비가 차지하는 비중이 상당하다. 엄청난 교육열은 산업화 시대의 성장 원동력이기도 했지만, 최근에는 과도한 교육열로 인한 문제가 심각하다. 학생들은 학업 스트레스 때문에 지칠 대로 지쳤고 부모들은 자녀 뒷바라지에 등골이 휘는 지경이다. 게다가 이렇게 다들 힘든 데 노력만큼 보상이 돌아오는 것도 아닌 듯하다. 험난한 세상에서 부모가 자녀 성장에 깊이 관여하는 것은 당연한 부분도 있지만, 그 과정에서 자녀의 자율성이 심하게 훼손된다면, 자녀 및 부모 모두 큰 고통을 겪을 수 있다. 현주나 유리 씨 경우처럼.

현주는 엄마에게 반항적으로 행동했고, 유리 씨는 부모에게 의존하는 어른 아이가 돼버렸다. 부모가 자녀의 자율성을 북돋우며 양육한다는 것이 결코 쉽지는 않다. 많은 부모는 수많은 시행착오 끝에 균형점을 찾아가지만, 부모의 양육 태도가 너무 통제적이거나 방임적일 때는 문제일 수 있다. 때때로 아이들은 무책임하게 행동하는데, 이에 대해 부모가 통제만 하거나 방임만 하는 경우, 모두 문제일 수 있다.

통제가 심한 경우, 처음에는 순응할지 몰라도 언젠가는 반항할 수 있다. '무엇what'을 할지는 조정하기 어렵지만 그래도 '어떻게how' 할지는 조정의 여지가 있다. 자녀의 생각을 존중하며 구체적인 실행 방법을 논의하기만 해도 자녀는 존중받는다는 느낌을 받는다. 지나친 방임도 적절한 양육 태도는 아니다. 적절한 한계 내에 있을 때, 오히려 자녀는 현실적인 목표를 세우고 책임감을 느낄 수 있다.

부모는 자녀의 사회화를 원활하게 도울 수도 있고 때로는 방해할 수도 있다. 중요한 것은 성장의 주체는 '자녀'이며 부모는 성장의 조력자 역할을 해야 한다는 것이다. 조력자는 영어로 'helper, assistant, supporter' 등으로 표현할 수 있는데, 자녀의 성장을 곁에서 묵묵히 바라보고 지지해 주는 것이 부모의 역할인 듯싶다. 불안함에 통제하거나 자신감 부족으로 방임하고 싶은 마음이 들지도 모르지만, 부모는 그런 마음을 다스릴 줄 알아야 한다. 부모가 무엇을 가르치고 있다고 생각하든 상관없이 자녀는 부모의 존재 자체를 통해 많은 것을 배운다. 그리고 부모의 말보다는 평소 행동이 자녀에게 많은 영향을 미친다.

예전 어느 책에서 이런 문구를 읽은 적이 있다.

"성공이란 타고난 기질과 잠재력이 그것을 응원하는 환경과 우연히 만나 최상의 발전이 도모될 때 실현될 수 있다."

타고난 본성과 성향을 계발하는 것이 내적 동기 유지와 자존감 증가에 효과적이다. 그 과정에 부모는 훌륭한 조력자 역할을 하면 충분하다. 인생의 주인공은 부모가 아닌 '자녀'이므로.

Chapter 4

이제는 분노 문제에 관심을 가져야 할 때

"길 걷다 부딪혔으면 정중히 사과를 해야죠. 때린 건 미안하지만, 저만 잘못한 건 아니잖아요."

"갑자기 끼어들어서 사고 날 뻔했다고요. 저라고 가만히 당할 수만은 없잖아요?"

붐비는 거리에서 살짝 부딪힌 사람에게 전치 3주의 상해를 입히고, 상대의 차를 쫓아가 범퍼를 파손시킨 사람이 태연스레 하는 말이다. 잘잘못을 떠나 반응이 너무 공격적이다. 등골이 오싹할 정도다.

'층간 소음으로 인한 이웃 간 다툼, 보복 운전 사고, 묻지 마 폭행'

같은 뉴스는 요즘 거의 매일 보도되고 있다. 예전에 폭력은 조직폭력배나 일부 몰상식한 사람의 일탈 행위로 여겨졌지만 지금은 그렇지 않다. 지극히 평범한 시민이 순간의 화를 참지 못하고 과도하면서도 비상식적인 폭력을 행사했다는 뉴스를 심심치 않게 접하게 되는 요즘이다. 조절되지 않는 분노 문제는 이제는 '일반화, 만성화' 되고 있다는 것은 심각한 문제다. 우리 사회가 '분노 사회'라는 진단이 내려진 지는 이미 오래됐다. 즉, 분노 문제 해결을 위한 처방전 발급이 시급한 상태다.

산업화 과정에서 우리는 조직과 국가 앞에 자기 생각은 철저히 억누르도록 강요받아 왔다. 사회에는 집단주의 사고가 팽배했다. 하지만 통제와 강요가 강할 때, 처음에는 순응하기도 하지만 정도가 지나치면 분노를 유발한다. 그리고 해소되지 않는 분노는 결국 화병이 되고 만다. 주위를 보면, 화병으로 고생하는 사람이 꽤 많다. 이들은 가슴속에 뜨거운 불기둥이 자신을 억누르고 있다고 표현한다. 과도한 분노 표출만큼이나 해소되지 못한 분노 또한 문제인 것은 매한가지다.

분노 문제 해결을 위해서는 개인적 차원뿐 아니라 사회적 차원 모두에서 문제를 들여다봐야 한다. 대한민국은 분노 공화국이라는 오명 하에 지금도 심한 열병을 앓고 있다. '이 난관을 뚫고 한층 더 성숙한 사회로 발전할 것인지 아니면 지금의 난관 앞에 무릎을 꿇고 말 것인지' 하는 중차대한 갈림길에 서 있는 것이다. 더는 지체할 시간이 없다. 이제라도 빨리 분노 문제에 관심을 두고 합리적 해결 방안을 모색해야 한다.

분노를 대하는 개인의 자세

분노와 화라는 단어 앞에는 '들끓는, 순간적으로, 욱해서, 나도 모르게' 같은 단어가 덧붙곤 한다. 분노의 감정이 갖는 순간적인 화력을 잘 표현하는 단어들이다. 참는 것이 이기는 것이며 참을 인 세 번이면 살인을 면한다는 속담도 있지만, 치밀어 오르는 분노를 주체하기란 여간 어려운 일이 아니다. 그래도 우선은 참으려고 노력해야 한다. 한 번 터진 분노는 잠재우기 힘들뿐더러, 홧김에 내뱉은 말은 다시 담을 수도 없기 때문이다. 순간적으로 들끓은 것이 분노인지라 시간이 좀 지나면 잠잠해지는 경우도 많다. 그래서 화가 날 때는 속으로 열까지 세거나 심호흡을 여러 번 해보라고 하는 것이다. 그래도 정 참기 힘들다면 자리를 피하는 것도 하나의 해결 방법이다.

그렇다고 무턱대고 참기만 하라는 말은 아니다. 다만, 순간의 화를 참지 못해 그간 쌓아온 노력을 한 순간에 물거품으로 만들지는 말자는 뜻이다. 시간이 흐르면 분노는 잦아들 뿐 아니라, 이성적 판단 기능도 조금씩 돌아오게 된다. 그런 연후에 지난 상황을 돌이켜 보는 것이 합리적이다. 그래도 뭔가 할 말이 있다면, 그때는 간결하고 정중하게 자기 의견을 표현하면 될 일이다. 참기만 하다 보면 화병이 생길지도 모른다.

누구든 자기 생각이 옳다는 생각이 들면 남의 말은 건성으로 듣게 된다. 대화는 주고받는 것이며 저마다 생각은 다를 수 있지만, 분노에 휩싸이면 이런 사실은 까맣게 잊힌다. 분노는 자기 믿음과 신념을 고수할 때 나타나는 반응이다. 문제 해결을 위해 시작된 대화가 더욱 큰 불신을 만들기도 한다.

견해차가 심한 상황이라면, 상식 선에서 문제에 접근하는 것도 하나의 방법이다. 이미 의견 차이가 큰 상황에서 각자 생각을 나눠 봤자 문제 해결에는 도움이 안 될뿐더러, 때로는 갈등이 증폭될 수 있다. 여기서 상식적 문제 접근이란 갈등 상황에 '가상의 심판'을 초빙하는 것과 비슷할 수 있다. 가상의 심판은 '자유, 평등, 공정성, 도덕성' 같은 가장 기본적 가치로만 갈등 상황을 판단한다. 그리고 맥락에 따라 가장 필요한 가치를 우선시한다. 물론 이런 접근 방식이 아직은 우리에게 낯선 것은 사실이지만, 익숙해지기 위해 노력해야 한다. 그리고 대화를 할 때, 내가 상대를 평가하는 화법이 아닌 내 생각과 감정을 표현하는 화법을 쓰는 것이 좋다. 예를 들면, "너 때문에 화가 나"라고 말하는 것이 아니라 "나는 지금 화가 난 상태야"라고 말하는 것이다. 이런 'I message' 화법은 때때로 갈등을 잠재우는 데 꽤 도움이 된다.

이런 식으로 갈등이 조정되면 좋으련만 현실은 그렇지 않다. 많은 경우 '남 탓'을 하게 된다. "너 때문에 일을 망쳤잖아!", "네가 다 책임져!"와 같이 '남 탓'을 하면 순간이나마 책임을 덜고 해방감을 느낄 수 있다. 그런데 우리는 과거 무수한 경험을 통해 체득한 사실이 하나 있다. 남 탓을 하는 것으로는 합리적 문제 해결이 어렵다는 사실을.

살다 보면 타인의 명백한 실수, 부도덕, 이기심 때문에 일을 그르치는 경우도 많다. 그렇다고 타인에 대한 책망이 심해지면, 타인도 변명을 늘어놓거나 적반하장으로 나올 수 있다. 위기 상황에서는 방어적으로 나오는 것이 인간의 본성이다. 그러면 문제는 더욱 꼬이고 갈등은 심해지게 된다. 속된 말로 혈압 오르는 일만 계속된다.

대부분의 세상 일이 그렇듯 갈등도 한쪽의 잘못으로만 발생하는 경우는 드물다. 접촉 사고만 보더라도 일방 과실보다는 쌍방 과실 비율이 훨씬 높지 않던가. 혹시 타인 잘못이 명백한 경우라 하더라도, 상황을 해석하고 받아들이는 것만큼은 오롯이 내 몫이다. 그런데 남 탓만 하다 보면, 내 생각이 더는 내 것이 아닐 수 있다. 분노가 치미는 상황에서도 현명한 사람은 상황을 좀 더 객관적으로 바라본다. 이를 테면 '내가 수긍하고 받아들여야 할 부분은 무엇인지, 타인에게 정당히 요구해야 할 부분은 무엇인지, 내가 앞으로 노력해야 할 부분은 무엇인지' 등을 생각해 보는 것이다. 이렇게 자기 성찰을 하기 때문에 현명한 사람은 위기 상황을 잘 넘길 뿐 아니라 더욱 성장할 수 있다. 그런데 이와 반대로 현명하지 못한 사람은 갈등 상황에서 흔히 남 탓을 하곤 한다. 이런 태도는 문제 해결은 물론이거니와 자기 발전에도 도움이 안 된다.

분노가 쌓이고 상호 불신이 심해지면, 개인은 자기 자유와 권리는 스스로 지켜야겠다는 생각을 품기도 한다. 자유민주주의 국가는 모든 시민이 자유와 이익을 추구하는 '개인주의individualism'를 근본적 가치로 인정하고 지향한다. 그런 면에서 개인주의는 전체주의와는 대칭점에 존재한다고 할 수 있다. 우리 사회도 개인이 자기 의견을 주장하고, 사유 재산을 소유하며, 사적 행복을 추구하는 개인주의를 적극적으로 옹호하고 있다. 그런데 짧은 시간 근대화와 산업화를 이루다 보니 우리 사회에는 아직 '건강한 개인주의'가 뿌리내리지는 못한 듯하다. 그리고 개인주의와 이기주의를 혼동하는 사람도 많다. 실제 현실에는 자유와 방종을 구분하지 못하고 타인에게 해를 끼치는 사람이 있다. 이들은 진정한 개인주의자가 아닌 그저 한심한 이기주의자일 뿐이다. 개인주의가 정착하기 위해서는 시민 각자가 자기 자유만큼이나 타인 자유도 존중하는 성숙한 시민의식을 반드시 탑재해야 한다.

진정한 개인주의는 자신에 대한 온전한 이해가 있을 때 가능하다. 자기이해 없는 개인주의는 허울뿐인 주장에 불과하다. 그런데 우리는 자기 내면을 들여다보기보다는 남의 이목을 신경 쓰는 데 많은 시간을 허비한다. 지금처럼 자기 정체성 혼란이 계속된다면 자기 소외는 점차 심해질 것이며, 소외된 삶은 분노와 증오로 대치되는 악순환을 보이게 될 것이다.

개인주의는 사적 이익을 추구하기 때문에 이기주의로 흐를 가능성이 항상 존재한다. 하지만 자기 내면의 욕구를 존중하는 진정한 개인주의자라면 그만큼 타인의 욕구도 존중할 가능성이 크다. 건강한 개인주의자는 '자기 생각'만큼 '타인 의견'도 존중하기 때문이다. 개인주의 확산이 공동체 의식 확립에 방해된다는 생각은 잘못된 선입견에 불과하다. 오히려 건강한 개인주의가 뿌리내릴 때, 사회에는 건전한 시민의식과 공동체 의식이 꽃피울 수 있다.

'합리적 개인주의자'는 남 탓을 하기 보다는 건설적 해결 방안을 모색하는 책임감 있는 사람이다. 이렇게 보면, 합리적 개인주의자는 지극히 자율적인 사람이라 할 수 있다. 작금의 고된 현실을 보면, 개인에게 많은 짐을 지우고 처절한 노력을 요구하는 듯하다. 예를 들면 '욕심을 다스리는 문제, 타고난 성향을 실현하는 문제, 세상에 굴복하지 않고 도전하는 문제, 현실과 이상의 괴리를 조정하는 문제' 등에 대해 개인에게 끝없는 고민과 해결을 요구하고 있다.

그런데 내 삶의 주인공은 나이기 때문에 문제 해결의 시작은 나로부터 시작할 수밖에 없다. 사실 분노가 들끓는 전쟁 같은 현실은 합리적 개인주의의 정착을 강력히 요구하고 있다. 그렇다고 분노 문제 해결을 개인에게만 책임 지워서는 결코 안 된다. 개인의 노력과 더불어 사회가 책임을 다할 때, 산적한 분노 문제는 조금씩 해결될 수 있기 때문이다.

사회에도 책임은 있다

'집단주의collectivism'는 집단의 이익을 개인의 이익보다 우선한다. 우리 사회의 뿌리 깊은 집단주의는 '유교 문화'에 근원을 두고 있지만, 20세기를 관통하는 근대화와 산업화 과정에서도 여전히 주요한 사회 이념으로 작동했다. 그리고 분단국가라는 냉혹한 현실은 평범한 시민에게는 국가와 민족 앞에 절대 충성을 맹세해야 한다는 압박으로 다가왔다. 일편, 무에서 유를 창조한 산업화 과정에 정부 주도의 중앙 계획 경제는 불가피한 면도 있었다. 그리고 우리는 전 세계적으로 유례가 없는 단기간의 성공을 일구었다.

그런데 문제는 경제적 성공 후에도 집단주의 사고는 여전히 우리의 일상생활을 지배하고 있다는 사실이다. 집단주의는 수직적 위계질서를 적극적으로 옹호한다. 그 과정에 개인의 자유는 짓밟히기 일쑤다. 보통의 개인은 수직적이고 통제적인 분위기에 살아남기 위해 순응 또는 저항이라는 전략을 선택한다. 얼핏 보면 순응은 고요하고 안정돼 보이지만, 과도한 순응은 과격한 저항만큼이나 인간의 본성을 위협한다. 실제로 심리학자 스탠리 밀그램은 '권위에 대한 복종'이라는 유명한 실험을 통해 과도한 순응이 얼마나 자기 파괴적일 수 있는지를 입증했다.

실험 내용은 다음과 같다. 대학교수인 그는 평범한 지원자를 모집했고, 그들에게 문제를 내고 정답을 확인하는 관리자 역할을 부여했다. 또한 그들에게 의자에 묶여 실험에 참여하는 또 다른 피실험자가 정답을 맞히지 못할 경우에는 이들에게 전기 충격을 가할 수 있는 권리를 부여했다. 대학 공간과 대학교수의 지도가 평범한 지원자에게는 상당한 권위로 작용할 것임을 예상한 실험이었다. 그리고 실험 전에는 대다수 지원자가 적당한 수준에서 전기 충격을 중단할 것이라 예상했다. 그런데 막상 실험을 해 보니 예상은 완전히 빗나갔다. 많은 지원자는 답이 틀릴 경우 전기 충격을 계속 올리라는 교수의 명령에 복종하며, 생명에 위협이 되는 수준까지 충격을 올렸기 때문이다. 전기 충격이 실제로 가해지지는 않았지만, 결과만큼은 충격적이었다. 50년도 더 된 실험이지만 오늘날까지도 이 실험은 인간 본성을 설명하는 대표적 실험으로 인용되고 있다. 권위에 복종하는 것이 인간의 본성 중 하나임을 보여 줬기 때문이다.

권위에 복종하는 것은 현실적으로 어쩔 수 없는 부분이 있다. 어떤 직장인도 상사의 명령에 쉽게 이의를 제기하기는 어렵다. 그랬다가는 순식간에 일자리를 잃을 수도 있기 때문이다. 그렇지만 문제는 상사가 자기 권력을 악용해 부하의 자율성을 심하게 제한할 때 발생한다.

"시키는 대로 해."

"승진하려면 자존심 따위는 버려."

"너의 생각이 중요한 게 아니야!"

같은 상사의 일방적인 명령에 부하는 자존감의 손상과 더불어 분노를 느끼게 된다. 부하는 존중 받는 느낌이 들 때, 임무에 책임감을 느끼고 그만큼 업무에 애정을 쏟을 수 있다. 그렇지만 현실은 그렇지 못하다. 개인 생산성이 조직 경쟁력으로 연결된다는 것은 주지의 사실이며, 정상적이고 체계적인 환경에서 일할 때 개인의 능력은 최선으로 발휘된다는 것은 심리학적 상식에 가깝다. 반칙과 편법 그리고 일방적인 명령이 난무하는 환경에서 책임감을 느끼고 최선을 다하는 개인은 존재하지 않는다. 그래서 사회가 합리적이고 도덕적이며 기본원칙에 맞게 운영되는 것이 중요한 것이다.

개인은 집단에 속할 때, 소속감과 안정감을 느낄 수 있다. 그리고 집단의 힘에 의지할 때, 자기 책임은 덜어진다는 막연한 기대를 품기도 한다. 실제 우리는 비합리적이고 부도덕한 명령에 복종하는 순간에도 '그래, 이건 내 책임은 아니야!', '괜히 고민하지 말고 시키는 대로 하자', '누군가 책임지겠지' 같은 자기 위안에 쉽게 빠진다. 그렇지만 내적 양심의 잣대를 항상 외면하며 살 수는 없다. 진실하지 못한 태도는 양심의 가책을 불러와 내적 갈등을 일으킨다. 이렇게 보면, 일방적이고 강압적인 조직 문화는 분노를 일으키는 주된 원인 중 하나일 수 있다.

많은 개인이 자율적이지 못한 이유는 자율성을 억압받는 환경에서 성장했기 때문일 수도 있다. 이 순간에도 우리는 손을 들어 질문하기보다는 손에 펜을 쥐고 필기하는 것을 훨씬 편하게 느낀다. 공교육은 참된 교육의 방향성을 상실한 지 오래됐다. 자기 정체성을 확립하고 성숙한 공동체 의식을 기르는 참교육은 입시 위주 현실 앞에 무릎을 꿇고 말았다. 교육이 개인의 가치관 형성에 지대한 영향을 미치고, 가치관의 어긋남이 분노의 주요 원인임을 고려할 때, 지금의 교육 현실은 근본적으로 개혁돼야 한다.

기성세대는 조직이 부여하는 소속감과 안정감에 도취해 개인의 자율성을 쉽게 허락하기도 했다. 산업화 시대에는 일면 타당성 있는 생존 전략이기도 했다. 그렇지만 이제, 이런 생존 전략은 더는 설 자리가 없다. 평생직장이라는 말은 이제는 아득한 옛이야기가 됐다. 집단 정체성에 기대 개인 정체성을 포기하는 것은 분노 문제 해결에 도움이 되지 않는다. 격동적인 현실은 끝없는 자기 혁신을 추구하는 자율적인 개인을 요구하고 있기 때문이다.

누차 강조했듯, '집단주의 타파'와 '개인주의 확립'이 우리가 지향해야 할 목표다. 그래야 산적한 분노 문제는 하나씩 해결할 수 있다. 그런데 분노를 개인주의 추구가 아닌 집단주의 회귀로 해소하려는 사람이 늘고 있다. 이들은 정치적 성향과 성별 등에 따라 인터넷 커뮤니티를 조직하고 자신과 반대되는 집단을 공격함으로써 자기 정체성을 찾는다. 이들의 맹목적이고 정당성 없는 주장과 편파적이고 적대적인 태도는 사회 갈등을 부추기는 암적 요인으로 작용한다.

분노는 내용의 정당성과 표현의 적법성이 공존할 때, 타당성을 인정받는다. 맹목적 분노는 또 다른 분노와 갈등을 조장할 뿐이다. 인터넷 공간의 특성상 커뮤니티 안에서의 관계는 수평적이다. 이는 기존에 존재했던 수직적 위계질서 모델의 집단주의와는 차이가 있다.

그렇지만 집단주의 형식을 취하고 있음은 전혀 차이가 없다. 오히려 집단의 힘에 기대어 개인의 공격성을 여과 없이 표출하는 이들의 이기적 행태는 이중적이며 그만큼 더 자기 모순적이다. 이런 현상에 대해 정지우 작가는 "어느 세대보다 개인의 자유를 추구하는 인터넷 세대가 동시에 집단주의 회귀를 추종하고 있다는 사실은 실로 아이러니하게 느껴진다"라고 표현했다. 기존의 수직적 집단주의와 최근의 맹목적 집단주의 사이에서 우리 시대의 합리적 개인주의는 존립 자체를 위협받고 있다.

문제 해결의 시작은 합리적 개인주의 확립으로부터

우리 사회는 아직 집단주의 병폐에서 벗어나지 못한 듯하다. '갑을 문화, 인맥 문화, 상명하복의 군대 문화' 등은 집단주의의 또 다른 이름으로 사회 곳곳에 막대한 영향을 미치고 있다. 또한 '일부 몰상식한 사회 지도층의 횡포, 집단주의를 부추기고 이용하는 일부 정치인의 선동, 대기업 간의 불공정한 담합' 등은 일반 국민의 분노와 좌절을 끊임없이 자아내고 있다.

실타래처럼 얽히고설킨 현실의 모순 앞에 힘없는 개인은 때로는 패배주의와 염세주의에 기대고 싶은 강한 욕구를 느낀다. 그렇지만 개인이 체념한 사회는 이미 죽은 사회이며, 죽은 사회에서 개인의 자유와 권리는 쉽게 보장되지 않는다. 개인은 '정의, 평등, 공정함' 같은 보편적 가치를 위협하는 사회 현상에는 공적 분노를 느껴야 하며 합리적인 저항을 해야 한다. 역사적으로 볼 때, 시민의 합리적 공분은 왜곡된 현실을 바로잡는 힘의 원천이었다.

사회가 바로 서고 올바른 방향으로 나아가기 위해서는 많은 시민의 역량이 합리적 개인주의에 집합돼야 한다. 합리적 개인주의자는 자기 이해를 바탕으로 타인 존중까지 사고의 폭을 확대하는 사람이다. 그리고 자율적이면서 동시에 관계를 소중히 여기는 사람이다. 아직 우리 사회는 합리적 개인주의에 대한 이해가 부족한 것이 사실이다. 일부 기성세대는 개인주의를 이기주의로 오인하며 절대적으로 배척하기도 한다. 또한 개인주의는 사적 이익을 추구하는 과정에 자칫 이기주의로 변질될 위험이 항상 존재한다. 이런 폐단을 막는 길은 자유와 평등 같은 보편적 가치를 지향함과 동시에 자기 내적 목소리에도 항상 귀 기울이는 것뿐이다.

합리적 개인주의자는 사회 문제에 관심을 가진다. 그리고 자율적이지 못한 행동은 부끄러워할 줄 알며, 불공정한 제도에는 울분을 표할 줄 안다. 우리 사회의 불공정하고 불합리한 수많은 제도는 근본적인 개혁이 필요하다. 근본적 사회 개혁은 합리적 개인주의자들이 힘을 모을 때, 추동력을 얻고 점진적으로 완성될 수 있다. 여기에 분노 문제 해결의 실마리를 합리적 개인주의 확립에서 찾는 이유가 존재한다.

타인의 언행 모두가 의도적이라고 쉽게 단정 짓기 전에, 그들의 언행 뒤에 무의식적 '생존 전략'이 숨어있다고 생각하면 타인의 언행에 쉽게 상처받거나 휘둘리지 않을 수 있다. 그리고 이런 자세는 대인관계에 쏟는 에너지를 줄이는 데 도움이 된다. 이렇게 절약한 정신적 에너지는 다른 곳에 유용하게 사용하면 될 일이다.

Part

3

마음 독립을 위한
세 번째 걸음,
생존 전략 세우기

Chapter 1

우리가 가장 행복해야 하는 시간

　오전에는 르네상스 시대의 레오나르도 다빈치를 만났다. 성당에서 최후의 만찬을 그리고 있는 다빈치를 직접 봤는데, 작가의 뜨거운 열정을 느낄 수 있었다. 나도 화가가 꿈인데 다빈치처럼 감동을 주는 그림을 그리고 싶다는 생각이 들었다. 점심 무렵 만리장성의 웅장함을 구경한 뒤, 자장면과 탕수육을 먹었다. 집 근처 중국집에서 먹었던 맛과는 조금 달랐는데, 지금까지도 배가 든든하다. 오후에는 우주선을 타고 화성 구석구석을 구경했다. 화성에서 바라본 지구의 모습은 무척 아름다웠다. 하루 동안 너무 많은 곳을 돌아다녔더니 매우 피곤하다. 그래도 평생 못 잊을 추억을 만든 것 같아 기분이 뿌듯하다.

이 글은 '하루 동안 하고 싶은 일'이라는 주제로 열린 초등학생 대상 글짓기 대회에서 입상한 글을 요약한 것이다. 어른으로서는 놀랍기만 한 상상력이 시공간을 초월해 펼쳐지고 있다. 아이의 풍부한 독서량과 뛰어난 상상력을 엿볼 수 있는 대목이다.

아이의 글에서 시간은 생동감 있게 살아 숨쉬고 있다. 과거와 미래를 넘나드는 유연한 사고가 이렇게 멋진 글을 만들어 낸 것이다. 그런데 아이와 달리 어른들은 때로 어느 한 시점의 시간에 사로잡혀 스스로를 고통스럽게 만들기도 한다. 그렇게 굳어져 버린 시간 관념은 필연적으로 심리적 고통을 수반한다. 특정 시점에 집착하는 사람은 현재의 소중함을 망각하기 쉽기 때문이다.

과거에 저당 잡힌 현재

30대 후반의 여성 지연 씨는 교통사고를 당한 이후 기억력 저하, 수면장애, 우울감 등으로 힘들어하고 있었다. 3개월 전 택시를 타고 가던 중 가벼운 접촉사고를 당했는데, 사고 당시에는 가볍게 넘겼다고 했다. 그런데 약 한 달 전부터 두통 및 어지럼증 증세가 생겼고, 혹시나 하는 마음에 정밀검사를 해 봤는데 다행히 이상은 없었다고 한다. 예전에도 가벼운 교통사고를 당했다가 잘 이겨낸 경험이 있던 터라 이번에도 별 문제 없을 거라고 스스로를 다독이며 지냈다는 것이 지연 씨의 설명이었다. 그런데 사고 이후 기억력이 점차 저하되었고 급기야 수업 중 강의 내용이 잘 떠오르지 않아 곤혹스러운 지경에까지 이르게 되었다. 초등학교 교사인 지연 씨로서는 난감하기 그지 없는 상황이었다.

사실 지연 씨의 경우 큰 사고는 아니었기 때문에 여유를 가지면 예전 모습을 되찾을 수 있었다. 하지만 평소 완벽주의 성향이 강했던 지연 씨의 걱정은 점차 늘어났고, 밤에도 실수하는 악몽을 자주 꾸게 되자 점차 주위 사람들에게 예민하게 굴기 시작했다.

지연 씨의 말에 따르면 평상시에도 동료 교사들과 잘 지내는 편은 아니었다고 한다. 다른 교사들보다 자신이 뛰어나다고 믿었기 때문에 동료들과 어울리기보다는 혼자 있는 시간을 즐겼다는 것이다. 그리고 지연 씨는 미혼이었는데 거기에는 숨은 사연이 있었다.

"맏이는 아니지만, 집안 살림은 제가 책임지고 있어요. 일만 하다 보니 결혼 적령기도 놓친 셈이죠. 가정 형편이 어려워 대학도 장학금을 받을 수 있는 학교로 진학했어요. 졸업하고 공부를 더 하고 싶었지만, 집안 사정을 외면할 수는 없었어요."

지연 씨의 능력을 높이 평가했던 지도 교수님도 이런 상황을 몹시 안타까워하셨다고 했다. 결국 지연 씨는 고민 끝에 초등학교 교사로 사회생활을 시작했지만, 마음 한구석에는 항상 학업에 대한 미련이 남아있었다고 했다. 그러면서 자연스럽게 주위 교사들과는 형식적인 관계만을 유지했노라고 솔직하게 털어놓았다.

면담해 보니 지연 씨는 '자기애적 성향'이 강한 사람으로 보였다. 그런데 건강한 자기애라기보다는 낮은 자존감을 감추려는 '병적인 자기애'로 보였다. 지연 씨는 겉으로는 유능하고 자기 주도적인 사람처럼 보였지만, 실제로는 집안 환경 및 자기 처지에 대한 비관을 마음속에 품고 있었고 그것을 '거짓 자존감'으로 덮고 있을 뿐이었다.

스스로를 수용하지 못하는 사람은 자신이 만들어 낸 허상을 전면에 내세우는 경향이 강하다. 그런데 허상은 쉽게 무너지기 마련이라 당사자 입장에서는 허상이란 것을 들킬까 전전긍긍하게 된다. 지연 씨도 허상 속에 숨어 그런대로 지내 왔지만, 최근 들어 업무처리에 대한 자신감이 줄어 들면서 우울증이 발병한 상태였다.

건강한 자존감을 가진 사람은 자신만큼 타인도 존중하기 때문에 자연스럽게 원활한 대인관계를 유지한다. 서로의 영역을 존중하며 책임감 있는 태도를 보이기 때문에 원만한 대인관계를 맺을 수 있다. 그런데 지연 씨는 반대 경우였고 마음의 장벽을 쌓은 채 자신을 지키려 했기 때문에 결과적으로 세상과 멀어질 수밖에 없었다. 게다가 평소 친한 동료가 없다 보니 지금 지연 씨 처지를 이해하고 배려해 주는 동료도 없었다. 예민한 상태에서 혼자 이겨내려고 노력했지만 지연 씨의 정신상태는 더욱 황폐해질 뿐이었다.

지연 씨가 어릴 적부터 세상과 선을 긋고 외롭게 지내왔다는 것을 스스로 깨닫기까지는 꽤 오랜 시간이 필요했다. 치료 과정에서 증세가 더 나빠질 때도 있었고, 때로는 면담을 회피할 때도 있었다. 다만 여동생이 든든한 지원군이 되어 주어 어려운 고비는 가까스로 헤쳐 나갈 수 있었다.

면담 초기 지연 씨는 교통사고가 자신을 망치고 있다고 굳건히 믿고 있었다. 교통사고를 당했기 때문에 기억력이 떨어지고 일 처리도 미숙해졌다고 확신했다. 물론, 가벼운 접촉사고에 불과했지만 기억력 저하와 관련이 전혀 없다고 단정 지을 수는 없다. 하지만 지연 씨의 증상은 가벼운 교통사고의 후유증으로 설명하기에는 분명 과도한 측면이 있었다. 특히 주위 사람들이 자신의 능력을 의심하고 있다는 믿음은 지연 씨의 낮은 자존감이 지연 씨 스스로에게 하는 말처럼 들렸다.

결론부터 말하자면 지연 씨는 문제의 원인을 완전히 잘못 파악하고 있었다. 물론 그것은 지연씨의 잘못이 아니다. 누구나 부정적인 감정에 휩싸일 때, 이성적으로 반응하는 것은 어렵다. 불안, 우울 증상이 심해지면 집중력은 떨어질 수밖에 없다. 학창 시절 수학 문제를 풀다 막히면 갑자기 머릿속이 백지가 되던 경험을 떠올려 보라.

상담 시간에 "지연 씨의 피해의식 때문에 소중한 현재가 허비되는 것 같아 안타깝네요"라는 말을 조심스레 건넸다. 그러면서 지연 씨의 안정을 위한 약물 치료를 병행했고, 현재의 일상에 집중하면서 성취감을 느낄 수 있는 방법을 함께 고민했다. 가장 손쉬운 방법은 운동하는 것이었다. 다행히 지연 씨는 수영을 꾸준히 해 왔는데, 최근에는 기력이 부족해서 잠시 쉬고 있는 상태였다. 무리하지 않는 범위 내에서 수영을 다시 하면서, 지연 씨의 생체 리듬은 조금씩 회복됐고 기분도 서서히 올라왔다. 증상이 호전되면서, 앞으로 어떻게 지내면 좋을지도 얘기해 봤다. 지연 씨는 자신의 삶에 대해 주인의식이 부족한 상태였다. 가족 때문에 희생한 것은 사실이지만 지나치게 과거에 사로잡혀 있었고 주위 사람들에 대한 피해의식도 심각한 상태였다.

인간은 흥미로운 활동에 집중할 때, 생동감과 자율성을 느끼므로 필자는 지연 씨에게 즐거움을 느끼는 활동을 찾아보도록 격려했다. 지나친 '반추 rumination' 때문에 지연 씨의 소중한 현재는 희생되고 있었다. 문득 지난 일이 떠오르는 것은 어쩔 수 없지만, 그래도 지금이 가장 소중한 순간 임을 여러 차례 강조했다. 다행히 약물 및 상담 치료를 병행하면서 지연 씨의 현실 감각은 조금씩 회복되었다.

누구든 경험을 기억에서 완전히 지울 수는 없다. 특히 어떤 경험이 강렬한 감정과 뒤섞여 있다면, 더욱더 그렇다. 다만 경험에 대한 평가는 달라질 수 있다. '신경가소성 neuroplasticity' 원리에 의해 경험을 좀 더 긍정적으로 재해석할 수 있기 때문이다. '모든 일은 마음먹기 나름'이라는 말은 이 원리를 가장 잘 설명해 준다.

치료를 받으면서 지연 씨는 점차 현재에 집중할 수 있게 되었고 예전의 모습을 되찾아 갔다. 또한 이기적인 대인관계와 염세적인 가치관을 반성하는 성숙한 면모도 갖출 수 있게 되었다. 그러다 보니 신세 한탄하는 습관도 고칠 수 있게 되었고 덕분에 예전과는 비교할 수 없는 삶의 여유를 가지게 되었다.

미래에 희생 당한 현재

펀드매니저로 성공한 40대 남성 현철 씨는 오늘도 새벽 일찍 기상한다. 경제 관련 정보를 확인하기 위해서이다. 매일 현철 씨의 결정으로 오가는 돈의 액수는 꽤 크다. 그렇기 때문에 정보는 현철 씨에게 소중한 재산이다.

현재 현철 씨의 수면 시간은 하루 4~5시간 정도에 불과하다. 당연히 부족하지만 이제는 이런 생활에도 어느 정도 길들여져 있다. 현철 씨는 온종일 돈과 관련된 정보를 하나라도 놓치지 않기 위해 고도로 집중한다. 경쟁자들에게 뒤처지지 않기 위해 자신을 더욱더 채찍질하는 것이다.

현철 씨는 휴식이 필요하다고 느낄 때마다 '이 자리에 오르기까지 얼마나 많은 노력을 기울였던가'를 생각한다. 한순간의 방심으로 다시 궁핍했던 과거로 돌아갈 수 있다는 생각에, 현철 씨는 한시도 긴장의 끈을 늦추지 않는다. 한마디로 표현하면, 현철 씨는 '일 중독' 상태라고 할 수 있다. 미래를 대비하기 위해 현재를 희생하는 것쯤은 문제 삼지 않는다. 넉넉한 통장 잔액은 현철 씨의 든든한 대변인으로 자리매김했다.

어린 시절 현철 씨의 집안은 부유했다. 넓은 정원이 있는 고급 주택에서 초등학교 시절을 보냈다. 그런데 중학교 시절, 아버지 사업이 부도가 나면서 가세는 기울었다. 현철 씨 어머니는 평소 걱정이 많은 분이었는데, 집안 살림이 어려워지면서 증세는 더욱 심해졌다. 지금까지 정신과 치료를 받는 현철 씨 어머니는 "세상은 정말 무서운 곳이야! 그러니 현철이 너도 아무나 쉽게 믿어서는 절대 안 된다"라고 반복적으로 가르쳤다. 어머니의 가르침은 현철 씨의 가치관 형성에 지대한 영향을 미쳤고, 현철 씨는 약육강식의 관점으로 세상을 바라보게 됐다.

현철 씨의 불안감은 대학 시절과 연애 시절에는 다소 주춤하기도 했다. 충분히 사랑받으며 무난히 성장한 부인은 현철 씨의 정서적 안정을 도왔다. 대학을 졸업하고 사회생활을 시작한 후, 현철 씨는 그 누구보다 열심히 일했다. 하루 5시간 이상 자본 기억은 별로 없고 주말에도 경제 관련 공부를 꾸준히 했다. 그 과정에 부인은 불만도 많았지만 비교적 잘 이해해 주는 편이었고, 지금은 비싼 아파트에서 남들의 부러움을 받으며 살고 있다.

문제는 이런 성공에도 현철 씨의 불안 지수는 좀처럼 줄지 않는다는 것이었다. 이 정도의 성공으로는 안도할 수 없었다. 아이들 교육과 노후를 생각하면, 한시도 쉴 틈은 없었다. 치고 올라오는 후배들도 무섭기만 했다. 평소 늦게 퇴근하는 경우가 많았지만, 간혹 일찍 퇴근하는 날도 가족끼리의 오붓한 시간은 거의 없었다. 현철 씨는 밀린 업무 처리에 바빴고, 아이들은 이런 아빠를 방해하지 않는다며 어린 나이에도 조용히 지내는 편이었다.

현철 씨에게 '충분'한 적은 없었다. 그저 '더 많이' 일하는 것이 그가 아는 전부였다. 현철 씨 같은 일 중독자들은 지나친 걱정으로 인한 불안을 주로 보이는데, 그들의 호소는 대체로 비슷하다.

"일할 때는 차라리 괜찮은데, 일이 없으면 뭘 해야 할지 도통 모르겠어요. 그리고 한가할 때면 뭔가 중요한 것을 놓치고 있다는 기분이 들어 영 찝찝해요."

바쁜 일정 때문에 치료가 중단되는 경우도 허다하다. 시간이 흘러 완전히 탈진한 상태로 진료실을 다시 찾기도 하지만, 치료는 더 힘들어질 뿐이다.

현철 씨는 인생이라는 도로를 너무 질주하고 있는 상태로, 당사자가 속도를 줄일 수 있도록 주위에서 도와줘야 한다. 물론 가속도가 붙어 있는 상태라 속도를 줄이기가 쉽지 않다. 뭔가를 '더' 하는 것이 아닌 '덜' 하도록 해야 한다. 너무 가속된 엔진은 언젠가는 폭발해 버릴지도 모르기 때문이다. 일단 퇴근 후와 주말이라도 일과 분리된 시간을 확보해야 한다. 그러면서 삶의 속도가 조금씩 정상화되면, 우선순위의 일을 선별하고 약속과 의무를 줄이는 습관을 길러야 한다.

개인이 사용할 수 있는 시간과 정신적 에너지는 한계가 있다. 이것이 자연의 섭리다. 자연의 섭리를 망각하면 결국은 문제가 생긴다. 냉혹한 현실과 미래에 대한 두려움이 자연의 섭리를 잊게 만들기도 하지만, 가끔씩이라도 의식적으로 현재에 집중하도록 노력해야 한다.

현철 씨는 다가올 미래를 완벽하게 준비하려 했지만, 미래가 어떤 모습일지는 누구도 알지 못한다. 앞날을 완벽히 대비하려는 과욕 때문에, 정작 중요한 현재는 소외됐다. 앞만 보고 달려온 인생에서 잊고 지낸 것이 너무 많다. 친한 친구를 만난 지 오래됐고, 가족끼리 외식한 적이 언제인지 기억도 나지 않는다. 가장의 의무와 직업적 임무의 완수도 중요하지만, 거기에만 집중하다 보니 현재는 희생됐다. 통장 잔액은 쌓였지만 인생의 평온함과는 멀어졌다.

현철 씨는 잊고 지낸 자기만의 흥미와 관심을 되찾는 시간을 가져야 했다. 현대인의 바쁜 삶에는 사회적 책임도 분명히 있고, 인생은 매우 불확실하며 걱정해야 하는 것 천지이긴 하다. 그렇기는 해도 현철 씨는 보통 사람보다 훨씬 많은 걱정을 했고, 그 방식도 분명히 자기 파괴적이었다. 안전하기 위해 걱정에 매달렸지만, 결과는 고통으로 돌아왔다. 현철 씨는 이제라도 가족 및 친구와 어울리는 시간을 갖고, 취미 생활을 시작해야 했다. 지금처럼 지내다가는 불안 및 분노에 본인이 소진되는 것은 시간문제이기 때문에.

가장 중요한 시간은 현재다

과거 혹은 미래에 지나치게 집착할 때 그 고통은 온전히 현재로 넘어온다. 과거에 너무 얽매여 있는 사람은 '우울'을, 미래를 너무 걱정하는 사람은 '불안'을 현재에 떠넘긴다. 지연 씨와 현철 씨 경우처럼.

누구나 현재를 살면서 과거와 미래를 넘나든다. 과거를 반성하는 자세는 자기 발전을 위해 꼭 필요하며, 과거를 수용하는 자세는 자존감의 든든한 바탕이 된다. 인간은 미래를 예측하고 대비하기 위해 노력한다. 그 덕분에 미래는 풍요로워질 수 있다.

상황에 따라 과거와 미래를 넘나드는 유연한 자세는 꼭 필요하다. 문제는 균형점이 무너지는 경우에 발생한다. 중요한 것은 과거나 미래 어느 한쪽에 너무 치우치지 않는 '균형 감각'이다.

과거의 고통에 매몰될 때, 소중한 현재는 지난 상처를 잊는 데 허비된다. 현재 내가 소유한 지금은 소비되고, 자율성은 심각한 위협을 받는다. 마찬가지로 앞날을 너무 걱정할 때, 유한한 현재는 미래를 위해 희생된다. 처음에는 어떻게든 버틸 수 있겠지만 한계에 도달하면 탈진하고 만다. 최악의 경우에는 투자한 시간이 흔적도 없이 사라지기도 한다. 스스로 자신을 과거나 미래에 가두지 않도록 노력해야 한다. 금쪽같은 현재는 눈 깜짝할 사이 쏜살같이 지나간다는 것을 명심해야 한다.

누구나 지난 상처는 있고, 미래는 두렵다. 그렇기 때문에 현재에 집중하는 자세가 반드시 필요하다. 과거는 긍정적으로 재해석하고 미래는 능력껏 준비하는 것이, 현재를 충실히 사는 방법이 아닐까?

Chapter 2

마음에도 생존 전략이 필요하다

 육안으로 봤을 때 뇌는 1.4kg의 고깃덩어리에 불과하다. 체중 70kg인 성인의 경우, 1.4kg은 단지 2%에 불과한 수치다. 하지만 뇌는 두개골로 안전하게 보호받고 있으며 하루 소비 에너지의 20%를 담당한다. 1차 세계대전 당시 기아로 사망한 사람의 부검 결과를 보면, 다른 신체 장기는 최대 40% 정도의 무게가 감소된 것에 반해 뇌는 고작 2% 정도의 무게만 감소되었다고 한다. 여기까지 살펴보면, 뇌는 다른 어떤 장기보다 소중하게 보호받고 있다는 것을 알 수 있다. 그 이유는 무엇일까?

예로부터 수많은 철학자와 과학자는 마음이 무엇인지 밝혀내려고 노력했다. 한때, 마음은 심장의 작용이라 여겼던 적도 있다. 인간은 불안해지면 심장이 빨리 뛰는데, 심장 박동은 실시간으로 느낄 수 있다 보니 심장을 마음의 원천이라고 생각한 것이다. 하지만 오늘날의 현대인들은 지난 수십 년간 비약적으로 발전한 뇌 과학 덕분에 마음이 뇌가 작용한 결과임을 잘 알고 있다.

물체가 작동하기 위해서는 에너지의 공급이 필요하다. 거리의 가로등이 켜지고 도로 위의 자동차가 움직이기 위해서는 전기 및 석유 에너지가 필요하다. 특히 요즘은 많은 사람이 '에너지 효율'을 따진다. 자동차와 가전제품을 구매하기 전, 차 연비와 가전제품의 에너지 등급을 꼼꼼히 따지는 것은 상식이 됐다. 뇌라고 해서 다를 바 없다. 그런데 정작 중요한 정신적 에너지 효율에 대해서는 별 관심이 없는 듯하다. 그러고는 '탈진, 우울, 의욕 저하' 같은 정신적 에너지 부족 현상에 시달린다.

멘탈Mental 붕괴를 막기 위한 에너지 사용법

예상치 못한 당혹스러운 일을 겪었을 때 사람들은 종종 '멘붕이다'라는 표현을 쓴다. 멘붕이란 멘탈 붕괴의 줄임말로 이것을 정신의학적 관점에서 보면 사용할 수 있는 모든 정신적 에너지를 쏟아 붓고도 그 상황을 받아들이기 힘들 때 주로 쓰인다.

개개인마다 차이는 있겠지만 소위 멘붕 상태에 빠지는 근본적인 이유는 우리가 정신적 에너지를 효율적으로 사용하지 못하고 있기 때문이다. 이 책을 읽는 독자들은 과연 멘탈 에너지를 효율적으로 사용하고 있을까? 다소 막연한 질문처럼 들릴 수 있겠지만 이 질문은 아주 중요하다. 우리의 정신 건강은 멘탈 에너지의 효율적 사용 여부에 따라 크게 달라지기 때문이다.

그렇다면 우선 '에너지 효율'이 무엇인지부터 살펴 보자. 에너지 효율이 높다는 것은 공급받은 에너지를 최대한 생산적으로 사용한다는 것을 뜻한다. 예를 들어, 자동차로 치면 연료 1L로 주행 가능한 거리가 길고 가전제품의 경우 소비되는 전력이 적다면, 제품의 에너지 효율은 높다고 할 수 있다. 사실 기계는 비교적 손쉽게 에너지 효율을 계산할 수 있다. 그런데 뇌는 계산이 간단하지 않다. 그나마 정신적 에너지 효율을 간접적으로 측정할 수 있는 도구가 지능지수IQ이다. 지능지수는 '어휘력, 계산력, 집중력' 등의 세부 항목으로 구성된 뇌 기능 측정 도구다. 그런데 지능지수만으로는 정신적 에너지 효율을 온전히 평가할 수 없다. 원만한 세상살이를 위해서는 지능지수 외에도 '친화력, 소통능력, 공감 능력' 등이 필요하며 이것을 객관적으로 수치화하는 것은 어려운 일이다. 그러다 보니 요즘은 감성지수EQ와 사회성 지수SQ에 대한 관심이 뜨겁다.

한편, 정신적 에너지 효율을 계산하는 것이 어려운 이유는 다음과 같다.

우선 뇌는 기계보다 훨씬 다양한 기능을 수행한다. 그리고 아직은 현대 과학이 뇌 기능을 전부 이해하지 못한다. 게다가 상황에 따라 필요한 뇌의 기능은 천차만별로 달라진다. 사실 정신적 에너지 효율을 계산하는 것은 애초에 불가능한 일처럼 느껴질 수 있다.

실례로 입사 전에는 시험에 통과하기 위해 지능지수가 중요할 수 있다. 하지만 입사 후에는 동료들과 원만히 지내는 데 필요한 사회성 지수가 더 중요해질 수 있다. 이처럼 정신적 에너지가 사용되는 영역은 상황에 따라 매우 다양하다. 그렇다면 정신적 에너지 효율을 고민하는 것은 그저 헛된 고민일 뿐일까? '탈진, 의욕 저하, 집중력 부족' 같은 정신적 에너지 부족 현상을 분명히 느끼는데도 말이다.

이 질문에 대한 답을 찾기 위해서는 먼저 뇌 기능을 전반적으로 이해하는 것부터 시작해야 한다. 효율적으로 에너지를 사용한다는 것은 공급받은 에너지를 필요한 곳에 적절히 사용하는 것을 뜻하며 이러한 관점에서 접근하면 정신적 에너지 효율을 계산하는 것이 불가능한 일만은 아니다. 그런데 뇌 기능을 단 한마디로 설명하기는 어렵다. 뇌는 기본적으로 헤아릴 수 없을 만큼 무수한 기능을 수행하기 때문이다. 다만 이렇게 정의할 수는 있다.

'다양한 내적, 외적 자극을 의식적 혹은 무의식적 정신 작용을 통해 감정이나 행동으로 표현하는 것.'

물론 이 정의가 뇌 기능을 전부 설명해 주지는 못한다. 하지만 전반적인 뇌 기능을 설명하는 데는 부족하지 않을 듯 싶다.

그렇다면 이제부터 정신적 에너지 효율을 계산할 수 있는 방법을 살펴 보자. 편의상 사용 가능한 정신적 에너지 총합을 E라고 규정하겠다. 우선 여느 에너지와 마찬가지로 정신적 에너지 총합 E 또한 유한할 것이다. 그리고 '심한 우울증, 정신적 탈진 상태' 등일 경우 정신적 에너지는 0에 가까울 것이다. 여기서 내적인 자극을 받았을 때 그것을 처리하는 에너지를 E1, 외적인 자극을 받았을 때 처리하는 에너지를 E2라고 표현한다면, 정신적 에너지 총합 E 은 내적 자극 처리 에너지 $E1$ 와 외적 자극 처리 에너지 $E2$ 의 합으로 표현할 수 있을 것이다.

즉, 'E=E1+E2'라는 등식이 성립되며 이를 통해 정신적 에너지의 사용을 나타낼 수 있다. 물론 E1, E2 이외에도 정신적 에너지가 사용되는 경우는 있겠지만 여기서는 개괄적으로 E1, E2에 한정해 생각해 보자.

먼저 E1이 상징하는 내적 자극으로는 '욕구, 충동, 흥미' 등이 있으며, E2가 상징하는 외적 자극으로는 '대인관계, 업무 처리, 정보 습득' 같은 외부적 자극이 있다. 이 두 자극의 성격을 분석해 보면 내적 자극을 처리하는 에너지 $E1$ 가 삶의 행복을 위해서는 필요하지만, 현실적으로 외적 자극을 처리하는 에너지 $E2$ 를 확보하기도 만만치 않다. 게다가 정신적 에너지의 총합 E 은 유한한 데 비해, 현대인에게 요구되는 외적 자극 처리 에너지 $E2$ 의 양은 갈수록 늘어나고 있다. 그러다 보니, 내적 자극 처리 에너지 $E1$ 의 양은 점점 줄고 있는 것이다. 그리고 바로 여기에 누구나 겪고 있는 '딜레마, 고통, 고민'이 자리 잡는다.

그렇다면 정신적 에너지를 효율적으로 사용하는 방법은 무엇일까? 해답은 외적 자극을 처리하는 에너지 E2를 줄이는 것과 그렇게 확보한 에너지를 내적 자극을 처리하는 에너지 E1로 전환하는 것이다.

현대인은 외적 자극 처리 에너지 E2의 상당량을 대인관계에 사용한다. 직장인 스트레스 조사 결과를 보면, 대인관계 스트레스는 항상 상위권에 위치한다. 그렇다면 대인관계에 쏟는 에너지를 줄이는 것이 가장 효과적인 에너지 관리법 중 하나일 것이다.

사람은 누구나 특이한 사람과 함께 있을 때 평소보다 에너지를 많이 소비한다. 이때 정신적 에너지를 효율적으로 사용하려면 타인에 대한 이해도를 높이는 것이 한 방법이다. 그래야 불필요한 감정 소모를 줄일 수 있다. 물론 이 방법이 모든 문제를 해결해 주지는 못하지만 그래도 원인을 알면 마음이 한결 편해지는 것이 사람의 본성이다.

'생존 본능'에 대한 이해가 필요하다

막 태어난 신생아가 세상과 맺는 최초의 관계는 엄마와의 관계다. 영, 유아 시기까지 엄마의 보살핌은 아이의 성장에 결정적인 역할을 한다. 아이가 자라 점차 움직임이 자유로워지면 아이는 본능에 따라 제멋대로 행동한다. 하지만 여전히 엄마는 아이에게 '안정적 기지 secure base'로서 중요한 역할을 한다. 신나게 놀던 아이도 틈틈이 주위를 돌아보며 엄마의 존재 여부를 확인하는 것을 보면 알 수 있다.

아이는 자신의 안전과 보호를 위해 본능적으로 엄마를 갈구한다. 엄마가 타고난 모성애로 아이를 돌보는 것처럼, 아이도 타고난 생존 욕구로 애착을 갈망하는 것이다. 이 부분을 이론화한 사람이 영국의 정신의학자 '존 보울비'이다. 그는 '애착 이론 attachment theory'에서 부모에 대한 아이의 애착은 그 자체가 목적이라고 설명하면서, 어릴 적 경험한 애착의 질이 이후 평생 동안 맺는 대인관계에 지대한 영향을 미친다고 했다. '애착 이론'은 발표 당시에는 다소 논란이 있었지만, 지금은 발달심리학의 중요한 정설로 받아들여지고 있다. 생후 36개월 무렵까지 부모와 안정적으로 애착을 형성한 아이는 자기 존재를 신뢰하고 세상을 향한 끝없는 탐구를 시작한다. 그런데 아쉽게도 모든 아이가 안정적인 애착을 경험하는 것은 아니다. 심지어 불안정한 애착을 경험한 아이는 성인이 돼서도 여전히 불안정한 대인관계 속에서 허덕이기도 한다.

이해를 돕기 위해 여기 세 명의 아이가 있다고 상상해 보자. 현실적으로 모든 조건이 같을 수는 없지만 세 아이의 엄마 모두 스트레스에 취약하고 감정 기복이 심하다고 가정해 보자. 또한 불행히도 세 명의 아이 모두 엄마와의 관계가 안정적이지 못하다고 상상해 보자.

A는 타고난 기질이 예민하고 주위 환경에 민감하게 반응한다. 변덕이 심한 엄마의 애정과 관심을 얻기 위해 A는 어릴 적부터 상황 변화에 빠르게 반응했다. A에게는 자신의 행동이 합리적이고 보편

타당한지 여부 따위는 중요치 않다. 버림받지 않기 위해, 아니 '생존' 하기 위해 예민하게 반응하는 것만이 A에게는 중요하다. 이후 성인이 된 A는 여전히 타인의 반응에 민감하게 반응한다. 그리고 그 정도가 과도해 주위 사람들이 점차 A 곁을 떠나고 있다.

B는 타고난 기질이 내향적이다. B 또한 애착을 갈구하긴 하지만 냉담한 엄마의 태도 때문에 점차 거리를 두기 시작한다. B는 엄마에게 많은 것을 기대하기보다는 스스로 혼자 지내는 방법을 찾기 시작한다. 그리고 그것이 자신의 '생존'에 유리하다는 사실을 깨닫기 시작한다. 성인이 된 B는 새로운 사람과 어울리는 것을 꺼린다. 타인 앞에서 발표라도 하게 되면, 과도한 걱정에 몸을 가누기도 힘들다. B는 자신에게 사회 공포증이 있다는 생각을 떨쳐버리기 힘들다.

C는 외향적이고 활달한 기질을 타고났다. 그런데 C 어머니는 산후 우울증을 겪으면서 C를 잘 보살피지 못했다. 다행히 C의 조부모가 근처에 살고 있어 안정적으로 성장할 수 있도록 많은 도움을 주었다. C는 초등학교 시절 이사를 했고 옆집에는 C 또래의 친구가 살고 있었다. C는 또래 친구와 어울리며 밝게 성장했고, 태권도 사범인 친구 아버지의 도움으로 태권도를 배우게 됐다. 현재 C는 대학에서 태권도를 전공하고 있다. C의 타고난 사교성은 이웃과 친밀하게 지내도록 이끌어 주었고 이웃의 따뜻한 관심은 C의 '생존 본능'을 충족시켜 주었다.

엄마가 스트레스에 취약하고 감정 기복이 심하다는 점은 비슷하지만, 세 명의 아이가 맺은 애착관계는 각자 달랐으며 이것이 성인이 된 이후 어떤 결과를 낳았는지에는 분명한 차이가 존재한다. 이것은 '각자의 타고난 기질, 엄마 이외에 안정 애착을 맺은 사람의 존재 여부, 성장 환경의 다양성' 등이 차이를 만들어냈다는 것을 의미한다. 예전에는 애착에 대해 설명할 때 엄마의 존재만을 중요시했지만, 근래에는 엄마 이외에 아이에게 안정감을 주는 대상이 있다면 아이가 안정적으로 애착을 경험하는 것이 가능하다고 인정된다.

실제로 C에게는 조부모가 안정 애착의 대상이었다. 그리고 좋은 이웃을 만나 건강하게 성장할 수 있었다. 또한 C의 사교적이고 활발한 기질도 한몫 거들었다. 어찌 보면 C는 행운아다. 조부모의 도움으로 불안정 애착의 늪에서 벗어날 수 있었고 따뜻한 이웃의 도움으로 세상에 대한 믿음을 가질 수 있었으니 말이다.

그렇지만 C가 겪은 행운이 모든 아이에게 적용되는 것은 아니다. 현실적으로 대부분의 아이는 어린 시절에 경험한 애착의 정도에 따라 성인이 돼서도 일정한 대인 관계 패턴을 보인다. 즉, 불안정 애착 속에서 습득한 저마다의 행동 패턴을 커서도 답습한다는 뜻이다.

예민한 기질의 A는 성인이 된 지금도 대인관계에 민감하게 반응하고 있으며, 내향적 기질의 B는 대인관계에서 회피성을 여실히 보이고 있다. 물론 타고난 기질의 영향도 있겠지만, 엄마와의 불안정한 애착이 A와 B만의 행동 방식을 강화시켰다는 것은 분명한 사실이다.

몇 번만 만나도 우리는 쉽게 타인을 평가할 수 있다. 그리고 타인의 언행을 평가할 때, '의도성'은 꽤 중요한 역할을 한다. 타인의 잘못이 단순한 실수라고 판단될 때는 너그럽게 용서할 수 있지만, 의도적이라고 판단될 때는 용서하기 어려운 것이 사람 마음이기 때문이다.

알고 보면, '융통성 없고 독단적인 행동' 뒤에는 불안정 애착에서 살아남기 위한 나름의 '생존 전략'이 숨어 있을지도 모른다. 즉, 그들의 행동이 전적으로 의식적이라기보다는 생존 전략에 의한 무의식적 반응일 수 있다는 뜻이다. 따라서 우리는 타인의 '애착 관계, 성장 환경' 등을 충분히 알지 못하면서, 타인을 쉽게 속단하는 잘못을 저질러서는 안 된다.

그렇다면 앞으로는 정도가 너무 심하거나 비도덕적인 것만 아니라면 타인의 독특한 성향 뒤에는 나름의 '생존 전략'이 숨어있다고 생각해 보면 어떨까? 누군들 완벽한 사람은 없다. 어떻게 보면, 나와 타인의 갈등은 서로의 보이지 않는 '생존 전략' 간의 갈등일 수 있다.

원만한 대인 관계를 꿈꾸며

상대방의 무의식 세계에 존재하는 '애착 관계, 성장 환경' 등은 단기간에 알 수 없다. 시간이 흐르고 상대방이 지난 관계에 대해 편안하게 이야기할 때 상대의 무의식을 조금씩 이해할 수 있을 뿐이다.

A의 예민함과 B의 회피성 뒤에는 불안정 애착의 상처가 숨어 있다. 그리고 현재의 성격적 특이함은 생존을 위한 처절한 몸부림일 수

있다. A와 B를 나를 피곤하게 만드는 가해자로만 여길 수 있지만, 어찌 보면 대인관계에서 이미 수많은 상처를 경험한 피해자일 수 있다. 어릴 적에는 불안정 애착 때문에, 그리고 성인이 돼서는 유연하지 못한 태도 때문에 상처받았을 수 있다.

타인의 언행 모두가 의도적이라고 쉽게 단정 짓기 전에, 그들의 언행 뒤에 무의식적 '생존 전략'이 숨어있다고 생각하면 타인의 언행에 쉽게 상처받거나 휘둘리지 않을 수 있다. 그리고 이런 자세는 대인관계에 쏟는 에너지를 줄이는 데 도움이 된다. 이렇게 절약한 정신적 에너지는 다른 곳에 유용하게 사용하면 될 일이다. 이것이 효율적으로 정신적 에너지를 사용하는 방법의 핵심이다.

지혜로운 사람은 타인의 성향을 우선 수용하고 존중한다. 그러면서 자기 성향은 굳건히 지킨다. 즉, 누구에게나 무의식적 '생존 전략'이 있음을 담담히 받아들이는 것이다.

Chapter 3

삶의 가치를 높이는 시간 사용법

 무한한 시간에 비하면 인간의 삶은 매우 짧다. 그리고 흘러가는 시간은 누구도 막지 못한다. 책을 읽는 이 순간에도 시간은 유유히 흘러가고 있고 우리에게 주어진 시간은 유한하다. 누구나 죽음을 맞이하기 때문이다.
 대부분의 사람들이 죽음을 회피하거나 부정한다. 그리고 많은 사람들이 그 결과로 소중한 시간을 낭비한다는 것을 알지 못한다. 심리학자 필립 짐바르도는 저서 『타임 패러독스』에서 이렇게 말했다.
 "죽음으로써 생애는 끝이 난다. 그렇기 때문에 죽음을 부정하는 것은 우리에게 주어진 시간에 끝이 있다는 것을 부정하는 것과 같다. 시간이 유한하다는 것을 부정하면 자신에게 한정된 시간만 주어졌다는 것을 인식할 때와는 매우 다른 양상으로 시간을 소비한다. 시간을 금보다 더 귀하게 여기는 것은 고사하고 해변에 깔린 모래처럼 손쉽게 얻어지는 것쯤으로 생각하기 때문이다. 역설적이게도 죽음을 부정하면 불안감과 심리적 스트레스로부터는 벗어나지만, 삶의 가치를 평가절하하게 되고 충만한 삶을 살지 못한다."

그의 말처럼 누구에게나 시간은 한정되어 있다. 그렇기 때문에 소중한 시간을 충만하게 사용해야 할 의무가 우리 모두에게 있다. 시간을 의미 있게 쓰기 위해서는 삶의 가치를 찾고 그것을 삶 속에서 구현해야 한다. 그런데 도대체 삶의 가치는 어떻게 찾을 수 있는 걸까? 막연하고 모호하기까지 한 이 질문의 답을 이제부터 알아 보자.

삶의 가치를 찾는 시간

새해가 밝아오면 누구나 생각이 많아진다. 지난해 못 이룬 것들에 대한 아쉬움과 새해에 이루고 싶은 것들에 대한 소망이 교차하기 때문이다. 눈 깜짝할 동안에 지나가 버린 시간에 대한 고민은 나이가 들어가면서 더 깊어진다.

'과연 제대로 인생을 살고 있는 것일까?'

'삶의 올바른 방향은 어느 쪽일까? 옳은 방향을 찾는 방법은 없을까?'

한 번쯤 자기 자신에게 물어봤을 법한 질문이다. 사실 '가치'라는 단어는 매우 추상적으로 느껴질 수 있다. 하지만 굳이 정의하자면 '스스로 선택한 삶의 방향' 정도가 적절할 듯싶다.

그런데 여기서 가치란 방향을 뜻하는 것이지 목표 지점이나 종착점을 의미하는 것이 아니다. 여행에 비유하자면, 가치는 '동쪽으로 10km 떨어진 지점으로 움직이는 것'이 아니라 '동쪽으로 움직이는 것' 자체를 의미한다. 즉, 동쪽으로 10km 떨어진 지점은 가치를 구체화하는 '목표'라 할 수 있다. 예를 들어 건강하게 지내는 것이 삶의 가치라면, 1주일에 3회씩 수영하는 것은 구체적인 목표이다.

목표는 현실적으로 실현 가능해야 하며 목표를 달성하는 과정에서 가치를 실현할 수 있어야 한다. 즉, 목표는 구체적이며 완성할 수 있어야 한다. 그런데 이 지점에서 많은 사람들이 착각을 일으키곤 한다. 목표를 가치로 혼동하기 때문이다. 이 둘을 구별하지 않는다면 목표를 달성한 후 더 이상의 진전은 기대하기 어렵다. 실제로 이런 현상은 자주 일어나는데, 원하는 학교에 진학하거나 직장에서 승진한 후 우울증에 빠지는 경우가 대표적인 예다. 상실, 상처, 고통의 순간이 우울증을 일으키는 것은 쉽게 이해가 가지만, 성취와 성공의 순간에도 우울증이 찾아온다는 사실은 아이러니로 느껴진다.

'성공 후 우울post-success depression'이라 불리는 이런 상태는 목표 자체가 내적 가치에 근거하기보다는, 사회적 기준 같은 외적 가치에 근거할 경우 비일비재하게 나타난다. 필자의 경험을 예로 들어보면 의

과대학 과정이 적성에 맞지 않아 고민이 많던 후배가 있었는데, 결국은 다른 대학으로 진로를 변경했다. 만약 이 후배의 목표가 내면의 가치와 연결되어 있었다면 목표 달성 후 지속적으로 방향성을 유지할 수 있었겠지만 부모나 사회적 기대에 의존한 목표였기 때문에 더 이상 나아갈 지향점을 찾지 못한 것이다. 그리고 그 끝에는 어김없이 우울증이 기다리고 있다.

이런 경우는 진료실을 찾는 사람들에게서도 종종 발견할 수 있다. 필자는 이와 비슷한 고민을 갖고 있는 내담자일 경우 스스로 삶의 가치를 찾도록 격려한다. 이때 구체적으로 '자기 장례식에 참석'하는 방법을 사용하는데 이 방법을 사용할 땐 조용히 집중하면서 실행하도록 한다. 구체적인 방법은 다음과 같다.

우선, 몇 차례 깊이 심호흡을 하고 자기 장례식에 가족 및 친한 친구가 참석하는 상황을 상상해 본다. 가족이나 친한 친구 중 한 명이 일어나 내가 무엇을 위해 살았는지, 어떤 것에 관심을 갖고 주로 시간을 보냈는지, 어떤 삶의 발자취를 남겼는지에 대해 추도사를 낭독한다고 상상해 본다.

이런 과정을 거치면 내 삶이 타인에게 어떻게 비춰지기를 바라는지 알 수 있고, 내가 중요하게 생각하는 삶의 가치가 무엇인지 어렴풋하게나마 이해할 수 있다. 물론 언뜻 보면, '죽음, 장례식, 추도사' 등을 상상하는 것이 비현실적이고 현실을 회피하려는 행동으로 느껴질 수 있다. 그렇지만 이런 과정을 통해 실제로 깊은 깨달음을 얻는 경우가 많다. 습관적인 일상에서 벗어나 나만의 가치를 고민할 때, 삶의 본질에 조금 더 근접하는 것은 어려운 일이 아니다.

내적 가치를 추구한다는 것은 도덕적이고 윤리적인 자세로 삶을 바라본다는 것을 의미한다. 그리고 이런 자세는 스스로를 존중하게 만든다. 그런데 가치를 추구한다는 것이 인생의 모범답안을 찾고 편안한 지름길을 지향한다는 뜻은 아니다. 오히려 가치를 실현하기 위해 노력하다 보면 때로는 힘들고 고통스러운 경험을 할 수도 있다. 다만 내적 가치를 지향할 때 우리는 뜻밖의 선물을 받을 수 있다. 자발적인 동기부여와 마음에서 우러나오는 실천이 바로 그것이다.

가치를 지향한다는 것은 목적이 있다는 것을 의미한다. 그리고 거기에는 자율적인 사고와 실천이 뒤따른다. 그것은 강요된 것이 아니라 진실한 움직임이다. 즉, 가치를 지향하는 삶을 살다 보면 후회 없는 선택을 할 수 있고 어떤 상황에서도 자율성을 보장받을 수 있다. 그것은 결과적으로 세파에 휘둘리지 않고 헤쳐나갈 수 있는 내면의 힘을 우리에게 선사해 줄 것이다. 그런 의미에서, 새해 초 '자기 장례식에 참석하기'를 해 보는 것은 어떨까? 분명 지금까지 갖지 못했던 새로운 지혜를 얻을 수 있을 것이다.

생각은 행동으로 완성된다

아마도 독자들 중에는 삶의 가치를 찾는다는 말이 막연하고 생소하게만 느껴지는 사람도 있을 것이다. 사실 그것은 우리에게 주어진 사회적 책임과 의무가 너무나도 많은 데서 이유를 찾을 수 있다. 우리에게 주어진 시간은 그것들을 실행하는 것만으로도 빠듯하다. 그런데 문제는 오로지 의무를 다하는 것에만 시간을 쓰다 보면 정신적 에너지는 고갈되고 우리는 그야말로 방전된 상태에 이를 수 있다는 것이다. 그렇기 때문에 삶의 가치를 찾고 실행하려는 자세는 반드시 가져야 한다. 이것은 여러 심리학자가 진행한 실험을 통해서도 그 효용성이 충분히 입증되고 있다.

『성공하는 사람들의 7가지 습관』의 저자 스티븐 코비는 인간관계를 유지하고, 타고난 본성을 계발하며, 운동하는 등 가치를 실현하는 시간의 중요성을 강조했다. 그는 일의 중요성과 긴급성에 따라 시간을 분배하고 관리하는 과정에서 '중요하지만 긴급하지 않은 활동', 즉 '가치 지향적 활동'에 투자하는 시간을 가질 것을 강조했다. 앞에서 필자가 자신만의 가치를 찾는 시간을 가져볼 것을 권유한 것도 이런 이유 때문이다. 누구도 알고 있듯이 빠르게 흘러가는 현대 사회에서 일부러 시간을 내지 않으면, 삶의 가치를 고민하기란 쉽지 않다.

시대를 막론하고 자신만의 가치를 실현하는 일은 온전한 삶을 위해서 꼭 필요하지만, 현대인들은 이런 사실을 너무나 쉽게 잊고 산다. 그리고 바로 여기에 삶의 고민이 존재한다. 사실 우리가 처한 현실은 가치 지향적 행동의 실천 여부를 떠나 자신만의 가치가 무엇인지 고민하기도 쉽지 않다. 그러다 보니 수동적으로 하루하루를 사는 것이다. 이런 삶의 방식은 필연적으로 '자기 소외, 자기 태만, 자기 부정'의 문제를 낳고 만다.

인간의 뇌는 급격한 변화보다 익숙한 방식대로 지내는 것을 선호한다. 그렇기 때문에 평소 습관은 생각을 실행하는 과정에서 큰 영향을 미친다. 한번 습관으로 굳어지면 그것을 바꾸는 일은 결코 녹록치 않다. 단, 좋은 습관의 경우 우리의 삶을 변화시키는 원동력으로 작용할 수 있다. 자신만의 가치에 대해 생각하고 그것을 실천하는 방법을 모색해 보는 습관을 들이면 보다 능동적으로 인생을 살아갈 수 있다. 삶의 발전을 위해 일요일 저녁때라도 지난 한 주의 생활을 되돌아보는 것은 어떨까? 한 주 동안의 생활을 관찰자적 입장으로 들여다보는 것인데, 다시 말해 '관찰자적 자기 observing self'가 한번 돼 보는 것이다.

"지난 일에 집착하며 현재를 허비하고 있는 것은 아닐까?"

"다가올 일들에 대한 걱정 때문에 현재를 희생하고 있는 것은 아닌가?"

"빠른 것에 길들여져 잠시 멈추고 주위를 돌아보는 여유가 없는 것은 아닐까?"

곰곰이 생각해 보는 것이다.

잠시 멈추지 않으면, 세월은 빠르게 흘러간다. 의식하고 선택하는 시간이 없으면, 인생은 허무해진다. 가치를 실현하는 시간이 없으면, 인생의 온전함을 느끼기 어렵다. 누구에게나 하루는 24시간이 주어지지만 가치를 실현하는 시간은 개인마다 차이가 크다. 그리고 그 차이는 궁극적으로 삶의 질을 결정한다.

물론, 현실적인 제약은 분명히 있다. 그래도 온전하게 살아가기 위해서는 짧더라도 가치를 실현하는 시간을 확보해야 한다. 이것은 삶을 자율적으로 살아가는 데도 꼭 필요하다. 스스로 삶의 주인이 되고 싶다면 가치를 실현하는 시간부터 확보해 보는 것은 어떨까?

Chapter 4

경험을 활용하는
3가지 방법

　인생은 경험의 축적이다. 영아기 시절 걸음마를 떼는 순간부터 경험은 시작된다. 곁에서 지켜보면, 경험에 대한 아이들의 욕구는 끝이 없다. 보이는 것은 무엇이든 만지려고 하고 걷다가 넘어져도 쉽게 포기하지 않는다. 표정에는 호기심이 가득 차 있고 눈빛에는 생기가 넘친다. 그런데 이렇게 능동적으로 세상을 경험했던 아이도, 시간의 흐름 속에서 점차 꿈을 잃고 수동적으로 변하는 경우가 부지기수다.
　무한 경쟁에 노출된 채 지칠 대로 지친 것은 아이들뿐만이 아니다. 어른들 또한 사회가 부과하는 갖가지 의무에 이리저리 채이며 만성적인 피로감을 호소한다. 이런 상황에서 다양한 경험의 필요성을 강조한다는 것이 탁상공론처럼 들릴 수도 있다. 하지만 다양한 경험을 하는 것은 우리에게 정말로 필요하다. 다른 무엇보다 자신의 적성과 장점을 정확히 파악하는 데 경험만큼 신뢰할 수 있는 기준이 없기 때문이다.

물론 살다 보면 실패와 좌절의 순간도 경험하기 마련이다. 성공과 실패는 동전의 양면과 같기 때문에 다양한 경험을 쌓다 보면 실패는 필연적으로 겪게 되는 과정이다. 그런데 많은 사람들이 당연한 것을 당연하게 받아들이지 못하고 있다. 과정보다 결과를 중요시하기 때문이다.

우리 사회가 결과만을 중요시한다는 말은 이제 식상할 만큼 널리 퍼져 있다. 그런데 그 부작용은 결코 식상하지 않다. 결과만을 중시하다 보니 지나치게 실패를 두려워하게 됐고 그것은 안전한 길만을 추구하는 고질병을 낳았다. 이 악순환의 고리에서 다양한 경험의 필요성은 너무나도 간단하게 묻혀 버렸다. 단 한 번의 실수도 용인되지 않는 세상에서, 개인은 점차 위축될 뿐 아니라 무언가를 경험하는 것을 회피하게 된다. 이것은 발전할 수 있는 기회를 포기하겠다는 것과 같다. 하지만 다양한 경험은 나를 성장시키는 원동력이기에 결코 쉽게 포기해서는 안 된다.

성공의 기준은 확장하고 실패한 경험은 분석하라

직접 경험이란 말 그대로 여러 상황 속에서 직접 부딪히며 이런 저런 일을 겪어 나간다는 것을 말한다. 평소 경험에 대해 이야기할 때 많은 사람들이 대부분 직접 경험한 것을 말하는데 직접 경험이 많을 수록 성공 가능성은 그만큼 높아진다.

반면 간접 경험은 아무리 많아도 직접 경험이 부족하면 유명무실해지기 쉽다. 유명인의 강의와 위인들의 가르침이 실제 내 삶에 그대로 적용된다는 보장은 어디에도 없다. 이론과 실전의 차이라고나 할까? 현실에는 언제나 수많은 변수와 예측하기 어려운 불확실성이 존재하는 법이다.

한편, 직접 경험은 마음속에 다양한 이미지로 발자취를 남긴다. 그 모습은 지식일 수 있고, 기억일 수 있으며, 때로는 추억일 수 있다. 그런데 '성공과 실패'라는 단어만큼 경험이 사람에게 미치는 영향력을 단적으로 표현하는 단어는 드물다. 실제, 성공에 대한 압박감과 실패에 대한 두려움은 현대인이 다양한 경험을 회피하도록 하는 데 지대한 영향을 미치고 있다.

현실을 돌아보면, 이런 현상이 벌어지는 이유도 충분히 이해는 간다. 그런데 성공의 잣대가 너무 엄격한 것은 아닌지, 혹은 단 한 번의 실패에도 지나치게 자책을 하는 것은 아닌지 신중하게 생각해 봐야 한다.

'성공'의 사전적 의미를 살펴보면 '목적한 바를 이루어 냄'을 뜻한다. 그런데 우리 사회에서는 성공을 눈에 띄는 성과를 내고 돈과 명예를 얻는 경우에 한정하는 경향이 지나치게 강하다. 문제는 오직 이것이 인생의 목적일 수 없다는 데 있다. 물론, 부와 명예를 얻는 삶이 나쁘다는 것이 아니다. 다만 그 두 가지를 얻는 것이 누구나 손쉽게 실현할 수 있는 목표도 아닌 데다 인생의 목적을 부와 명예에만 둔다면 사회 전반에 걸쳐 인간 소외 현상이 빈번하게 일어날 수밖에 없다.

그렇다면 이제라도 성공의 범위를 내적 만족감을 느끼는 경우까지 확장해 보는 것은 어떨까? 직장에서 성실하게 맡은 바 임무를 완수하는 것, 취미 생활 중 적절한 도전을 통해 성취감을 느끼는 것, 인간관계 속에서 소통과 배려를 통해 관계가 더욱 풍성해지는 것 등도 충분히 의미 있고 값진 성공이 될 수 있다. 많은 사람들이 수긍하고 받아들인다면 성공의 기준은 얼마든지 바뀔 수 있다. 비록 결과가 눈에 띄게 화려하지 않더라도, '과정의 온전함, 도전을 통한 성취감, 나만의 가치 실현' 등이 있다면 이 또한 충분히 의미 있고 값진 성취라고 할 수 있다.

성취감은 자신감의 바탕이 되며 자신감은 자존감을 드높여 주는 토대가 된다. 정신 의학적 관점에서 봤을 때 대다수의 현대인은 자존감이 위협받는 환경에 처해 있다. 이런 조건인 만큼 다양한 경험을 통해 지속적인 성취감을 얻는 것은 큰 의미를 가진다. 성취감이 쌓일수록 그 사람은 건강한 자존감을 갖게 되기 때문이다.

물론 자존감이 험한 세상의 모든 풍파를 견디게 도와준다는 말은 아니다. 다만 자존감은 기본적으로 당면한 문제를 스스로 해결할 수 있다는 자기 신뢰의 표현이기에, 자존감의 증대는 세상살이에 큰 도움이 된다.

한편, 성취를 통한 자신감 고양은 그 자체로 의미가 있지만 정도가 지나치면 문제가 된다. 지나친 자신감은 병적인 나르시시즘과 일맥상통하며 이것은 '현실 안주, 자만심, 오만함' 등을 낳기 때문이다. 한때 번창했던 기업이 이제는 흔적도 없이 사라진 경우는 무수히 많다. 이유야 다양하겠지만 세월의 변화에 발맞춰 스스로 도전하고 혁신하지 못했던 것이 기업 쇠퇴의 원인인 경우가 많다. 성공을 안겨준 기존 방식을 지나치게 고수한 것이 현실 정체를 넘어 퇴보를 불러온 것이다.

도전과 혁신은 비단 기업뿐 아니라 개인에게도 요구된다. 성공에 너무 도취된 나머지 자기 능력을 과신하고 자기 판단을 맹신하면 현재의 성공은 자칫 미래의 실패로 연결될 수 있다. 세상은 항상 역동적이며 변화무쌍하다. 따라서 삶의 안정과 성장을 원한다면, 현실 안주가 아닌 끝없는 자기 혁신에 몰두해야 한다.

어느 정도 인생 경험이 쌓이다 보면 성공보다는 실패하는 순간이 더 많다는 것을 깨닫는다. 누구에게나 실패의 순간은 아프게 다가오지만 어찌 됐건 실패했다는 사실 자체는 순순히 인정해야 한다. 그런 마인드로 실패를 바라봐야 지나치게 얽매이지 않고 새로운 도전을 준비할 수 있다. 그런데 유독 실패에 예민한 사람이 있다. 이들은 과도하게 자기 비하 성향을 드러내며 앞으로도 실패는 반복될 것이라고 미리 단정 짓는다. 이것은 결국 자존감 저하 및 염세주의적 태도로 연결된다.

필자의 경우 실패한 경험 때문에 힘들어하는 내담자가 방문하면 우선은 지난 사연을 묵묵히 들어 본다. 이때 마음속으로 시간이 약이라는 말을 되새기며, 섣부른 충고는 극히 조심한다. 그러다가 내담자의 이성적 기능이 조금씩 회복되면, 그때 조심스럽게 이런 말을 건네 본다.

"한 번의 실패로 인생 전부를 체념하거나 자기 가치를 전적으로 무시하지는 마세요."

"다시 생각하기도 싫겠지만 같은 실수를 반복하지 않으려면, 지난 과정을 곱씹어 볼 필요도 있을 거예요. 예를 들면, 실패의 원인으로 내 부족함이 차지하는 비율과 타인의 잘못이나 조직의 불합리성이 차지하는 비율을 나눠서 생각해 보는 거죠."

이런 방식으로 실패를 분석하게 되면 자신에게 무엇이 부족한지 좀 더 명확히 파악할 수 있다. 또 자기 반성의 과정을 거침으로써 같은 실수를 반복할 가능성도 줄일 수 있다. 무작정 자기 비하에 빠지거나 오직 남 탓만 하는 것은 지극히 비합리적 태도이며 남는 것도 없다. 그런데 실패에 지나치게 예민한 사람은 대부분 자기 비하를 하며 괴로워한다. 심지어 자기 책임이 아닌 부분에까지 스스로에게 책임을 부과하며 자책하는데 이 경우 극단적인 선택을 내리는 경우도 있다.

반면 실패에서도 무언가를 배울 줄 아는 사람은 자신이 부족한 부분을 파악하고 그것을 고치려고 한다. 그런 사람은 '실패는 성공의 어머니'라는 말의 의미를 아주 잘 알고 있는 것이다. 그런데 혼자서 실패를 객관적으로 분석한다는 것은 결코 쉬운 일이 아니다. 누구든 자기 경험을 합리적인 시선으로 바라보기는 어려운 법이다. 이럴 때 주위 사람들의 조언을 구할 것을 추천한다. 단, 이때 주의해야 할 점이 있다. 상황을 설명할 때 최대한 사실적이고 구체적으로 전달해야 한다는 것이다.

만약 자신의 관점으로 상황을 과도하게 각색해서 설명한다면, 되돌아오는 충고 또한 자연히 객관성이 결여되기 쉽다. 그리고 많은 사람들이 답답한 마음에 여러 사람에게 조언을 구하기도 하지만 이것은 그다지 바람직한 방법은 아니다. 이미 자신감이 많이 결여된 상태에서 이런저런 조언을 듣다 보면, 마음은 더욱 산만해지고 혼란은 가중될 수 있기 때문이다. 그보다는 차라리 인생 경험이 많고 평소 내 사정을 잘 아는 지인과 상의하는 것이 나을 수 있다.

인생에는 영원한 승자도 영원한 패자도 없다고 한다. 어찌 보면 흥망성쇠가 반복되는 것이 인생이며, 성공과 실패에 일희일비하는 것이 인간일지도 모르겠다. 그렇기는 해도 결과보다는 과정을 따져 보고 결과에 집착하기보다는 현실적 대응방법을 모색하는 것이 인생을 성장과 발전으로 이끄는 첩경일 것이다.

독서의 장점을 재발견하라

살아가면서 모든 것을 직접 경험할 수는 없다. 누구에게나 현실적인 제약은 있고 세상은 빠르게 변하기 때문이다. 그렇다고 모든 것을 직접 경험해야 하는 것은 아니다. 직접 경험의 한계는 얼마든지 간접 경험으로 보충할 수 있다.

더구나 과학 기술의 발전으로 간접 경험의 방식이 갈수록 다양해지고 있다. 대표적인 간접 경험의 예로 '학교 교육'이 있다. 우리는 교육을 통해 조상의 다양한 경험과 지혜를 단기간에 물려받을 수 있다. 전통시대에도 교육은 이루어졌지만 현대인만큼 체계적이고 폭넓은 교육을 받은 세대는 없다는 것은 엄연한 사실이다.

또 다른 간접 경험의 예로 '독서'를 꼽을 수 있다. 구텐베르크는 금속 활자를 발명함으로써 지식과 경험의 공유 및 확산에 혁신적 공헌을 했다. 독서가 인류의 문명에 미친 영향력은 매우 광범위하고 막강하다.

독서의 장점은 일일이 열거하기 힘들 정도로 다양하지만 우선 기회비용의 제고를 들 수 있다. 책을 통해 내가 안고 있는 고민을 미리 경험한 저자를 만남으로써 무모한 도전을 피할 수 있다. 만약 무모한 도전이 경제적 손실로 이어진다면, 자본주의 사회에서는 그 자체로 치명적일 수 있다. 대개의 경우 한 권의 책이 나오기까지 엄격한 검증 과정을 거치게 된다. 그렇기 때문에 책에 소개된 지식은 인터넷에 범람하는 정보보다 양질일 확률이 높다. 물론 절대적 진실은 아니겠지만.

한편, 시중에는 독서법에 대한 책도 많다. 그중에서도 '다시 읽기'와 '깊이 읽기'에 대해 생각해 보려 한다. 이 방법을 사용하면 독서를 통해 자신을 성장시키는 방법을 찾을 수 있을 것이다.

먼저 '다시 읽기'란 말 그대로 예전에 읽었던 책을 다시 읽는 것을 뜻한다. 우리가 책을 읽는 이유는 다양하다. 제목이 눈에 띄어서, 베스트셀러라서, 지인이 선물한 책이어서 등등. 책을 읽을 때 재미가 없으면 중간에 덮기도 하지만, 다 읽은 후 뭔가 뭉클한 감동이 있을 때는 다시 읽어봐야겠다는 생각이 들기도 한다. 안 그래도 부족한 시간에 일독했던 책을 다시 읽는다는 것이 시간 낭비로 느껴지는 사람도 있겠지만, 다시 읽기의 의미를 그리 쉽게 생각할 일은 아닌 듯 싶다.

그리고 책을 다시 읽는다는 것에는 중요한 의미가 있다. 그것은 자발적 동기와 자율적 선택에 의한 행동이기 때문이다. 어떤 의무감이나 압박감 때문에 책을 다시 읽는 경우는 극히 드물다. 그보다는 읽었던 책의 내용에 공감했기 때문에 다시 보게 되는 경우가 대부분이다. 따라서 책을 다시 읽는다는 것은 잠시 잊고 있었던 나의 내면세계와 다시 만나는 행운을 얻는다는 의미도 된다. 프랑스의 작가 앙리 드 몽테를랑은 "몇 번이고 되풀이해 읽을 수 있는 한 권의 책을 가진 사람은 행복한 사람이다"라고 말했다. 그의 말처럼 반복해서 읽을 수 있는 이른바 '인생 책'을 가진 사람은 축복받은 사람일 것이다.

그밖에 다시 읽기를 통해 나 자신이 얼마만큼 성장했는지 가늠해 볼 수도 있다. 책을 다시 읽다 보면 예전과는 사뭇 다르게 읽히는 경우도 있는데 예를 들면, 예전에 감동을 받아 밑줄 그은 부분이 낯설게 느껴지는 경우도 있고 전에는 미처 깨닫지 못했던 작가의 의도가 눈에 들어오는 경우도 있다. 사실 이것은 매우 자연스러운 현상이다. 왜냐하면 책은 변하지 않아도 나는 끊임없이 변하고 성장하기 때문이다. 그렇기 때문에 다시 읽기는 내 생각이 어떻게 변했는지 확인할 수 있는 수단이 되기도 한다.

한편, '깊이 읽기'란 천천히 생각하며 읽는 것을 뜻한다. 만약 책의 주제가 흥미롭거나 책 내용과 관련된 경험을 해 본 적이 있을 때, 그리고 감동받았던 책을 다시 읽을 때 우리는 독서에 더욱 몰입할 수 있다. 그리고 이것은 다시 읽기와 깊이 읽기가 서로 밀접한 연관을 맺는다는 것을 뜻한다.

책을 깊이 읽기 위해서는 우선 집중하는 것이 필요하다. '행간의 의미를 읽는다'는 말은 깊이 읽기의 또 다른 표현이다. 행간의 의미를 읽는다는 것은 무조건 작가의 생각을 좇는 것이 아니라 때로는 질문하고 때로는 반론하면서 생각의 폭을 넓히는 것을 뜻한다. 깊이 읽기를 하다 보면 책의 여백은 내 생각과 느낌으로 채워진다. 따라서 깊이 읽기는 능동적으로 책을 읽는 자세라고 할 수 있다.

한 권의 책을 깊이 사색하며 읽을 때 우리는 작가와 무언의 교감을 할 수 있다. 이때 책 내용은 산지식이 되며 우리 마음속에 오랫동안 머물게 된다. '아는 것이 힘이다'는 말이 있다. 깊이 읽기를 통해 충분히 소화되고 흡수된 지식은 세상을 살아가는 힘이 되어 준다.

오늘날 정보를 습득하는 수단은 다양하지만 독서를 통한 정보 습득은 TV나 인터넷을 활용했을 때보다 훨씬 능동적으로 이루어진다. 책을 고르고, 읽고, 음미하는 과정을 통해 집중력과 사고력을 키울 수 있으며 그것은 자연스럽게 경쟁력 강화로 이어진다.

독서의 유용성에 대해 영국의 사상가 존 로크는 "독서는 다만 지식의 재료를 줄 뿐이다. 자기 것으로 만드는 것은 사색의 힘이다"라고 했다. 미국의 소설가 마크 트웨인 또한 "당신에게 가장 필요한 것은 당신으로 하여금 가장 많이 생각하게 하는 책이다"라고 말한 바 있다. 그들의 말에서도 알 수 있듯이 사고력 증진에 독서만큼 값싸고 효율적인 방법도 드물다.

직접 경험과 간접 경험을 조화시켜라

지금까지 우리는 직접 경험과 간접 경험에 대해 살펴봤다. 그런데 현실에서 성장과 발전을 이루기 위해서는 두 경험이 조화되어야 가능하다. 그렇다면 어떻게 직접 경험과 간접 경험을 조화시킬 수 있을까? 그 방법을 다음 사례를 통해 살펴보자.

정신과 의사인 S 씨는 학창 시절부터 심리에 관심이 많았다. 같은 상황을 겪어도 사람의 반응은 다양할 수 있다는 사실은 S 씨의 지적 호기심을 자극했다. 그리고 지적 호기심을 해결하기 위해 평소 다양한 심리학 서적을 탐독했다. S 씨는 본인의 성향에 따라 정신과 의사의 길을 택했고 지금도 세상의 다양한 이야기를 듣고 있다.

셀 수 없이 많은 사례를 접하면서 S 씨의 임상 경험은 자연스럽게 풍부해졌지만, 가끔은 자기 치료법에 대해 회의가 들 때도 있다. 독서를 통한 간접 경험이 실제 진료 현장에 그대로 적용되는 것이 아니기 때문이다. 더구나 심리학 서적은 외국 책을 번역한 것이 대부분이라 우리 사회에 맞게 변형하여 적용해야 한다는 어려움도 있었다. 내담자의 치료가 더딜 때, S 씨는 자기 치료법에 대해 고민했고 그럴 때면 실제 상담 내용과 책을 통해 얻은 지식을 접목시키기 위해 더욱 고심했다. 독서를 통한 간접 경험이 실제 치료에 활용될 수 있도록 부단히 노력한 것이다.

이 사례를 보면, 치료하면서 갖게 된 궁금증이 책을 찾는 원동력이 되었고 이 과정을 통해 얻은 지식은 실제 진료 현장에 적용되었다. 이것은 이론과 실전의 조화를 추구한 것인데, 이처럼 간접 경험과 직접 경험은 상호보완적 관계에 있을 때 시너지 효과를 낼 수 있다.

단, 한 가지 조건이 있는데 그것은 경험을 비판적으로 받아들여야 한다는 점이다. S 씨 경우를 보면 상담 방법에 대한 고민과 외국

서적의 현실적 적용에 대한 고민이 직접 경험과 간접 경험의 조화를 이끌었다. 물론 이런 과정이 하루아침에 완성되는 것은 아니다. 하지만 어찌 됐건 경험을 비판적으로 받아들이는 태도가 S 씨 성장에 큰 도움이 된 것은 분명한 사실이다.

나를 찾고 성장시키기 위해서는 다양한 경험이 필요하다. 특히 자아정체성을 확립하는 10대 시절에는 더욱더 그렇다. 그런데 안타깝게도 입시 위주의 교육 때문에 10대의 경험 폭은 극히 제한되어 있다. 직장인이라고 사정이 나은 것은 아니다. 직장과 집을 오가는 단순한 일과 속에 다양한 경험의 기회는 갈수록 줄어들고 있다.

어느 사회든 제도의 모순 및 환경의 제약은 분명히 존재한다. 그렇더라도 평소 다양한 경험을 해 보려고 노력했는지 여부를 따지자면 의지조차 극히 희박한 경우가 대부분일 것이다. 그리고 보면 경험이라는 것을 너무 어렵게만 생각하고 멀리한 것은 아닌가 싶다. 지금부터라도 각자의 상황에서 다양한 경험을 해 보기 위해 노력하는 것은 어떨까? 다양한 경험은 자기 정체성을 찾아가는 가장 확실한 방법이자 원동력이다.

Chapter 5
영양가 있게 휴식하기

앞에서 우리는 정신적 에너지의 총합$_E$을 내적 자극 처리 에너지 $E1$와 외적 자극 처리 에너지$_{E2}$의 합으로 표현했다$_{E=\ E1+E2}$. 이 등식에서도 알 수 있듯이 대부분의 현대인은 대인관계를 포함한 외적 자극을 처리하는 데 많은 에너지를 소비한다. 때문에 내적 자극을 처리하는 에너지는 상대적으로 부족할 수밖에 없다.

사실, 외적 자극 처리 에너지를 줄이는 것은 현실적으로 만만치 않거니와, 어렵게 외적 자극 처리 에너지를 줄인다고 한들 그 에너지가 고스란히 내적 자극 처리 에너지로 사용된다는 보장도 없다.

우리는 평소 퇴근 후나 주말에 TV를 보거나 게임을 하면서 시간을 많이 소비한다. 사실 이 방법은 내면의 흥미, 관심, 욕구를 충족하는 방법으로는 부족한 것이 사실이다. 하지만 삶의 고단함에 지친 현대인이 이런 시간에마저 무언가를 해야 한다면 그 자체로 또 다른 부담일 수 있을 것이다.

그렇다면 현명하게 내적 자극을 처리하는 방법은 무엇이 있을까? 가장 이상적인 방법으로는 저마다 적성에 맞는 직업을 갖고 에너지를 투자해 성취감을 느끼는 것이다. 그런데 이것은 결코 말처럼 쉽지가 않다. 따라서 단순히 실현 가능성만을 고려한다면, 내적 욕구를 실현하는 가장 현실적인 방법은 '여가 활동, 취미 생활'에 에너지를 투자하는 것일지도 모른다.

취미 생활의 힘

누구나 '자기소개서'를 몇 번씩은 작성해 봤을 것이다. 보통 자기소개서에는 취미를 적는 공간이 있는데, 빈칸으로 둘 수는 없어 대부분의 사람들이 '음악 감상, 독서, 운동' 등을 별생각 없이 적기도 한다. 그러다가 '진짜 내 취미는 뭐지?'라는 의문을 갖기도 하지만 잠시 머릿속을 스쳐 지나가는 질문일 뿐 이내 자기소개서를 분주히 작성하곤 한다.

필자가 보기에 언제부터인가 우리 사회에서는 '여가 활동, 취미 생활'은 돈 많고 여유 있는 사람만이 누릴 수 있는 특권처럼 여겨지는 것 같다. 물론 취미 생활을 즐기기 위해서는 '시간, 돈, 에너지'의 투자가 필요한 것은 사실이지만, 별다른 노력 없이 너무나 쉽게 취미 생활을 포기하고 있는 것은 아닌지 모르겠다.

만약 "시간이 없어, 돈이 부족해, 삶이 너무 고단해"라며 쉽게 취미 생활을 포기하고 있다면 중요한 것은 자신의 성향과 상황에 맞는 취미를 찾아 꾸준히 실천하는 것이지 생각보다 특별한 조건이 필요한 것이 아니라는 것을 말하고 싶다. 그런 의미에서 우선 취미 생활을 적절히 누리고 있는 세 명의 사연부터 살펴보도록 하자.

직장인 K 씨는 아침형 인간으로 새벽 5시 30분에 기상한다. K 씨는 수개월 전부터 출근 전에 수영을 배우기 시작했는데, 이제는 기량이 꽤 늘어 중급반에서 수업을 받고 있다. 원래 K 씨는 수영을 전혀 못 하는 사람이었는데 막상 수영을 배워 보니 금세 흥미를 느낄 수 있었고, 언제부턴가 퇴근 후에도 틈틈이 수영 관련 동영상을 찾게 되었다. 열심히 배우는 데다 관련 자료도 찾다 보니 자연히 실력은 늘 수밖에 없었다. 또한 규칙적인 운동을 하면서 건강해진 것은 물론이거니와 업무 시간에도 집중력이 향상된 것을 느낄 수 있었다. 업무 시간에는 해결책이 떠오르지 않던 문제도 운동 후 샤워할 때나 출근하는 도중 문득 아이디어가 떠올랐던 적도 있었다. K 씨는 수영을 하면서 성취감을 느끼고 업무 수행능력도 향상되는 것을 직접 확인했기 때문에 앞으로도 꾸준히 운동을 할 생각이다.

정신과 의사 J 씨는 K 씨와는 다르게 저녁형 인간이다. 보통 자정이 넘어 잠자리에 드는 J 씨는 늦은 저녁에 혼자서 조용히 영화 보는 것을 즐긴다. 장르를 특별히 가리지는 않지만, 얼마 전부터는 고전이라 부르는 옛날 영화에 흥미를 느끼기 시작했다. 고전 영화를 보면서 J 씨는 영화가 비추는 시대상은 서로 다르지만, 사람들이 느끼는 고민의 본질은 크게 변하지 않았다는 것을 알게 됐다. 그러면서 '내가 주인공이라면 어떻게 행동했을까? 만약 주인공이 겪고 있는 고민을 호소하는 내담자가 있다면 어떻게 상담해야 할까?'와 같은 질문을 스스로에게 던져 보기 시작했다. 해답이 쉽게 떠오르는 것은 아니었지만, 고민과 사색의 시간은 진료에 큰 도움이 됐다. 또한 J 씨는 영화를 통한 간접 경험이 진료뿐 아니라 본인의 삶에도 큰 자양분이 된다는 것을 체감할 수 있었다. 얼마 전부터 J 씨는 마음에 들었던 영화 음악을 출, 퇴근 시간에 다시 듣기 시작했다. 음악을 들으면 영화의 감동이 다시 살아나는 듯했고, 그 감동이 기억 속에 저장되어 언젠가는 다시 되살아나리라는 기대도 품게 됐다.

경영학도인 대학생 P 군은 부전공으로 심리학을 전공하고 있다. 중학교 때부터 심리에 관심이 많았던 P 군은 얼마 전부터 한 심리학자에게 관심이 생겼다. 그러다 보니 그의 대표 서적을 읽고 싶어졌는데 아쉽게도 책은 절판된 상태였다. 아쉬운 마음에 인터넷 중고 서적까지 샅샅이 뒤져봤지만, 책을 구할 방법은 없었다. 그 무렵 P 군은 우연히 들른 집 근처 시립 도서관에서 읽고 싶었던 책을 발견했다.

뜻밖에 기분 좋은 경험을 했기 때문인지 P 군은 시간이 될 때마다 시립 도서관을 찾는 습관이 생겼다. 그리고 시립 도서관에 생각보다 다양한 책이 있다는 사실에 놀랐다. 주머니 사정이 뻔한 대학생에게 무료로 다양한 책을 접할 수 있다는 사실은 큰 매력이었다. 그러면서 빌려본 책 중 소장 가치가 느껴지는 것은 다시 사기도 했는데, 그러다 보니 불필요한 지출을 줄일 수 있었다. 근래에 P 군은 요즘 유행하는 독서 클럽에 가입해 여러 사람과 다양한 의견을 나눠 보는 것은 어떨까 하는 생각도 했다.

위 사례에서 소개한 세 명은 누가 봐도 의미 있는 취미 생활을 누리고 있다. 이들의 취미 생활이 의미 있는 이유는 무엇일까? 그것은 '감정, 사고, 실천'의 세 영역으로 나누어 살펴볼 수 있다.

첫째, 감정의 영역을 살펴보면 이들 모두는 흥미와 관심이 가는 취미 생활을 선택했다는 공통점이 있다. 새벽에 수영하고 늦은 저녁에 영화를 보며 시간이 날 때 도서관을 찾는 행동은 전적으로 내적 동기에 의한 행동이었다. 즉, 흥미를 느끼는 활동을 발견한 것이 이들의 내적 동기를 움직인 것은 분명한 사실이다. 그러나 이것만으로 이들의 자발적 행동 모두를 설명하기는 어렵다. 자발적 선택이 '성취감, 만족감' 등으로 연결되어야 내적 동기가 꾸준히 유지될 수 있기 때문이다. 사례를 살펴보면 실제로 K 씨는 수영 실력이 늘면서 성취감을 느낄 수 있었고, J 씨도 영화 감상을 통해 삶에 대한 이해도가 높아지면서 상담 내용이 풍부해질 수 있었다. P 군 역시 독서를 통해 인간의 심리를 깊이 있게 이해하게 되면서 만족감을 느끼고 있었다. 이들의 내적 동기는 각자가 퇴근 후에 수영 동영상을 찾아보고 영화 음악을 다시 들으며 독서 클럽에 가입하는 것을 고려하게 만드는 원동력으로 작용하고 있다.

무엇보다 이들이 느끼는 '성취감, 만족감'은 게임이나 쇼핑을 통해 느끼는 순간적이고 말초적인 즐거움과는 차이가 있다. 피곤함에 지친 현대인은 시간이 생겨도 게임이나 쇼핑처럼 쉽게 접할 수 있는 행동에 탐닉하기 쉽다. 물론, 게임이나 쇼핑 자체를 무시하는 것은 절대 아니다. 적절히 조절할 수 있다면 이런 행위들도 스트레스 해소에 도움이 된다.

하지만 게임이나 쇼핑을 통해 느끼는 감정은 '운동, 영화 감상, 독서'를 통해 느끼는 것과는 질적인 차이가 있다. K 씨, J 씨, P 군이 느끼는 만족감은 일시적인 것이 아니라 지속성 있는 은근한 만족이라고 할 수 있다. 그리고 내적 동기를 활성화해 삶에 근본적인 활력을 주고 있다는 점에서 이들의 취미 생활은 큰 가치가 있다.

둘째, 사고의 영역을 살펴 보면 이들의 취미 생활은 '지적 호기심'을 자극했고 궁극적으로는 '지적 능력'을 발달시켰다. K 씨의 사례를 보면, 꾸준히 운동함으로써 집중력이 향상됐고 창의적으로 업무를 처리할 수 있게 되었다. 우리는 보통 책상에 앉아 고민하는 것만이 문제 해결에 도움이 된다고 생각하지만, 뇌 과학적으로는 절대적 진실이 아니다. 물론 창의적 문제 해결을 위해서는 문제에 대해 치열하게 고민하는 시간을 가져야 한다. 이것은 마치 맛있는 요리를 만들기 위해서는 양질의 재료가 있어야 하는 사실과 비슷하다. 뇌 과학적으로 '창의성'이란 뉴런 사이에 존재하고 있던 기억들이 새롭게 시냅스를 구축함으로써 나타난다고 하는데, 뉴런 간의 새로운 연결은 뇌가 쉬고 있을 때 완성되는 경우도 허다하다. K 씨가 샤워를 할 때나 아침 출근길에 문득 번득이는 아이디어가 떠오른 것도 이런 경우에 해당된다.

그리고 J 씨와 P 군의 사례를 보면, 영화와 독서를 통한 간접 경험이 이들의 사고력 발달에 도움이 됐다는 것을 알 수 있다. 영화를 통한 다양한 삶의 경험은 J 씨 상담에 실질적인 도움이 됐으며, 인간 심리에 대한 P 군의 깊이 있는 이해는 향후 사회생활에 큰 도움이 될 것이다. '집중력, 창의성, 사고력'은 지금도 높이 평가되고 있는 '지적 재산'이다. 지적 재산은 돈으로 교환될 수 있는 잠재력을 지니고 있으므로 매우 큰 강점이 된다. 따라서 취미 생활을 선택할 때, 지적 호기심을 자극하는 활동을 선택하는 것이 좋다.

셋째, 실천의 영역에서 살펴보면 취미 생활은 꾸준히 실천할 때 진정한 의미를 갖는다. 그러기 위해서는 무엇보다 흥미로워야 하는데 이 조건이 충족되어야 재미를 느끼고 오래 지속할 확률이 높다. 또한 현실적으로 취미 생활을 하기 위해서는 투자가 필요하다. 앞에서 소개한 사례들의 경우 결코 돈이 많이 필요한 활동들이 아니었다.

따라서 시간 및 돈 핑계만 대고 무작정 취미 생활을 포기하는 것은 무책임한 태도일 수 있다. 가장 중요한 것은 내 처지에 맞는 취미 생활을 찾겠다는 의지다. K 씨와 J 씨 사례를 보면, 개인마다 집중력이 온전히 발휘되는 시간은 서로 달랐다. 만약 저녁형 인간인 J 씨가 무리하게 새벽 운동을 시작한다면, 작심삼일로 끝날 가능성이 크다. 따라서 취미 생활을 꾸준히 하기 위해서는 자기의 '생체 리듬' 또한 꼼꼼히 살펴보는 지혜가 필요하다.

마지막으로 '여가 활동, 취미 생활'이라는 말 자체가 뜻하는 것처럼 흥미 있는 활동을 발견하면 이것을 '활동activity'으로 실행하고 '생활life'에 정착시키기 위해 노력해야 한다. 여러 현실적인 어려움은 있겠지만 자기 성향과 처지에 맞는 취미 생활을 지금이라도 시작해 보면 어떨까?

휴식하면 얻을 수 있는 것들

상담하다 보면, 정신적 에너지를 비효율적으로 관리하는 내담자를 자주 만나곤 한다. 그리고 일부 내담자는 정신적 에너지의 고갈로 인해, 취미 생활의 필요성을 언급하기조차 모호한 경우도 있다. 많이 지쳐 있는 내담자라면 우선 가벼운 산책부터 시작해 보도록 권유한다. 약물 및 상담 그리고 가벼운 산책을 통해 점진적인 에너지 회복을 기대하는 것이다. 그러다 어느 정도 에너지가 회복되면, 그때는 내담자 성향 및 처지에 따라 취미 생활을 해 보도록 여러모로 이야기를 나눠 본다.

　자연을 접할 수 있다면 산책 장소는 어느 곳이든 상관없다. 다만, 내담자에게 "천천히 걸으면서 산책하는 것 자체에 집중해 보세요"라고 설명한다. 걷다 보면 다른 생각도 들지만, 자연에 오감을 집중하다 보면 마음은 점차 편해진다. 눈으로 자연을 보고 코로 자연의 내음을 맡으며 피부로 바람의 흐름을 느끼다 보면, 잡념은 줄어든다. 이런 시간은 온전히 현재에 머무르는 시간이기에 의미가 있다. 현대인은 빨리 움직이는 데 길들어 있기 때문에, 때로는 천천히 보내는 시간이 필요하다. 그리고 산책을 꾸준히 하다 보면, 자연의 생동감이 은연중에 정신적 에너지로 저장되는 행운을 경험할 수 있다.

　산책보다는 구체적 계획 및 투자가 필요한 일이지만, 여행 또한 우리에게 많은 혜택을 준다. 그리고 여행 장소 및 동행자에 따라 방법은 다양할 수 있지만, 여기에선 우선 자연과 교감하는 여행을 추천하고 싶다. 자연과 교감하는 여행은 자연의 근원적 에너지를 전해 주며, 내적 세계에 접근할 수 있는 여유를 선사하기 때문이다.

　산책이나 여행 외에도 적절한 휴식은 당신에게 뜻밖의 행운을 선물해 줄 수 있다. 고대 그리스의 과학자 아르키메데스가 아무리 고민을 해도 왕이 명령한 문제를 해결할 수 없다가 목욕 중 부력의 원리를 깨우치고 "유레카!" 유레카는 고대 그리스어로 알아냈다는 뜻이다 를 외치며 발가벗은 채 욕탕을 뛰쳐나갔다는 얘기는 지금도 유명한 일화로 전해진다. 또 다른 일화로 독일의 화학자 케쿨레는 꿈속에서 자기 꼬리를 물고 있는 뱀의 모습을 보고 육각형의 벤젠고리 구조를 발견했다고 한다. 물론 이 모든 것이 우연은 절대 아니며 아르키메데스와 케쿨레 모두 평소에 문제 해결을 위해 부단히 노력했다는 공통점이 있다.

그런데 이들 일화에서 우리는 풀리지 않던 문제가 목욕을 하고 잠을 자는 순간에 해결됐다는 사실에 주목할 필요가 있다. 즉, 휴식을 취하고 잠을 자는 시간이 뇌가 활동하지 않는 시간이 아니라는 것을 알 필요가 있는 것이다. 이 시간들은 어떻게 보면 치열하게 고민했던 문제가 불현듯 풀려 나간 소중한 시간일 수 있다. 따라서 우리는 항상 앞만 보고 달릴 것이 아니라 충분히 쉬고 재충전하는 시간을 확보해야 한다. 그래야 뇌가 효율적으로 작동할 수 있다.

누구나 인정하는 사실이지만, 원활히 소통하고 공감한다는 것은 참으로 어렵다. 진정한 공감을 위해서는 '자기 자제력, 감정 조절력, 인본주의 태도, 적절한 자존감' 등이 필요하기 때문이다. 이런 능력이 있어야 진정으로 공감할 수 있기 때문에 진정한 공감은 정신 능력의 정수라고 할 수 있다.

Part 4

마음 독립을 위한
네 번째 걸음,
공감하고 존중하기

Chapter 1

외로워지는 나,
착각하는 너

　언제부터인가 '불금'이란 신조어가 일상어처럼 사용되고 있다. '불타는 금요일'의 준말인데, 주 5일 근무제가 정착되면서 다음날 출근 부담이 없는 금요일에 주로 만남과 모임을 갖고 열정적으로 시간을 보내려는 현대인들의 라이프스타일과 도시문화가 집약된 현상으로 볼 수 있을 듯하다.
　저마다 다양한 약속이 있겠지만, 친한 친구와의 약속은 더욱 기다려지는 것이 사람의 심리이다. 대화 상대로 친한 친구만큼 편한 상대도 드물기 때문이다. 내 이야기에 귀 기울여주고 고통을 같이 나누는 친구가 있기에 우리는 세상살이의 고단함을 내려놓을 수 있다. 아무래도 매일 마주 봐야 하는 가족에게 직장 스트레스 및 이성 고민을 시시콜콜하게 얘기하기는 부담스럽다. 그래서 고민을 들어 주는 친구의 존재는 반갑고 고마울 수밖에 없다.

하지만 가까운 관계라고 소외감과 서운함을 느끼지 않는 것은 아니다. 친한 만큼 상대를 배려하는 일에 더욱 신경을 써야 하는 이유가 그 때문이다

잘 들었어 네 조언, 아니 네 연설……
직장인인 20대 남성 태완 씨는 오랜만에 대학 시절, 함께 동아리에서 활동했던 사람들과 만나기로 했다. 경제 관련 공부를 같이 하던 모임이었는데, 전공이 같거나 관심사가 비슷해 개인적으로 좋아하는 모임이다. 최근에는 입사 후 일에 치이면서 번번이 참석하지 못했지만, 오랜만에 시간이 나 지인들을 만날 수 있어 이번 주는 다른 때보다 시간이 빨리 지나간 것 같다.

사실 태완 씨에게는 오늘 모임이 기대되는 특별한 이유가 있다. 태완 씨가 입사를 희망했던 회사에 다니고 있는 선배 두 명이 참석한다는 이야기를 들었기 때문이다. 태완 씨는 원래 목표했던 직장이 있었지만 실패한 뒤 차선책으로 지금의 직장에 다니고 있다. 다시 도전하는 것은 부모님이 반대하실 것이 뻔하기에 집에서는 차마 표현하지 못했지만 아직도 태완 씨의 마음 한구석에는 미련이 남아 있다.

'다시 한번 용기 내서 도전해 볼까?'라는 생각과 '직장생활 하면서 다시 도전하는 것은 현실적으로 무리야'라는 생각 사이에서 태완 씨는 갈피를 잡기 힘들었다. 배부른 고민이라며 핀잔을 들을 수도 있기 때문에 다른 사람들에게는 차마 말도 못해 본 상태였다. 그래도 대학 시절부터 꿈꿔온 목표를 무작정 단념하기란 쉽지 않았다. 그런데 마침 태완 씨가 목표했던 회사에 다니고 있는 선배 두 명이 오늘 모임에 참석한다고 해 태완 씨는 이번 기회에 그 회사의 근무환경은 어떤지 이것저것 물어볼 참이었다.

약속시간보다 조금 늦게 도착한 태완 씨를 다들 반겨주었다. 서로 안부를 묻고 사는 얘기를 하다 보니 시간은 빨리 흘러갔다. 선술집으로 자리를 옮긴 뒤 태완 씨는 대화를 나누고 싶었던 선배 두 명과 한 테이블에 앉게 됐다. 분위기가 무르익자 태완 씨는 그 동안 가슴속에 품고 있던 이야기를 꺼내 놓으며 다시 한번 도전하는 것을 진지하게 고민 중인데 선배들은 어떻게 생각하는지 물었다. 그러자 선배들은 기다렸다는 듯, 질문이 떨어지기 무섭게 자기 말을 시작했다. 태완 씨의 말이 다 끝나기도 전에 조언부터 하기 시작한 것이다. 선배들의 일장 연설에 태완 씨는 평소에 궁금했던 것을 제대로 묻기조차 어려웠다. 그러다 보니 어느새 대화의 주인공은 태완 씨가 아닌 선배들로 바뀌었고 대화 주제도 정치 및 경제 문제로 이리저리 옮겨 다니는 지경에 이르렀다. 태완 씨는 선배들에게 정보를 얻은 후, 숙고하는 시간을 거쳐 최종 결정을 내리려고 했지만 자신이 고민을 털어놓은 의도를 이해해 주는 선배는 없었다.

시간이 흐른 뒤, 한 선배는 "네 생각이 그렇다면 도전해 봐"라고 했고 다른 선배는 "요즘 회사 별반 차이도 없는데 뭘 또 힘들게 준비하려고 하니? 그냥 다니던 곳 잘 다녀"라고 친절하게 결론까지 내려주었다. 선배들이야 나름의 방식으로 후배에 대한 애정을 표시한 것이겠지만, 태완 씨는 뭔가 허전했다. 그리고 집으로 돌아가는 길이 마냥 편하지는 않았다. 오히려 고민거리가 하나 더 늘어난 것만 같았다. 태완 씨의 머릿속에서는 괜히 물어본 것 같다는 생각이 떠나지 않았다.

태완 씨 사례를 보면 처음에는 모임에 대한 기대감이 있었지만 마지막은 실망감으로 변했다는 것을 알 수 있다. 그 이유를 살펴보면 태완 씨의 말을 경청해 주는 선배가 없었기 때문이다. 만약 선배들이 태완 씨의 고민을 진지하게 들어주고 신중하게 조언했다면 적어도 태완 씨의 고민 거리가 더 늘어나는 결과는 초래되지 않았을 것이다.

한편, 태완 씨의 경우와는 반대로 과도한 감정이입 때문에 대화의 논점이 흐려지고 소외감을 느끼는 경우도 있다. 다음은 친구의 지나친 감정적 대응 때문에 서운함을 느끼게 된 사례이다.

30대 초반의 여성 은지 씨는 얼마 전부터 연애를 시작했다. 아무래도 사내 커플인지라 평소 행동을 더욱 조심하고 있는 중이다. 그런데 최근 들어 남자 친구에게 서운한 점이 생기기 시작했다. 처음에는 남자친구의 듬직함이 마음에 들어 연애를 시작했지만 때때로 보이는 무뚝뚝함이 은지 씨를 심란하게 하고 있다. 그리고 은지 씨 입장에서는 다소 자기주장이 강한 그의 성향이 조금은 버겁게 느껴지기도 하다. 하지만 남자 친구가 자신을 많이 이해해 주는 좋은 사람이라는 생각에는 변함이 없다.

금요일 저녁, 은지 씨는 오랜만에 고등학교 동창을 만나기로 했다. 최근 방송 프로그램에 자주 출연하는 유명 셰프가 운영하는 이탈리안 식당을 친구 한 명이 예약한 것이다. 은지 씨는 퇴근 후 들뜬 마음으로 약속 장소로 달려갔다.

남녀불문 연애 이야기는 서로 공유하기 쉬운 대화거리임에는 분명하다. 은지 씨도 친구들과 대화를 하다 보니 어느새 남자친구에 대한 이야기를 하게 됐다. 은지 씨는 남자친구가 자기주장이 센 편이라 가끔은 부딪히지만, 전반적으로는 만족한다고 이야기했다. 그런데 은지 씨가 이야기를 시작한 지 5분 정도 지났을 무렵, 듣고 있던 한 친구가 갑자기 대화에 끼어들었다.

"은지야, 내가 그런 스타일의 남자를 잘 아는데 마음고생만 하다 헤어지기 십상이야."

다짜고짜 하는 말이 듣기 거북했지만 은지 씨는 듣고 있을 수밖에 없었다. 그러자 이번에는 결혼한 친구가 말을 거들었다.

"내 남편이 그런 스타일이잖아. 여기서 시시콜콜하게 말하기는 어렵지만, 같이 살기는 여러모로 힘들어. 그러니 더 정들기 전에 진짜 진지하게 고민해 봐."

은지 씨가 보기에 다른 친구들은 서로의 말에 공감하며 대화를 이어가고 있었다. 그런데 정작 은지 씨는 자신과 관련된 이야기임에도 불구하고 왠지 모를 소외감을 느끼고 있었다. 가라앉은 기분 탓인지 식당 분위기도 썩 마음에 들지 않았다. 친구들은 분명 선의를 가지고 은지 씨를 걱정하고 위로해 주었지만 그 말들이 은지 씨에게는 전혀 달갑지 않았다.

대화 중 자신과 비슷한 경험을 하고 있는 친구에게 조언을 해 주고 싶은 욕구는 누구나 갖기 마련이다. 하지만 정작 중요한 것은 듣는 사람의 마음이다. 성급한 충고보다는 상대의 생각을 차분히 듣는 것이 먼저이다. 각자의 경험과 가치관이 다르기 때문이다. 경청하는 단계가 먼저 선행된 뒤 그러고 나서 말하고 싶은 바가 있다면 고심 끝에 표현하는 것이 바람직하다. 이때 반드시 명심해야 할 것은 최종 선택은 친구의 몫이라는 점이다. 세상의 어느 누구도 친구에게 결정을 강요할 수는 없다.

은지 씨 경우를 자세히 살펴보면 주제 자체가 선택이나 결정이 필요한 것도 아니었다. 그저 은지 씨가 남자친구에 대해 약간의 실망감을 표현했을 뿐이다. 그런데 친구들은 지나칠 정도로 감정적인 반응을 보였다. 더 심각한 것은 친구들이 과도하게 감정이입을 함으로써 정작 중요한 은지 씨의 감정이 묻히고 말았다는 점이다. 친한 사이일수록 충고는 조심해야 한다. 이와 관련해 정신의학자 윌프레드 비온은 일찍이 이런 말을 했다.

"상대의 말에 귀 기울이려면 기억과 욕망 그리고 판단을 제쳐 두어야 한다."

누구든 깊이 생각해 볼 표현인 듯싶다.

태완 씨와 은지 씨의 사례를 보면, 남성과 여성의 대화 방식에 분명한 차이가 있음을 알 수 있다. 이에 대해 언어학자 데보라 태넌은 이렇게 얘기했다.

"여성끼리 대화를 나눌 때면 '잇달아 이야기하는 방법 cooperative overlapping'을 활용한다. 즉, 듣는 사람은 말하는 사람과 함께 대화에 적극적으로 참여함으로써 말하는 사람을 지지한다는 걸 보여 준다."

그녀의 이야기를 좀 더 들어 보자.

"여성은 관계를 중시하는 대화 rapport-talk에, 남성은 보고식 대화 report-talk에 편안함을 느낀다. 이는 남성과 여성의 대화 스타일이 엄연히 다름을 보여 준다."

다소 과장되게 일반화시켰는지 몰라도, 꽤 날카로운 지적이다. 남성은 '사실 및 결론'을 중요시하는 대화를 주로 하고, 여성은 '감정 및 과정'을 중요시하는 대화를 주로 한다. 때문에 남성은 섣부르게 결론 지어버려 의견 충돌을 야기할 수 있고, 여성은 감정 중독에 빠져 상황의 본질을 왜곡할 수 있다. 이런 현상을 항상 주의해야 하는 것이다.

상대방이 누구든 대화할 때 우리가 명심해야 할 것이 있다. 바로 경청의 중요성을 항상 염두에 두어야 한다는 것이다. 내가 먼저 상대의 마음을 공감해 줄 때 상대는 고마움을 느끼고 나에게도 공감이라는 선물을 안겨 주기 마련이다. 섣불리 판단하고 충고하는 것보다 충분히 듣는 것이 중요한 이유가 이 때문이다. 이러한 분위기 속에서 대화가 이뤄질 때 서로에 대한 신뢰는 더욱 깊어질 수 있다.

친구보다 스타벅스가 더 좋을 때도 있다

금요일 저녁 시간, 누군가를 만나 서로의 삶을 공유하는 것은 큰 위로가 된다. 그런데 만나는 그 순간에도 자신의 생각과 감정이 충분히 존중받지 못하면 누구나 소외감을 느끼기 마련이다. 태완 씨와 은지 씨의 사례는 우리가 대인관계 속에서 느끼는 소외감의 전형을 잘 보여 준다. 그러다 보니 정신과 의사로서 서로의 생각과 감정을 충분히 공유하는 금요일 저녁도 좋겠지만, '혼자 조용히 보내는 금요일 저녁은 어떨까?' 하는 생각도 든다.

우리나라도 주말에 혼자 카페를 찾거나 예술 작품을 감상하는 인구가 점차 늘고 있다고 한다. 독신 인구의 증가가 주요 원인으로 꼽히고 있는데 사실 가족이 있더라도 혼자만의 시간을 갖는 것은 필요하다. 현실적으로 쉽진 않겠지만, 조용히 내 생각과 감정을 정리하는 시간을 가질 필요가 있다. 그런 시간을 가질 때 우리는 사고력과 집중력을 향상시킬 수 있고 가치를 되새기며 삶의 방향을 조정할 수 있다. 하지만 아무래도 여럿이 있다 보면 자신에게 온전히 집중하기는 어려운 법이다. 깊이 있는 삶을 위해 '수동적 외로움'이 아닌 '능동적 고독'을 즐겨보는 것은 어떨까? 고독의 가치에 대해 영국의 정신의학자 안토니 스토르는 이렇게 표현했다.

"휴식과 사색을 할 수 있고, 내면을 돌아볼 여유가 있으며, 창조적 시도를 할 수 있는 점이 고독의 매력이다."

고독을 즐기기 위해서는 조용한 공간이 필요하다. 접근성 및 편안함을 고려할 때, 집 근처의 서점, 카페, 주점 등을 추천한다. 무거운 사회적 책임을 벗어 던지고 본연의 나로 존재할 수 있는 혼자만의 공간을 확보할 때 우리의 정신은 휴식을 얻을 수 있다.

미국의 사회학자 레이 올덴버그는 이런 공간을 '제3의 공간 the third place'이라 표현했다. 제3의 공간에서 개인은 여유와 틈을 느끼고 자신을 회복할 수 있다. 이 순간 개인은 온전히 현재에 머물며 혼자만의 시간에 흠뻑 젖어 든다. 압박감 속에서 창조적이고 발전적인 사고를 하기는 어려운 법이다. 단, 제3의 공간이 꼭 거창할 필요는 없다. 취향에 맞는 편안한 곳이라면 어디든지 '제3의 공간'으로서 자격은 충분하다.

제3의 공간을 마케팅에 처음 활용한 기업이 바로 스타벅스다. 2001년 스타벅스는 빈의 오페라하우스 맞은 편에 테이블 주위로 안락의자를 배치함으로써, 가정집 같은 편안한 분위기를 연출했다. 매장은 큰 성공을 거두었고 스타벅스는 지금도 제3의 공간을 마케팅에 십분 사용하고 있다. 이처럼 소진된 자신을 회복하고 활기찬 다음 주를 준비하기 위해, 금요일 저녁 혼자만의 시간을 가져 보는 것은 어떨까?

말할 준비, 잘 들을 준비도 되어 있는가?

금요일 저녁에 약속이 없다는 것은 왠지 무능하고 소외된 듯한 느낌을 들게 하기도 한다. 그래서일까? 어떤 사람들은 약속 없는 금요일을 허전하게 느끼기도 한다. 그런데 한편으론, 금요일 저녁 약속을 잡는 것을 또 하나의 의무처럼 인식하고 스스로에게 부담을 주기도 한다. 그런데 여기서 중요한 것은 어느 쪽이든 진정으로 즐거운 만남이 되기 위해서는 몇 가지 생각해 봐야 할 점이 있다는 것이다.

먼저 현실 회피나 일방적인 응원을 기대하며 친구를 만나는 것은 아닌지 생각해 봐야 한다. 친구를 내 감정을 받아주는 응석받이나 현실을 회피하기 위해 필요한 도피처로 생각한다면, 그 관계는 오래 가기 어렵다. 즉, 친구도 자신의 마음이 받아들여지기를 바라며 만난다는 것을 기억해야 하는 것이다. 이 점을 염두에 두지 않고 일방적인 희생만을 강요하다 보면 피로감을 느낄 수밖에 없다.

만약, 친구 관계가 자주 어긋나고 있다면 자신이 미성숙한 자세로 친구를 대하는 것은 아닌지 반성해 봐야 한다. 그리고 친구의 말을 듣는 자신의 태도에 대한 반성도 필요하다. 경청이란 대화를 주도하기보다 상대의 생각에 관심을 두고 따라가는 것이다.

다만 여기서 명심해야 할 점 또한 존재한다. 공감하는 자세는 더없이 훌륭하지만, 과도한 감정이입은 주의해야 한다는 점이다. 지나친 감정이입은 상대의 얘기에 귀 기울이기보다는 내 감정에 스스로 압도될 때 나타난다. 은지 씨 친구들도 이런 사실을 알았더라면 과도한 감정이입은 자제했을 것이다.

마지막으로 대화 중 성급하게 상대 말을 끊고 충고하지는 않는지 되돌아봐야 한다. 만약 대화 주제가 이성 문제나 가족 문제라면, 성급한 내 충고는 상대에게 큰 상처를 입힐 수 있다. 모든 인간관계에서 성급함은 항상 금물이라는 것을 기억하자.

'제3의 공간'은 우리의 억눌린 본성을 회복시켜주는 공간으로 매우 유용하다. 제3의 공간에서 나는 오롯이 나로서 존재한다. 결국 내 목소리든 친구 목소리이든 우선은 귀 기울여 듣는 것이 중요한 것이다. 이 글을 읽는 독자라면 한 번쯤 생각해 보자.

"나는 친구 얘기를 잘 들어주는 편인가?"

"내 말을 묵묵히 들어주는 친구가 있는가?"

분명 곰곰이 생각해 볼 가치가 있을 것이다.

Chapter 2

나는 왜 너에게 끌릴까?

'나는 누구인가?'

아마도 이 질문에 자신 있게 답할 수 있는 사람은 드물 것이다. 자의식이 싹트는 사춘기 시절부터 백발 노인이 될 때까지 이 질문은 항상 인간의 마음속에 살아 있을 것이다.

버거운 삶의 무게에 시달리느라 잠시 잊고 사는 듯해도, 문득 드는 삶에 대한 회의는 '나는 누구인가?'에 대한 고민과 무관하지 않다. 어찌 보면 인생이란 이 질문에 대한 답을 찾아가는 과정일지도 모르겠다.

앞에서 우리는 타고난 본성과 성향을 찾는 것이 왜 중요한가를 살펴봤다. 주체적, 능동적 자세로 가치에 대해 고민하고 흥미, 관심이

가는 일에 집중하는 것은 본연의 나에 접근하도록 도와준다. 그런데 나를 찾는 것은 스스로 해야 할 숙제이지만 타인과의 관계 속에서도 나를 발견할 수 있다.

인간은 무의식적 욕구와 바람을 타인에게 투사하며 산다. 따라서 투사의 원인과 내용을 이해할 수 있다면, 그만큼 무의식 세계에 다가갈 수 있다. 우리는 평생 동안 무수히 많은 사람을 만난다. 그 중에서도 끌리는 이성만큼 나를 되돌아보게 만드는 사람도 드물다. 관심이 가는 이성이 생기면 많은 시간과 에너지를 투자하게 된다. 혹자는 '한 사람의 인생은 그 사람이 만들어 놓은 연애의 발자취를 보면 알 수 있다'라고 표현할 정도다.

만나고 싶은 '나'와 회피하고 싶은 '나'

20대 후반의 여성 연지 씨는 자신의 이성관에 문제가 있는지 알고 싶다며 진료실을 찾았다. 얼마 전 사귀던 사람과 이별한 연지 씨는 매번 비슷한 형태로 만남과 헤어짐이 반복되는데 무엇이 문제인지 잘 모르겠다며 답답함을 호소했다. 그러면서 다음과 같이 말했다.

"저는 이성을 만날 때, 소위 말하는 사회적 조건보다는 느낌이 중요하다고 생각해요. 좋은 대학을 나오고 좋은 직업이 있다고 해서 으스대는 사람은 딱 질색이에요. 전 솔직하고 권위의식 없는 사람이 좋아요."

여기까지 듣기에는 전혀 문제가 없었다. 아니, 오히려 객관적 조건을 따지기보다 상대의 인성을 중요하게 여긴다는 뜻이라면 연지 씨의 이성관은 바람직하다고 생각될 정도였다. 하지만 연지 씨의 마음을 제대로 헤아리기 위해서는 좀 더 얘기를 들어볼 필요가 있었다.

"이번에 만난 사람은 자유분방한 성격에 카페를 운영하는 사람이었어요. 예술에 관심이 많은 것도 저랑 성향이 맞는 부분이었고요. 같이 만나본 친구가 허세가 있어 보인다며 조심하라 충고해 줬지만 크게 신경은 안 썼어요. 어차피 제가 좋으면 그만이잖아요. 만날 때는 즐겁고 편했거든요."

연지 씨는 미술학원을 운영하고 있었는데 예술적 감각이 있는 이성을 선호한다고 했다. 그러면서 마초적이고 고리타분한 사람은 질색이라고 했다. 사회적으로 인정받는 직업을 가진 사람을 몇 명 소개받아 봤지만 따분했다며 자신은 전문직과는 잘 맞지 않는 것 같다고 표현했다.

면담 중 연지 씨는 사촌 언니의 남편들에 관해 얘기하기도 했는데, 형부들의 직업은 의사와 검사였다. 가끔 가족 모임 때나 만나는 것이 전부였지만, 연지 씨는 형부들과는 성향이 안 맞아 채 5분도 대화를 나누기가 힘들다고 했다. 그러면서 비꼬는 듯한 말투로 그런 형부들과 사는 사촌 언니들은 대단한 것 같다고 표현했다. 연지 씨는 면담 중 의사들은 대부분 융통성 없고 자기중심적이지 않냐며 물어와 당혹스럽기도 했다.

직업 군마다 특유의 분위기가 있을 수 있지만, 요즘은 한 직종 내에도 개성 강한 다양한 사람들이 존재한다. 의사, 검사 같은 전문직 중에도 유머 감각이 있고 예술적 감각이 뛰어난 사람은 매우 많다. 다만 연지 씨가 그런 사람을 못 만나 본 것일 뿐이다. 본인이 경험한 사례를 너무 일반화한 것이 연지 씨 이성관을 편협하게 만든 원인 중 하나였다.

직업에 대한 선입견을 가지고 있다는 것이 문제였지만 어찌됐든 연지 씨는 예술적 감성이 있는 남성에게 끌리는 타입이었다. 그렇다면 이런 연지 씨의 성향을 어떻게 이해해야 할까?

이 시점에서는 정신의학자 융이 설명한 '아니마anima, 아니무스animus'의 개념을 살펴보는 것이 도움이 될 듯하다. 우리는 모두 '직장인, 학생, 부모'라 불리는 사회적 책임, 즉 각자의 페르소나를 수행하며 산다. 융은 무의식 속에 외적 인격에 대응하는 '내적 인격'이 존재한다고 봤는데, 이것을 '아니마, 아니무스'라고 불렀다. 좀 더 쉽게 설명하면, 아니마는 남성 안에 존재하는 여성성을, 아니무스는 여성 안에 존재하는 남성성을 뜻한다. 이는 흡사 동양 철학에서 말하는 '음양 합일'의 개념과 일맥상통한다고 할 수 있다.

융은 외적 인격과 내적 인격은 대칭적이며 상호 보완적이라고 했다. 예를 들어 남성성이 강한 남자의 무의식에는 섬세하고 감성적인 아니마가 여성성이 강한 여성의 무의식에는 이성적이고 논리력이 강한 아니무스가 존재한다고 설명했다. 그리고 인간은 누구나 자기 아니마 혹은 아니무스를 이성에게 투사하며 사는데, 그 과정에 내가 투사한 이미지와 비슷한 이성을 만날 때 쉽게 호감을 느낀다고 했다. 즉, 우리가 처음 봤을 때 끌림을 느끼는 이성은 무의식 속에 잠자고 있던 내 아니마 혹은 아니무스를 현실에서 실현해 준 이성일 수 있다는 뜻이다.

다시 연지 씨 사례로 돌아가면 연지 씨는 누가 봐도 꽤 뛰어난 미모의 소유자였다. 하지만 차림새나 말투는 여성적이기보다는 중성적이었다. 연지 씨의 페르소나는 여성성이 두드러지지는 않았다. 융 이론에 의하면, 연지 씨의 페르소나는 여성성이 강하지 않았기 때문에 무의식에 있는 연지 씨 아니무스는 논리적이고 이성적인 특성이 강하지 않으리라 추측할 수 있었다. 실제로 연지 씨가 선호하는 이성상을 들어보면, 논리적이고 결단력이 있기보다는 감수성이 풍부하고 편안한 스타일이었다. 연지 씨는 그 동안 자신의 무의식에 존재하는 아니무스에 가까운 남성을 만날 때면 호감을 느끼고 교제를 시작했다고 볼 수 있다. 여기까지는 큰 문제는 없다.

다만, 만남을 지속할수록 상대가 책임감 있는 행동을 보이지 못해 신뢰에 금이 가고 결국은 헤어진다는 것이 문제였다. 중간중간 기회가 없었던 것은 아니다. 연지 씨 친구는 남자 친구가 허세가 있어 보인다며 충고해 주었다고 했다. 하지만 연지 씨는 감정에 휩싸인 나머지 충고를 귀담아듣지 못한 것이 문제였다.

누구나 감정이 앞설 때는 이성적 판단력이 떨어진다. 누구나 강렬한 감정이 지배하는 연애 초기에는 이성적 판단을 하기 어렵지 않던

가. 그래도 면담 시간을 통해 지난 만남과 이별을 곱씹으면서, 연지 씨도 조금씩 느끼는 것이 생기는 듯했다. 만남을 유지하기 위해서는 서로의 책임감과 이성적인 판단도 필요함을 깨달았기 때문이다. 특히 직업에 대한 선입견만큼이나 호감 가는 이성에게 품었던 막연한 기대 또한 문제였음을 이해하는 듯했다. 끌림이 있는 상대가 인격적으로 성숙하리라는 보장은 없다. 사실 이것은 시간을 두고 상대의 언행을 보며 판단해야 할 문제다.

개인의 '페르소나, 아니마, 아니무스'는 각자의 '타고난 기질, 부모의 양육 태도, 자라온 환경' 등에 따라 다양한 모습을 보일 수 있다. 인간관계, 특히 이성 관계는 서로의 '페르소나, 아니마, 아니무스'의 화학적 결합일 수 있다. 사람의 성향은 저마다 다양하다. 그래서인지 세상에는 수많은 형태의 사랑이 존재하는지도 모르겠다. 내가 끌리는 이성이란, 알고 보면 내 무의식에 숨 쉬고 있던 '내적 인격'의 발현일 수 있다. 누구나 그렇게 만난 상대가 나의 내적 바람을 계속해서 충족시켜 주기를 바라지만, 이는 불가능에 가깝다. 그래서 감정의 유효기간이 끝나기 전에 안정된 신뢰 관계의 구축이 필요한 것이다.

연지 씨 사연을 돌이켜 보니 비슷한 연령대였던 수아 씨 사연도 문득 떠오른다. 비슷한 나이였지만 두 사람이 자라온 환경이나 성격은 사뭇 달랐다. 연지 씨는 부유한 환경에서 성장했으나, 수아 씨는 고등학교 시절 아버지 사망 이후 어려운 환경에서 성장했다. 연지 씨가 외향적 성격에 자기 주관이 뚜렷한 편이었다면, 수아 씨는 차분한 성향이었다. 그렇다고 수아 씨가 위축되어 있거나 대인 관계에 어려움이 있는 상황은 아니었다. 대학을 무난히 졸업하고 번듯한 직업을 가지고 있었으며, 약 1년 전부터 교제하는 연인도 있었다. 특히 수아 씨에게는 왠지 모를 강인한 생명력이 느껴졌는데, 수아 씨도 처음 방문 때는 연지 씨처럼 이성 문제로 고민이 많은 상태였다.

"저랑 남자 친구 모두 결혼 적령기라 얼마 전부터 결혼 얘기가 나오고 있어요. 남자 친구는 능력 있고 자상한 사람이라 믿음이 가요. 다만, 우리 집 사정이 남자 친구 집에 비해 많이 기우는 편이라 신경이 쓰여요."

제3자의 입장에서는 열심히 살아온 수아 씨에게 격려만 해 주고 싶었지만, 막상 당사자 입장에 서 보면 고민이 많은 것도 이해가 갔다. 수아 씨는 타고난 성향이 내성적이긴 했지만 가정 형편이 어려워지면서 좀 더 조용해진 것 같다고 표현했다. 그렇다고 세상을 원망하거나 자기 처지를 불우하게만 여긴 것은 아니었다. 대학 시절 동아리 활동을 꾸준히 했었고 평소 지혜로운 처신으로 대인관계도 원만한 편이었다. 지금 만나는 연인도 수아 씨를 좋게 봤던 대학 선배가 소개해 준 사람이었다. 수아 씨가 자기 비하나 타인과 자신을 비교하는 정도가 심한 편은 아니었지만, 어려운 집안 형편 때문에 느꼈던 열등감은 무의식에 남아있는 듯했다. 그리고 무의식에 감췄던 열등한 자기 인식이 결혼 얘기가 나오면서 서서히 수면 위로 떠 오른 것 같았다. 우선, 수아 씨 남자 친구의 태도는 어떤지부터 들어봤다.

"남자 친구는 우리 집 사정을 어느 정도는 알고 있고, 이해해 주는 편이에요. 오히려 어려운 환경을 딛고 당당히 지내는 제 모습이 결혼을 결심하게 만든 원인 중 하나라고 말하던데요."

수아 씨와 수아 씨 남자 친구 모두 전반적으로 현명하게 처신하고 있었다. 다만, 수아 씨 마음속에 있는 미묘한 열등감이 문제였을 뿐이다. 평소 사회생활에 문제될 정도는 아니었지만, 결혼 앞에서는 열등감의 어두운 그림자가 서서히 그늘을 드리우고 말았다. 수아 씨는 배우자를 선택하는데 인성이 제일 중요하겠지만, 경제적으로 안정된 남자를 만나고 싶었다고 솔직히 표현했다. 그리고 실제 지금의 남자 친구는 수아 씨가 상상하던 그런 남자였다. 능력 있고 지혜로운 수아 씨였지만 어려운 집안 환경은 가슴속 깊이 감추고 싶은 자기만의 콤플렉스였다.

사람은 누구나 자신의 '열등한 인격'을 무의식에 묻은 채 산다. 그리고 융은 이런 열등한 인격을 '그림자 shadow'라고 표현했다. 개인은 자기 그림자를 비추는 타인에게는 반감을 느끼는 한편, 그림자를 옅게 해 주는 타인에게는 호감을 느낀다고 융은 설명했다. 수아 씨는 자기 그림자를 옅게 해 줄 사람을 갈망했고, 마침내 지금의 남자 친구에게 그런 소망을 투사했다고 볼 수 있다. 연애 초기에는 그림자를 옅게 해 준 남자 친구의 존재에 안도감을 느꼈겠지만, 지금은 다시 그림자의 어두운 그늘 속으로 스스로 갇히고 만 셈이었다. 생각해 보면 이 모든 상황은 수아 씨 마음에서 시작되었음을 알 수 있다. 남자 친구는 크게 변한 것이 없건만 수아 씨 마음은 상황에 따라 이리저리 요동치고 있었으니 말이다.

지금의 고민을 해결하기 위해서는 수아 씨의 마음가짐이 무엇보다 중요했다. 자기 마음에 드리워진 그림자를 벗어나는 일은 궁극적으로 본인만이 할 수 있기 때문이다. 남자 친구의 배려와 이해심은 그 과정에 조그마한 도움이 될 뿐이다. 그리고 수아 씨는 똑똑하고 지혜로운 자기 장점을 극대화할 필요가 있었다.

생각해 보면, 경제적 어려움으로 인한 그림자도 수아 씨 잘못은 아니었고 지난 시간 현명한 처신으로 평판은 좋았기 때문이다. 장점에 집중하고 단점은 보완하려 할 때, 열등감에서 조금은 자유로울 수 있다. 앞으로 결혼 문제를 논의할 때, 남자 친구 부모님의 태도가 어떨지는 쉽게 예측할 수 없다. 현실적인 어려움이 클 수도 있다. 그러나 수아 씨 스스로가 자기 그림자를 벗어나려 노력할 때, 지금의 어려움을 헤쳐나갈 가능성은 높아질 것이다.

우리는 자기 감정이나 생각을 무의식적으로 타인에게 투사하며 산다. 그리고 투사에 부합되는 타인을 만나면, 엄청난 행복감을 느낀다. 이런 과정을 정신의학에서는 '투사적 동일시 projective identification'라는 방어 기제를 사용한다고 표현한다. 즉, 자기 소망을 상대에게 '투사 projection'하고, 상대가 그런 소망에 부합되면 상대를 매력 있는 사람으로 '동일시 identification'하는 것이다. 십대 소녀들이 아이돌 그룹에

열광하거나 시민들이 특정 정치인을 열렬히 지지하는 경우 등이 '투사적 동일시'의 방어 기제가 발휘되는 순간이라 할 수 있다. 이성 간에 일어나는 투사는 연지 씨처럼 무의식에 존재하는 '내적 인격'의 투영일 수도 있고, 수아 씨처럼 '그림자'를 옅게 만들고 싶은 무의식적 욕구의 투영일 수도 있다. 어느 경우이건 내 마음과 연결돼 있고 투사의 주체는 '나'임을 알 필요가 있다. 내적 인격이건 그림자이건 간에, 이것들은 모두 나를 이루는 것들이기 때문이다.

이상형과의 첫사랑은 이루어질 수 있다

몇 해 전, '건축학개론'이란 영화가 히트한 적이 있다. 여주인공 역할을 맡았던 걸그룹 출신 배우 수지는 이 영화로 '첫사랑의 아이콘'이 됐으며 팬들의 많은 사랑을 받았다. 첫사랑의 가슴 시린 기억은 남성의 경우 좀 더 가슴속 깊이 남는 경향이 있는데 이유는 '투사적 동일시'의 과정과 밀접한 관련이 있다.

젊은 날 한 남자가 첫눈에 반한 이상형은 사실은 내면에 있는 아니마의 투사일 가능성이 크다. 꿈에 그리던 이상형을 만나면, 상대는 '투사적 동일시'의 과정을 거쳐 전지전능하고 완벽한 위치에 놓이게 된다. 내 마음속 아니마는 무한히 완벽할 수 있기 때문이다. 내 앞에 존재하는 여성을 사랑하기도 하지만, 사실은 내 안에 존재하는 여성성인 아니마와의 만남에 그토록 가슴 뛰는 일상이 시작되는 일인지도 모른다. 그런데 사람이 완벽할 수는 없다. 그렇게 내 바람과 소망이 투사된 상대와 현실에 존재하는 상대 사이에는 간격이 있기 때문에, 갈등을 빚으며 첫사랑은 끝날 수도 있다. 그렇다고 상처만 남는 것은 아니다. 상대를 통해 내 무의식을 만났기 때문이다. 첫사랑은 내 무의식을 비춰줬고, 나는 내 본질에 조금은 다가가는 기회를 얻을 수 있었다.

누구나 선호하는 이성 취향이 있다. 기본적으로 만남은 끌림이 없이는 시작되기 어려운 것도 사실이다. 그런데 서로의 아니마, 아니무스를 투사하며 시작된 만남도 그 만남이 유지되기 위해서는 상대의 본 모습을 받아들이고 배려하는 성숙한 태도가 필요하다. 지혜로운 사람은 상대에게 자기 바람만을 투사하고 강요하지 않는다. 상대도 비슷한 바람을 가지고 자신을 만난다는 사실을 인정하며, 상대를 독립적 인격체로 존중한다.

투사는 일상에서 많이 사용하는 방어 기제다. 무의식적으로 일어나기에 미처 인식하지 못할 뿐이다. 끌림이 있는 이성에게 작용하는 투사는 강력하다. 그래서 조금만 깊이 생각해 보면, 이성을 향한 투사는 나를 좀 더 이해하게 도와주는 길라잡이일 수 있다. 투사도 내 마음에서 시작되는 것이기 때문이다. 투사되고 있는 내 생각과 감정을 돌이켜보면, 나의 내적 인격은 무엇인지 혹은 그림자는 무엇인지 어렴풋이 추측할 수 있다.

'내적 인격'인 '아니마, 아니무스'가 투사되는 경우라면, 그것이 나의 일부임을 이해하고 현실에서 스스로 실현하려 노력할 때, 삶은 온전해질 수 있다. 그리고 열등감에서 벗어나고픈 욕구를 투사하는 경우라면 본인 스스로 열등감에서 벗어나려 노력할 때, 삶은 평온해질 수 있다. 만약 상대를 통해서만 내적 인격의 완성을 추구하거나 상대가 나의 열등감을 해소해 주기만을 기대한다면, 만남은 어긋나기 쉽다.

성숙한 관계를 원한다면 '나'에 대해 충분히 알고 '상대'에 대해서는 현실적 기대를 하는 것이 중요하다. 내 성향을 알고 상대에게 과도한 기대를 하지 않을 때, 관계는 성숙해질 수 있다.

Chapter 3

결혼은 정말 미친 짓일까?

얼마 전 우연히 '결혼은 미친 짓이다'를 다시 보게 됐다. 개봉 당시 파격적인 내용으로 시선을 끌었던 작품인데, 다시 보니 현실에서도 충분히 있을 법한 스토리라는 생각이 들었다. 영화는 자유분방한 연애관을 지닌 인물들을 통해 '결혼이란 과연 무엇일까?'에 대해 진지한 물음을 던지고 있었다.

요즘은 결혼에 대해 다양한 생각이 공존한다. '결혼은 인륜지대사'라는 전통적 시각부터 '결혼은 인생의 무덤'이라는 극단적 시각까지. 어찌 됐건, 결혼에 대한 회의적 시각이 갈수록 늘어나고 있는 것은 사실이다. 진료를 하다 보면 간혹 부부 상담을 원하며 진료실을 찾는 부부가 있다. 법원이 아닌 병원을 찾는다는 것은 파국에 앞서 문제를 해결해 보려는 의지가 있다는 뜻이기도 하지만, 이미 갈등의 골이 깊어질 대로 깊어진 경우가 많다. 정신과를 찾는 부부들의 가장 흔한 갈등 요인은 역시 돈, 금전 문제인데 이 경우 정신과 전문의가 딱히 도와줄 방법은 없다. 다만, 돈 문제 이면에 존재하는 '자유와 책임 그리고 부부관계를 포함한 다양한 관계 문제'에 대해 얘기를 나눠 볼 뿐이다. 사실 부부 문제는 그 어떤 상담보다 어렵다. 그러다 보니 부부 상담을 마치고 진료실에 혼자 남게 되면 속으로 이런 생각을 하곤 한다.

'결혼은 정말 미친 짓일까?'

아빠랑 결혼하고 싶었던 어린 소녀

40대 중반의 여성 윤미숙 씨는 결혼 17년 차 전업주부였다. 그녀는 남편과 심각한 갈등을 겪고 있었는데 1년여 전부터 관계는 더욱 악화되었고 최근에는 자녀들 앞에서 민망할 정도로 언성을 높이며 다투는 날도 많아졌다고 했다.

진료실을 찾은 윤미숙 씨의 첫인상은 대체로 차분해 보였다. 갈수록 성격이 난폭해져 가는 것 같아 고민이라는 그녀의 고민을 듣고 '혹시 남편이 큰 실수를 저지른 것은 아닐까?'라는 의구심마저 들 정도였다. 하지만 치료자의 섣부른 판단과 추측은 금물이기 때문에 내담자 스스로 자기 얘기를 털어놓을 수 있도록 묵묵히 기다려 주었다.

윤미숙 씨가 가장 먼저 들려준 얘기는 친정아버지에 관한 것이었다. 들어 보니 윤미숙 씨는 친정아버지와 무척 각별한 사이였다.

"아버지는 또래 분들에 비하면 자식들한테 매우 다정한 분이었어요. 그래서 저도 고민이 있을 때면, 어머니보다는 아버지와 상의할 때가 많았었죠. 남편은 중매로 만났는데, 남편도 아버지처럼 자상한 사람일 거란 생각에 쉽게 결혼을 결심했던 것 같아요."

윤미숙 씨와 남편은 서로에 대해 충분히 알지 못한 채 부부의 연을 맺었다. 물론 중매를 통해 만났거나 연애 기간이 짧았다고 해도 결혼 생활을 통해 서로를 알아가며 원만한 관계를 유지하는 부부도 많다. 하지만 안타깝게도 윤미숙 씨 부부의 경우는 그렇지 못했다.

윤미숙 씨가 평소 바라던 남성상은 아버지처럼 자상하고 전적으로 의지할 수 있는 사람이었다. 하지만 남편은 그녀가 꿈꾸던 이상과는 다소 거리가 먼 사람이었다. 하지만 그 점이 전적인 원인이라고 볼 수는 없었다. 혹시 남편의 평소 태도에 문제가 있는 것은 아닌지 좀 더 얘기를 들어볼 필요가 있었다.

"남편은 공무원인데 직장에서 평판도 좋고 얼마 전에는 승진도 했어요. 애들이나 시댁 식구한테는 잘하는 편이에요. 다만 저한테는 살갑지는 못해요. 그래서 제가 서운한 게 많아요."

남편을 직접 만나 보지 못한 상태에서 섣불리 단정 지을 수는 없었지만, 남편에 대한 윤미숙 씨의 과도한 기대가 부부 갈등의 원인

중 하나인 것 같았다. 실제로 남편과 갈등이 심해진 시점도 친정아버지가 돌아가신 후였다. 자녀들은 점차 자기 품을 떠나고 남편은 친정아버지의 빈자리를 채워 주지 못하자 공허함은 늘어갔다. 그리고 해소되지 못한 공허감은 남편에 대한 분노로 표출됐다.

사실 윤미숙 씨는 남편이 친정아버지의 빈 자리를 모두 채우지는 못한다는 사실을 지금이라도 받아들여야 한다. 지나친 기대와 그로 인한 실망은 오롯이 자신의 고통으로 돌아올 뿐이다. 무엇보다 본인의 안정과 부부관계의 회복을 위해서는 남편에 대한 기대를 현실적으로 조정하는 것이 절실했다. 남편은 남편일 뿐이며 친정아버지처럼 모든 것을 해 줄 수는 없다는 사실을 깨달아야 했다.

윤미숙 씨는 면담 중 "남편이라면 당연히 아내한테 ~것은 해 줘야 하는 것 아닌가요?"라는 말을 자주 했는데, 우선은 남편과의 거리를 확보해 보도록 했다. 개인 간 갈등은 시간적, 공간적 거리를 확보함으로써 조금씩 해소되는 경우가 많은데 가족은 매일 마주 봐야 하니 오히려 문제가 커지는 경우가 많다. 윤미숙 씨도 남편과 사사건건 부딪치는 상황이었기에 일단은 남편과 거리를 두고 자기 일부터 챙겨 보겠다고 했다.

우선 윤미숙 씨는 가족들의 식사를 챙기는 것부터 시작했다. 그렇게 몇 주가 흐르자 부부 사이는 꽤 좋아졌다. 남편도 퇴근길에 윤미숙 씨가 아침에 부탁한 것을 사다 주기도 했고 평소보다 늦을 경우에는 미리 연락하는 횟수도 늘었다고 했다. 윤미숙 씨는 신기해 했지만 사실 갈등의 골이 생각보다 깊지 않았을 수도 있다. 서로의 기대가 어긋나는 상황에서 적당한 거리를 두기만 했는데도 갈등이 빨리 줄어든 것을 보면 말이다.

다음으로 윤미숙 씨가 남편의 성장 환경을 이해할 수 있도록 면담을 진행했다. 임상 경험상 배우자의 '어릴 적 집안 환경, 집안 내에서의 역할, 부모와의 관계' 등에 관해 물어보면, 의외로 잘 모르는 경우가 많다. 결혼을 한 지 수 년이 흘렀음에도 말이다.

한편, 윤미숙 씨의 이야기를 들어 보니 남편은 장남으로 태어나 부모님의 기대를 한껏 받으며 성장했다는 것을 알 수 있었다. 가족주의 문화가 팽배한 우리 사회에서 윤미숙 씨의 남편은 부모님의 기대에 순종하며 성장했을 것이다. 그래서인지 윤미숙 씨도 시댁 문제로 갈등이 많은 상태였다. 다행히 면담을 진행하면서 남편을 향한 분노는 조금씩 수그러드는 듯했지만, 그래도 여전히 지난날의 서운함을 토로했고 그것은 감정의 응어리가 쉽게 풀리지 않는다는 것을 의미했다. 필자는 윤미숙 씨가 그 동안 서운했던 일을 충분히 얘기함으로써 부정적 감정을 환기하도록 돕는 한편, 지난 일로 인해 현재와 미래가 불행해서는 안 된다는 점을 주지시켰다.

대체로 사람들은 부부간 문제를 이성적으로 해결할 수 있다고 믿는 경향이 있다. 그런데 사실은 '성숙한 성인'이 아닌 '미성숙한 어린 아이'의 모습으로 대처하는 경우도 많다. 정신의학에서는 이런 미성숙한 상태의 개인을 '퇴행regression'한 상태에 있다고 표현한다. 심한 스트레스 상황에서는 누구나 과거의 발달 단계로 퇴행할 수 있다. 윤미숙 씨 부부도 갈등이 심한 상황에서는 '아버지에게 전적으로 의존하는 소녀'와 '과도한 부모의 기대에 부담이 많은 소년'이 다투었을지도 모른다. 갈등이 심한 부부를 보면 흡사 성인이 아닌 10대가 싸우는 듯한 인상을 받기도 하는데, 다툼이 잦아질 수록 이성적 해결은 더욱 어려워진다.

누구에게나 무의식을 이루고 있는 과거 경험은 현실 생활에 지대한 영향을 미친다. 개인의 과거 경험까지 포함하여 종합적으로 이해하는 접근 방식을 정신의학에서는 '정신 역동적psychodynamic' 접근이라 표현한다. 윤미숙 씨의 사례 또한 부부 갈등을 깊이 있게 이해하고 현실적 해결책을 찾기 위해 부부 모두의 정신 역동적 접근이 필요한 상태였다. 만약 윤미숙 씨의 경우처럼 부부갈등이 심한 상태라면, 우선은 배우자의 지나온 삶부터 살펴보는 것은 어떨까? 거기에 문제를 해결할 수 있는 열쇠가 숨어 있을지도 모른다.

쫓는 자 vs 멀어지는 자

윤미숙 씨 부부의 경우는 비교적 이른 시간에 갈등이 잦아든 사례다. 물론 다시 퇴행한 상태로 돌아가 미성숙한 반응을 보일 수 있겠지만, 여하튼 긍정적 변화를 위한 첫걸음을 내딛기는 했다. 하지만 부부 상담을 원하는 부부를 만나 보면 치료적 개입을 어떻게 시작해야 할지 난감한 경우가 비일비재하다. 보통은 다음과 같은 상황이 자주 벌어지는데 우선, 부인이 말을 꺼내기 시작한다.

"정신과 선생님도 계시니, 솔직하게 말 좀 해 봐요. 애들 때문에 돈 들어갈 곳은 많은데, 항상 당신 멋대로 하잖아요!"

"……………….."

남편은 감정을 억누르며 듣는 척만 한다.

"이번에도 나랑 상의는 없이 덜컥 차 계약을 하면 어쩌자는 거예요? 내가 조금 더 있다 바꾸든지 하자고 했잖아요!"

"어차피 차 바꿀 때는 됐고, 조건이 좋아서 계약한 건데 뭐가 문제라는 건지 참. 답답하네, 진짜!"

점차 부부의 감정 대립은 심해지고, 치료자는 이 상황을 중재하기도 버거워진다. 결국 남편은 입을 닫고 묵비권을 행사하기 시작하고, 부인은 이러니 자기만 병이 생긴다며 분을 참지 못한다. 치료자 앞에서도 대화는 과격해지는데 집에서는 어떨지 상상이 가고도 남는다. 부부갈등이 심해 진료실을 방문하는 경우, 대부분 다음의 문제를 보인다.

첫째, 부부 모두가 감정적 반응을 과도하게 보인다. 보통 부인이 말을 꺼내기 시작하는데 시작부터 부인 표정은 불만에 가득 차 있고 억양에는 짜증이 녹아 있으며 목소리는 점차 커진다. 이런 상황에서 부인이 아무리 옳은 말을 한다고 한들 남편 귀에는 들리는 것이 거의 없다. 대화 내용은 잊히고 부인이 언성을 높이고 짜증을 부린 것만 남편의 뇌리에 남는다. 한편, 남편의 반응을 보면, 보통 처음에는 의도적으로 감정을 '억압'하는 모습을 보인다. 그러다 짜증을 내며 '부인 탓'을 하기 시작한다. 그리고 결국에는 한숨 쉬며 체념한 듯한 표정으로 상황을 '회피'하려 든다. 갈등을 풀고자 시작한 대화가 두 사람을 더욱 멀어지게 만든다.

둘째, 부부 모두가 서로에게 '편견, 선입견'을 가지고 대화 중 지레 짐작으로 말을 끊는 경우가 많다. 대화의 기본은 누가 뭐라고 해도 상대의 말에 귀 기울이는 것인데, 수년간의 불화로 서로에 대한 불신의 장벽은 너무나 단단하다. 치료자가 개입해서 배우자의 말을 경청해 보도록 해도, 대화가 길어지면 배우자의 단점을 찾아내고 자신에게 유리한 상황을 끌어내기에만 급급한 경우가 많다. 그러니 대화는 끊길 수밖에 없는 것이다. 감정에 북받친 부인은 남편의 잘못을 모두 끄집어내려 하고 그 정도가 심하면 인신공격 수준까지 가는 경우도 있다. 그 과정에서 남편은 감정을 억압하다 결국은 "또 시작이군. 뭔가 기대하며 병원에 온 내가 멍청한 거지! 뭐라고 말할지 뻔하다 뻔해!"라며 입을 닫아버린다. 결국 남편은 '고집불통', 부인은 '잔소리꾼'이라는 기존의 선입견만 더욱 견고해진다.

사실 부부간 굳어진 대화 패턴을 단기간에 바꾸기란 매우 어렵다. 그래도 뭔가 변화를 기대하며 다른 방법을 궁금해 하는 부부에게는 다음의 말을 건넨다.

우선 대화하는 시간과 장소부터 조정해 볼 것을 권유한다. 누구나 피곤한 시간에 준비가 안 된 상태에서 대화하기는 힘들다. 그리고 익숙지 않은 불편한 공간에서 깊이 있는 대화를 나누기는 어렵다. 그러니 갈등이 심한 상태라면 불쑥불쑥 말을 꺼내기보다는 서로가 시간과 장소를 상의해서 정기적으로 대화해 볼 것을 권유한다. 보통 갈등 상황에서는 부인은 '쫓는 자', 남편은 '멀어지는 자' 역할을 하는 경우가 많다. 부부는 살면서 때에 따라 '친밀감'과 '독립성'의 거리감을 잘 조절해야 하는데 약속을 정해 대화해 보는 것이 거리감 조절에 도움이 될 수 있다.

그리고 서로의 감정적 반응을 줄이기 위해서는 말할 때의 표정, 말투 등에도 세심한 신경을 써야 한다. 지적 받고 공격당한다는 느낌이 들 때는 누구나 방어적인 태도를 보일 수밖에 없다.

마지막으로 고심 끝에 꺼낸 말이 배우자에게 잔소리로 들리지 않도록 주의해야 한다. 그러기 위해서는 '배우자의 행동을 일방적으로 고치려 드는 것, 실수한 일만 강조하며 무능한 사람으로 단정 짓는 것, 내 기분을 이해하지 못한다며 비난하는 것' 등을 조심해야 한다. 물론 이런 것들이 실천하기 어렵고 혹시 여러 번 시도했지만 실패했을 수도 있다. 그러나 관계 개선을 원한다면 꾸준히 시도해 보는 수밖에 없다. 단기간에 관계를 혁신적으로 변화시키는 비법 따위는 애초에 존재하지 않는다.

갈등 상황에서는 배우자가 먼저 바뀌기를 바라지만, 결국 내 맘대로 할 수 있는 건 '배우자에 대한 내 태도'밖에 없다. 그런데 나의 태도 변화가 배우자의 변화로 이어질지는 쉽게 예측할 수 없다. 따라서 현실적으로는, 막연한 기대를 품기보다는 배우자가 싫어하는 행동을 삼가도록 주의하는 것이 더욱 효과적일 수 있다.

배우자가 싫어하는 게 뭔지 알고 있나?

'상대의 신뢰를 얻으려면 그 사람이 좋아하는 것보다 싫어하는 것에 주의를 기울여 보세요'라는 카피를 담은 TV 광고를 본 적이 있다. 상당히 공감 가는 문구였다.

사람이 무엇인가를 싫어하고 회피하는 데는 그만한 나름의 이유가 있다. 대게는 '어릴 적 상처, 억눌린 본성, 지향하는 가치' 등과 연결되는 부분이 많기 때문이다. 예를 들어, 어릴 적 애정 결핍이 있는 사람은 혼자 있는 것을 극도로 꺼리고 학창 시절 부모에게 과도하게 통제 당했던 사람은 부인의 사소한 잔소리에도 불같이 화를 내며, 평등이 중요한 사람은 사회의 작은 부조리에도 과도하게 분노를 표출할 수 있다. 누구나 자기 성향과 배치되는 상황에서는 난처함, 분노, 굴욕감 등을 느끼다 나중에는 체념, 포기 등의 태도를 보일 수 있다.

결혼 생활을 봐도 초기에는 자기 성향만을 강조하며 자주 다투다가도 자녀가 커가고 시간이 흘러감에 따라 적당히 타협하며 사는 부부는 무수히 많다. 그런데 얼핏 보기에는 평화로워 보여도 대화의 단절이 심한 상태라면 언젠가는 문제가 생긴다.

상담을 하다 보면 원만한 부부관계를 유지하기 위해서는 서로 간의 '신뢰trust' 유지가 중요하다는 사실을 알게 된다. 그리고 신뢰를

쌓는 효과적인 방법 중 하나는 부부가 서로 싫어하는 것부터 조심하는 것임을 깨닫곤 한다.

배우자의 성향을 파악하기 위해서는 자라온 환경과 부모와의 관계 등이 현실에서 어떤 모습을 보이는지를 곰곰이 생각해 봐야 한다. 이런 마음가짐을 정신의학에서는 '심리적 마음psychological mind'이라 일컫는데, 심리학이 실생활에 유용하게 활용될 수 있다는 것을 보여 주는 증거다. 누구나 심리적 마음을 가지고 살 때, 인간관계는 좀 더 유연해질 수 있다. 그 관계가 부부관계이건 친구 관계 건 상관없이.

누구나 무의식 속에 '미성숙한 자아'를 품고 산다. 그리고 부부 갈등이 심할 때는 미성숙한 자아가 이성적 판단을 흐리게 만들기도 한다. 배우자의 인격 속에 '성숙한 자아'뿐 아니라 '미성숙한 자아'도 있음을 받아들일 때, 갈등 상황에서 배우자에 대한 기대와 믿음을 쉽게 포기하는 행동을 줄일 수 있다. 누구나 장점이 있듯 단점도 있는 법이다. 그리고 갈등 상황을 곱씹어보며 내 무의식 속에는 과연 어떤 미성숙한 자아가 있는지 생각해 보는 것도 자기반성 및 자기 성장에 도움이 된다.

한편, 최근 들어 이혼율이 급격히 증가하면서 사회문제로까지 대두되고 있다. 이혼을 결정하기까지 많은 고민이 있었겠지만, 젊은 부부의 이혼율 증가는 평소 갈등을 조정하는 과정에 문제가 있었던 것은 아닐까 하는 의구심이 들게 만든다. 결혼은 현실이고 살다 보면 배우자의 단점도 눈에 띌 것이다. 서로 다른 환경에서 수십 년간 살아온 두 인격체가 한 공간에서 사는 데 갈등이 없다면 오히려 그것이 이상한 일이다. 결국 원만한 결혼 생활을 위해서는 갈등을 조정하고 자신을 성찰하며 상대방을 배려하는 자세가 필요하다. 진리는 항상 간단한 법이다.

'끌림'으로 시작된 이성간 만남이 '상호 이해' 속에 결혼으로 연결되고 '상호 신뢰'를 기반으로 한 성숙한 인간관계로 발전할 수 있다면, 결혼 생활은 좀 더 평온할 수 있지 않을까 싶다. 매우 어려운 일인 것만은 분명한 사실이지만.

Chapter 4

누구나 공감 받기를 바란다

　TV 광고에 헐벗고 굶주린 아이가 나온다. 기아에 시달려 뼈만 앙상하게 남은 아이 모습에 마음은 먹먹해진다. 가슴이 아프고 측은지심이 든다. 작은 정성이라도 보태려 후원을 결심한다.
　짧은 광고 한편에도 마음이 움직이고 어떤 행동을 취하게 되는 것은 인간에게는 '공감 능력'이 있기 때문이다. 공감을 통해, 인간은 타인의 감정을 느끼고 그의 생각을 이해할 수 있다. 공감은 인간만이 지닌 고등 능력이다. 주인의 기분을 살피는 애완견이나 서로 털 고르기를 돕는 침팬지에게도 약간의 공감 능력을 엿볼 수 있지만, 인간의 공감에는 견줄 것이 못 된다.

때로는 상대방의 표정과 몸짓만 봐도 어렴풋이 마음 상태를 추측하는 것이 가능하다. 그러나 대화만큼은 아니다. 누구나 인정하는 사실이지만, 원활히 소통하고 공감한다는 것은 참으로 어렵다. 진정한 공감을 위해서는 '자기 자제력, 감정 조절력, 인본주의 태도, 적절한 자존감' 등이 필요하기 때문이다. 이런 능력이 있어야 진정으로 공감할 수 있기 때문에 진정한 공감은 정신 능력의 정수라고 할 수 있다.

전적으로 공감해요, 그런데 뭐라고 하셨죠?

평소 우리는 "네 생각에 공감해", "드라마 대사 중에 공감되는 표현이 많더군" 같은 표현을 자주 사용한다. 실제로는 공감이란 단어가 어울리지 않은 상황에서도, 공감한다고 말할 때도 많다. 가히 '공감 남용' 현상이라 부를 만하다. 공감은 자기 마음의 주파수를 타인 마음의 주파수에 맞추려는 노력이다. 공감의 주인공은 내가 아닌 타인이다.

상대의 말에 맞장구를 쳐 주는 것도 공감을 표현하는 한 방법일 수 있다. 맞장구는 대화를 원활케 하는 윤활제 역할을 한다. 그렇지만 맞장구치는 정도를 진정한 공감이라고 부르기는 어렵다. 공감은 역지사지의 자세로 최대한 상대 입장이 돼 보려고 노력하는 것인데, 단순한 맞장구는 그 정도는 아니기 때문이다. 심지어 맞장구를 치는 사람을 보면, 상대의 말을 중간에 끊는 경우도 많다.

상대의 입장에서 형식적으로 반응하는 것은 '공감empathy'이 아닌 '동정이나 연민sympathy'에 가깝다. 동정이나 연민 자체가 문제는 아니지만, 만약 진정성이 부족하다면 상대에게 상처를 줄 수 있다. 항상 그런 것은 아니겠지만, 동정이나 연민 뒤에는 무의식적으로 '당신보다는 내가 낫다'는 상대적 우월감이 숨어있을 수 있다. 공감은 인간의 평등함을 받아들일 때 가능하다. 상대는 단지 최근에 고통을 겪고 있을 뿐, 나보다 열등한 것은 절대 아니다. 누구나 타인의 형식적인 위로에 소외감을 느껴본 적이 있을 것이다. 형식적으로 맞장구치기보다는 조용히 손을 잡거나 등을 토닥이는 것이 인간적일 때도 많다. 공감은 눈높이를 맞출 때 가능하다.

온전한 공감은 정서적 공감 능력과 인지적 공감 능력이 조화를 이룰 때 가능하다. 뇌의 '거울 세포mirror neuron' 작용으로 정서적 공감은 가능한데, 갓 태어난 신생아도 상황에 따라 울고 웃는 것을 보면, 정서적 공감 능력은 타고나는 부분이 있다. 그런데 인지적 공감 능력 발달에는 시간이 필요하다. 아이가 말귀를 알아듣기 위해서는 수 년이란 시간이 필요한 것처럼.

인지적 공감 능력은 다른 말로는 '마음 읽기mind reading'라고 표현하는데, 아이가 부모의 눈치를 살피고 은근슬쩍 거짓말을 하는 것도 좋게 보면 아이의 마음 읽기가 발달했다는 증거일 수 있다.

인간은 사회화 과정을 통해 정서적 공감 능력과 인지적 공감 능력의 조화를 완성해 간다. 평소 눈치껏 행동하고 협동할 수 있는 것도 정서적 공감 능력과 인지적 공감 능력의 조화가 있기 때문에 가능하다. 그런데 사회에는 정서적 공감 능력에 문제가 있는 개인이 존재한다. 이들은 타인의 고통과 슬픔에는 비교적 무관심한 데 비해, 자기이익 추구에는 집요한 관심을 보인다. 사기꾼이라 부르는 이들은 정서적 공감 능력에 문제가 있다.

사기꾼은 타인의 생각과 의도를 능숙히 파악하기 때문에, 이들의 인지적 공감 능력은 문제없는 것처럼 보일 수 있다. 그러나 이들의 인지적 공감 능력은 타인의 '탐욕, 이기심, 헛된 욕망'을 파악하는 일에 특화되어 있고, 타인의 욕심을 역이용해 자기 사욕을 채운다는 점에서 불완전하다. 결론적으로 이들의 정서적 공감 능력은 정상적으로 발달하지 못했고, 인지적 공감 능력은 편향된 채 오작동한다고 볼 수 있다.

주위를 보면 남의 얘기를 잘 들어 줘서 인기가 많은 사람이 있다. 일종의 상담자 같은 역할을 하는 것인데 이들 중에는 타인의 사연에 자기 경험을 투사하면서 지나친 '감정이입'에 빠지는 사람도 있다. 이들은 다른 사람의 이야기를 듣다 자기 연민에 빠지곤 하는데, 정도가 심하면 문제일 수 있다. 타인의 감정과 내 감정, 타인의 생각과 내 생각이 뒤섞여 걷잡을 수 없는 감정 증폭 현상이 나타나기 때문이다. 감정 증폭은 감정 소진을 초래하며 지나친 감정이입은 자기 소모적이다.

듣는 사람의 임무는 어디까지나 잘 듣는 것이다. 그러다 상대가 조언을 구하면, 그때는 진심 어린 조언을 해 주면 그만이다. 듣는 이가 지나친 감정이입에 빠지는 것은 문제 해결에 도움이 되지 않는다. 대화가 너무 감정적으로 흐를 때, 화자의 이성적 판단은 오히려 방해를 받는다. 공감에 어느 정도 감정이입은 필요하지만 여기서 말하는 감정이입이란 상대 마음을 헤아리라는 것이지 자기감정에 도취하라는 뜻은 아니다.

감정이입을 잘하는 사람의 특징 중 하나는 으레 타인도 자기감정에 적극적으로 반응하리라 기대한다는 점이다. 자신이 타인에게 그렇게 했기 때문이다. 그런데 이런 기대는 은연중에 타인에게는 압박일 수 있다. 그러다 보면 상대는 공감 피로를 느끼고 관계를 회피할 수 있다. 여기서 우리는 공감이란 서로의 거리를 좁히는 것이지 서로의 거리를 없앤다는 의미는 아님을 깨달아야 한다. 개인 간 적당한 거리 유지는 언제나 필요하다.

지금까지 우리는 '형식적 맞장구에 따른 소외 문제, 공감 능력 간의 불균형에 따른 이기적 행동 문제, 과도한 감정이입에 따른 감정 소진 문제'를 살펴봤다. 공감의 본래 의미처럼 타인이 중심이 된 것이 아니라 내가 중심이 된 것이 문제였다. 어찌 됐건 이러한 상황에는 진정한 공감이 없다고 보면 된다.

우리 소통해 볼까요, 서로 많이 다르니까

공감하면 똑같은 생각을 하고 같은 감정을 느끼는 것으로 오해하기 쉬운데 이런 오해는 공감의 확장을 방해한다. 물론 공감의 궁극적 지향점은 서로의 생각과 감정을 공유하는 것이겠지만, 작금의 오해는 공감을 '동의'와 혼동하기 때문인 듯싶다.

공감은 다름을 받아들이는 것에서 시작한다. 그러므로 이제라도 공감의 뜻을 좀 더 폭넓게 이해할 필요가 있다. 누구나 자기 생각과 큰 차이가 없는 상황에서는 쉽게 공감할 수 있다. 그런데 정작 공감 능력이 필요한 상황은 갈등 상황이다. 이해와 협력이 필요한 상황일 때 공감 능력의 필요성은 절실해진다.

대화하다 보면, '충고하고 싶은 욕구, 말을 끊고 끼어들고 싶은 욕구, 잘못을 지적하고 싶은 욕구'가 치솟을 때가 있다. 이런 욕구는 보통 '나는 옳고 당신은 틀렸다'는 생각이 들기 때문인데, 욕구를 자제하지 못하면 "내 말 좀 들어봐", "그게 아니잖아", "네가 틀렸어!" 같은 말을 내뱉게 된다. 그럴 때 상처받은 상대는 화내거나 입을 닫게 되고, 소통과 공감은 더욱 요원한 일이 되고 만다. 소통의 목적은 갈등 속에서 나름의 타협점을 찾는 것인데, 상대를 쉽게 단정 짓는 태도는 대화에 방해만 된다. 오히려 상대의 말을 충분히 들어줄 때, 상대는 존중받는다는 느낌이 들어 내 의견 또한 존중해 줄 가능성이 커진다. 그래야 갈등을 조율하고 협력할 수 있다. 옳고 그름을 쉽게 단정 짓는 태도는 공감에 방해만 된다.

대화를 방해하는 또 다른 장애물 중 하나는 선입견과 편견에 휩싸여 타인의 말을 섣불리 예측하는 것이다. 몇 번 대화해 본 것이 전부인 상태에서 타인의 성향을 쉽게 규정짓는 것은 타인에 대한 온전한 이해를 방해한다.

가령 완고하고 고지식한 원칙주의자가 있다고 치자. 만약 그의 얘기는 항상 따분할 것이라고 속단한다면 정작 그의 참모습은 몰라볼 수 있다. 완벽주의 성향이 사실관계 파악에는 장점이 될 수 있으며 정확한 사실 파악에 때로 도움을 받을 수도 있다. 누구나 장, 단점은 있다. 그리고 장점에 기초해 타인을 이해하는 것이 나에게도 도움이 된다. 타인의 장점을 존중할 때, 공감은 더욱 쉬워지기 때문이다.

단점으로만 여겼던 타인의 모습 뒤에는 내가 미처 파악하지 못한 사연이 있을 수 있다. 예를 들어, 지나치게 성취 지향적인 모습은 엄격했던 아버지의 영향 때문일 수 있고, 과도하게 인정을 갈구하는 모습은 어머니와의 어긋난 애착 관계 때문일 수 있으며, 평소 인색하기만 한 모습은 어릴 적 경제적 어려움의 결과일 수 있다. 누구나 타고난 기질과 어릴 적 경험으로 채워지는 무의식 세계가 존재하며, 무의식 세계는 현실을 헤쳐 나가기 위한 생존 전략을 만든다. 그러니 상대 생각이 내 생각과 다르다고 해서 섣불리 비난할 것은 아니다. 나의 섣부른 판단이 옳다는 보장도 없다.

그런 만큼 갈등이 있을 때, 속으로 이렇게 생각해 보면 어떨까? '나랑은 생각하는 방식이 좀 다르구나', '그래, 내가 모르는 나름의

사연이 있겠지.'

　지금까지 원만한 소통과 공감을 위한 필수 덕목으로 '자기 자제력'을 살펴 봤다. 다음으로 살펴볼 '감정 조절력' 또한 원만한 소통을 위해서는 꼭 필요한 덕목이다. 대화 중 서로 의견이 엇갈리다 보면, 대화를 지속한다는 것이 '상대 의견을 인정한다는 뜻으로 비치지는 않을까?'라는 불안으로 연결될 수 있다. 그리고 서로 의견이 팽팽하게 대립하다 보면, 왠지 모를 짜증과 분노가 솟구칠 수 있다. 그런데 그 순간 불안과 분노를 견디지 못해 감정적 반응을 보이면 결국 대화는 단절되고 만다. 사실 상대 의견을 헤아린다는 것이 꼭 상대 의견에 동조한다는 뜻은 아니며, 상대 감정을 이해한다는 것이 꼭 상대 생각에 찬성한다는 뜻도 아니건만 순간의 감정을 통제하기란 여간 어려운 일이 아니다.

　그리고 소통과 공감을 위해서는 누구든 항상 옳을 수 없으며 누구든 잘못 판단할 수 있다는 유연한 사고를 가질 필요가 있다. 그래야 극단적인 감정 대립은 피할 수 있다. 대화하다 보면 상대 생각의 편향이나 왜곡이 너무 심해 말을 잇기 힘든 경우가 있다. 그런 경우라면 되도록 빨리 대화를 마무리하고 앞으로 그 사람과는 적당한 거리를 유지하는 것이 현명한 대처 방법이다. 공감을 잘하기 위해서는 상대의 말에 관심을 갖고 집중력 있게 들어야 한다. 그러기 위해서는 불안과 분노 같은 감정을 잘 다스려야 한다. 지나친 감정적 반응은 소통과 공감을 방해한다.

우리 사회의 수직적 위계질서는 소통과 공감을 가로막는 원인 중 하나다. 가정 및 직장에서의 대화를 보면, 형식은 소통이라고 하나 실제로는 일방적인 훈계와 명령인 경우가 허다하다. 자녀와 부하의 인격을 존중하지 않은 채, "그래, 한번 말해 봐", "네 생각이 뭔지 들어나 보자" 같은 말을 백 번 해 봤자, 제대로 된 대화가 될 리는 만무하다. 자녀와 부하는 부모와 상사의 눈빛과 표정만 봐도 그 사람의 의도를 단박에 알아챈다.

인간은 누구나 존중받기를 원한다. 그렇다면, '인본주의 태도'로 서로의 눈높이를 맞추며 대화하는 것이 진정한 공감으로 통하는 지름길이라 할 수 있다. 부모와 상사가 '내가 나이가 많아서', '내가 선배라서' 같은 권위주의적 모습만 보인다면 대화는 단절되고 만다. 그보다는 넓은 아량과 관용으로 평등한 관계를 지향할 때, 소통과 공감은 원활해진다. 진정한 공감은 서로를 존중하고 배려하는 인본주의가 있을 때 가능하다.

마지막으로 진정한 소통과 공감을 위해서는 적절한 자존감이 필요하다는 것을 말하고 싶다. 자존감이 낮은 사람은 피해의식 때문에 다른 사람의 이야기를 잘 듣지 못한다. 이들에게 충고는 지적으로, 요구는 명령으로, 그리고 평가는 비난으로 받아들여지기 쉬우며 대화 중 이들은 경청하기보다는 자기 생각에 골몰하곤 한다.

누구나 가치관은 조금씩 다르기에, 모든 의견에 전적으로 공감한다는 것은 애초에 불가능한 일이다. 공감한다는 것은 타인의 의견을 존중한다는 것이며 다름을 받아들인다는 뜻이다. 그래야 개방적인 자세로 타인의 이야기에 귀 기울일 수 있다. 그리고 내가 미처 알지 못한 사실을 상대가 일깨워 준다면, 그때는 상대의 지혜를 내 것으로 소화하려고 노력하면 될 일이다. 그래서 진정한 공감은 자기 성장으로 연결될 수 있다.

어쩌면 타인과의 소통만큼 중요한 것이 자신과의 소통일지도 모른다. 평소 자기 소통을 통해 스스로에 대해 잘 파악하고 있는 사람은 타인의 말에 쉽게 흔들리지 않는다. 자기중심이 부족한 사람은 타인의 말에 쉽게 현혹되고 과도한 감정 동요를 보인다. 과도한 감정 동요는 경청을 가로막는 악재로 작용하며, 감정 동요가 반복되면 자기 소진이 발생한다. 소통과 공감 모두 내가 하는 것이다. 자기에 대해 진지하게 고민해본 사람은 남의 의견을 쉽게 무시하지 않는다. 그래서 자존감 있는 자율적인 개인이 타인과 소통을 잘할 가능성이 높은 것이다.

잊혀지지 않는 하나의 의미가 되고 싶다

덕불고 필유린德不孤 必有隣.

덕이 있는 사람은 외롭지 않고 반드시 이웃이 있다는 뜻으로, 논어에 나오는 한자성어다. 덕이 있는 사람은 타인 의견을 존중하고 그 뜻을 헤아리려 노력하는 사람이다. 그리고 덕이 있는 사람은 진실하고 일관된 반응을 보이는 사람이다. 이런 의미로 보면, 덕이 있는 사람은 타인의 말에 귀 기울이고 소통할 줄 아는 진정한 공감 능력을 지닌 사람이라고 할 수 있다. 누구나 타인에게 인정받기를 소망한다. 타인이 나를 비추고 적절히 반응해 줄 때, 나는 살아있음을 느끼고 자존감은 고양된다. 그래서 남을 잘 비추는 덕이 있는 사람 곁에는 항상 그를 따르는 사람이 존재한다.

만약 내 주변에는 믿고 신뢰할 만한 사람이 없다면 그것은 나의 공감 능력이 부족하기 때문일 수 있다. 우리는 여기서 이타적 행동이 결국은 자신에게도 이로울 수 있음을 확인할 수 있다. 공감은 상대에게도 이롭고 나에게도 이로운 '상생'을 실현하는 행위다.

인간은 누구나 타인이 비추는 자기 모습을 확인하며 산다. 아무리 자율적인 사람이라고 하더라도 타인의 평가에서 완전히 자유로울 수는 없다. 자율성과 관계성이 조화를 이룰 때, 그 사람의 인생은 조금 더 온전해진다.

서로의 말에 귀 기울이고 감정과 생각을 존중할 때, 우리는 서로에게 의미 있는 존재일 수 있다. 서로의 이름을 불러 줄 때, 나는 너에게 그리고 너는 나에게 잊히지 않는 하나의 의미일 수 있다. 같은 생각을 하고 같은 감정을 느낄 필요는 없다. 아니, 그럴 수도 없다. 우리는 모두 서로 조금씩 다르지만, 다름을 받아들일 때 바로 그 지점에서 공감은 꽃필 수 있다.

진정한 공감을 위해서는 여러 가지 정신 활동이 조화되어야 한다.

대화 중 섣부른 예측과 속단을 자제해야 하며 감정적인 반응을 절제해야 한다. 그리고 타인을 있는 그대로 받아들이고 존중해야 하며 자율적인 자세로 대화에 참여해야 한다.

'내가 하기 싫은 일을 남에게 시키지 말라'는 인간관계의 황금률을 실천할 수 있다면, 진정한 공감이 이뤄질 가능성은 한층 더 상승할 것이다. 진정한 공감은 지난 자신의 모습을 끊임없이 반성하는 자기 성찰의 자세를 요구한다. 세 치 혀로 타인에게 상처를 준 적은 없는지 고민해 봐야 한다. 이렇게 보면 진정한 공감은 매우 어려운 일임은 분명하다. 그렇기는 해도 진정으로 공감함으로써 자존감의 고양과 더불어 관계의 돈독함 그리고 자율성의 실현이라는 고귀한 선물을 받을 수 있으니 어찌 쉽게 단념할 수 있겠는가.

진정한 공감은 정신 능력의 정수이다.

Chapter 5

나의 평생 동지, 자존감의 힘

언제부터인가 '자존감'이라는 단어가 유행어처럼 쓰이고 있다. 서점가에는 관련 책이 넘쳐나고, 대중 강연도 잇따르고 있다. 자존감에 대한 사회적 열망이 커지고 있는 현상 자체는 고무적이라 할 만하다. 그런데 막상 자존감에 대한 이해는 충분치 못한 것 같다. '자존감이란 무엇인가?', '자존감을 높이려면 어떻게 해야 하는가?'와 같은 질문에 쉽게 답할 수 있는 사람이 얼마나 될까.

자존감에 대한 정의는 다양할 수 있지만, 단순화시키면 '자신에 대해 생각하는 나의 내적 성향' 정도로 설명할 수 있다. 인생을 살다 보면 무수히 많은 판단을 하게 된다. 하지만 자기 자신에 대한 판단만큼 중요한 것은 없다. 이제는 생존의 차원에서도 자존감을 바르게 이해할 필요가 있다. 그리고 자존감 증진을 위한 현실적 방법을 모색해야 한다.

자존감이란 무엇인가?

진료실을 찾은 여대생 박지영 씨는 매사에 자신이 없고 타인의 말에 쉽게 주눅들고 상처 받는 성격이라고 했다. 대학 생활도 이러할진데 장차 사회생활을 잘 할 수 있을까 걱정이 많다고 했다.

상담을 통해 지영 씨가 순탄치 못한 유년기를 보냈다는 사실을 알게 됐다. 부모님은 지영 씨가 초등학생일 때 이혼했는데, 어머니의 외도가 원인이었다. 그때의 충격과 상처가 여전히 가슴속 깊이 남아 있다고 했다. 어머니가 떠난 후 지영 씨는 아버지, 오빠와 함께 지냈다. 아버지보다는 그나마 유대감이 높았던 오빠가 입대하면서 정서적으로 더 불안하고 외로운 나날을 보내고 있었다.

평소 지영 씨는 저녁 무렵이면 왠지 모를 답답함이 엄습해 온다고 했다. 교우 관계는 비교적 원만한 편이었으나, 친구와 있을 때도 소외감을 느낄 때가 많다고 했다. 처음 방문 당시 일상생활에 큰 문제가 있는 것은 아니었지만 빈약한 자신감에 힘들어하고 있었다. 현대인은 누구나 이런 상황에 빠지기 쉽다. 정도와 빈도수에 차이가 있을 뿐 누구에게나 고민은 있다.

조금만 대화를 나눠봐도 지영 씨는 자존감 문제로 고민이 많다는 것을 알 수 있었다. 두 번째 면담 당시, 지영 씨는 이런 질문을 했다. "선생님, 저는 항상 자신감이 없는 것 같아요. 어떻게 하면 자존감을 높일 수 있을까요?"

자존감 문제는 실로 방대한 영역이다. 인간의 모든 정신 작용을 자존감과 연관 지어 설명하는 심리학자도 있을 정도다. 어떤 심리학자는 "내 삶은 자존감을 높이려는 노력의 연속이었다"는 자기 고백까지도 했다. 이사 계획 때문에 지영 씨의 방문은 몇 차례만 더 이뤄질 예정이었다. 단기간에 자존감을 높이기란 불가능에 가깝지만, 그래도 짧은 기간 동안 밀도 있게 자존감에 대한 얘기를 나눠 보기로 했다.

먼저 자존감이란 무엇인지부터 지영 씨에게 설명할 필요가 있었다. 자존감 연구의 대가인 미국의 심리학자 너새니얼 브랜든은 자존감은 '자기 효능감 self-efficacy'과 '자기 존중 self-respect'으로 이뤄진다고 했다. 좀 더 그의 얘기를 들어 보자.

"자기 효능감 self-efficacy은 자신의 정신 기능에 대한 믿음이자, 자기 생각, 이해, 학습, 선택, 결정 능력에 대한 믿음이다. 또한 여러 현실적 문제를 파악하는 능력에 대한 자신감이며 자기 신뢰이기도 하다. 한편, 자기 존중 self-respect은 자기 가치에 대한 확신을 뜻한다. 인생을 살아갈 권리와 행복할 권리가 있다는 긍정적인 태도, 자기 생각과 욕구와 필요를 적절히 주장하는 데서 얻는 위안, 그리고 기쁨과 성취감을 누리는 것이 자신의 타고난 권리라는 느낌이 여기에 포함된다."

요약하자면 자존감이란 '자신이 삶에서 마주하는 기본적인 도전에 맞서 대처할 능력이 있으며, 행복을 누릴 만한 가치가 있다고 믿는 내적 성향'이라는 것이 브랜든의 설명이다. 참으로 위대한 성찰이라 할 수 있다.

브랜든의 설명에 의하면 지영 씨는 자기 존중감을 느끼기 어려운 환경이었다. 아이는 부모에게 존중받은 경험을 통해 자신을 존중할 수 있는데, 부모님의 불화로 지영 씨는 부모로부터 존중받은 경험이 절대적으로 부족했기 때문이다. 어릴 적 상처는 자존감에 상처를 남기고 평생 지울 수 없는 멍에를 씌우는 경우가 많다.

그렇다고 낙심만 할 수는 없었다. 언젠가 상담 중, 지영 씨에게 "쉽지 않은 것은 저도 잘 알지만, 지금보다는 좀 더 도덕적으로 살려고 노력해 보세요. 물론, 지금의 지영 씨가 비도덕적이라는 말은 절대 아니니 오해하지는 말고요"라고 했다.

도덕적 행동은 암묵적으로 자신에게 만족감을 줄 뿐 아니라 도덕적 삶은 진실한 삶이기에 자기 존재에 대한 믿음도 높아지게 된다. 물론, 눈에 띄는 변화가 당장 나타나는 것도 아니고 여러 현실적 제약도 많다. 가장 기본적인 도덕적 합의마저 흔들리는 현실에서 도덕적 삶을 추구한다는 것은 일편 무능해 보일 수도 있다. 그러나 세상이 혼란스러울수록 자기 가치를 스스로 지키려는 노력이야말로 자기 존중감을 키우는 근본적 해결책일 수 있다. 누구나 도덕적 삶의 실천은 어렵다. 그래서 자존감을 높이는 것이 어려운 것이다.

자기 효능감은 한마디로 자신감이라고 할 수 있다. 내가 뭔가를 해냈을 때, 자연히 자신감은 높아진다. 그러려면 현실을 회피하지 말고 부딪혀 봐야 한다. 성공의 다른 이름은 실패일 수 있다. 그렇기는 해도 실패가 두려워 현실을 회피하기만 한다면, 자신감은 영영 키울 수 없다. 그래서 지영 씨에게 "무엇이라도 좋으니, 다양한 경험을 해 보세요. 실패할까 겁이 나는 것은 충분히 이해가 갑니다. 그래도 피하기만 하면 더욱 자신감은 떨어질 뿐이에요"라고 설명했다.

지영 씨는 무엇보다 젊다는 것이 무기였다. 세월의 풍파 속에 회피하는 습관이 몸에 배면, 도전은 더욱 힘들어진다. 지영 씨는 결과가 겁이 나 사소한 결정도 내리지 못했고, 친구들과 있을 때도 자기 의견을 잘 말하지 못했다. 지영 씨에게는 성취감을 맛보는 것이 절실히 필요했다. 그러려면 일단은 이것저것 경험해 보는 수밖에 없었다. 누구나 장단점은 있고 첫술에 배부르기는 어렵다. 지영 씨가 뭔가 잘하는 일만 찾는다면 자신감은 자연히 따라올 것이라고 설명했다. 과정이 힘들 수 있지만 쉽게 포기하지 않는다면, 실수하더라도 분명 배우는 것은 있을 것이라고 격려했다.

어떻게 하면 자존감을 높일 수 있을까?

자존감을 높이기 위해서는 '자기 수용'의 자세부터 갖춰야 한다. 자기 처지, 재산, 학력에 상관없이 지금 이 순간을 받아들이는 훈련을 해야 한다. 자존감은 '자신에 대한 내적 판단'이라는 말을 다시 한 번 상기하자. '만약 ~한 상황이 된다면, 좀 더 나를 존중하고 사랑할 텐데'라는 생각은 현실의 나를 부정하게 할 뿐이다. 그럴수록 자기기만 및 자기 비하는 심해질 뿐이다.

다시 지영 씨 사연으로 돌아가 보자. 지영 씨도 '자기 수용'이 절대적으로 부족한 상태였다.

"지영 씨, 매일 5분씩 거울 속의 자신과 대화를 나눠 보세요. 처음에는 부족한 점, 마음에 들지 않는 점만 떠오르겠지만 그것 또한 나의 일부라고 편안히 받아들여 보세요. 그런데 명심할 게 하나 있어요. 내가 느끼는 단점이 나의 전부는 아니라는 사실이에요. 그냥, 그날그날의 나를 느끼고 받아들이는 연습을 해 보세요. 그러면 조금씩 자신과 친해질 수 있을 거예요."

누구든 부정적 자기 평가와 감정도 받아들일 때, 좀 더 자신에게 허용적이고 너그러워질 수 있다. 무엇보다 자기 수용의 자세가 있어야 살아갈 힘을 얻을 수 있고 삶에 보다 가까이 다가갈 수 있다.

상담을 진행하는 동안 필자는 다양한 경험의 필요성을 지영 씨에게 수시로 강조했다. 20대가 되면 어른이 된 것 같지만, 아직 자기 이해는 부족하고 자기 선택을 확신하기는 힘든 시기다. 중, 고등학교 시절 제한된 생활을 해야 하는 우리나라의 실정상, 20대 때 많은 경험을 해 봐야 한다. 그래야 내 장점이 무엇인지를 어렴풋이나마 파악할 수 있다. 잘할 수 있는 영역을 찾아 실천해야 꾸준한 노력으로 이어질 수 있고 그만큼 성공 확률도 높아진다. 그리고 이런 과정 속에 자기 효능감은 자연스럽게 증진될 수 있다.

물론 현실적 제약을 외면할 수는 없다. 모든 것을 다 경험할 수는 없고, 실패에 대한 두려움과 실패 시의 기회비용도 만만치 않기 때문이다. 그래도 각자 처한 현실에서 다양한 도전을 해 보는 것이 우선일 듯싶다. 그리고 틈틈이 도전 과정과 결과를 반성하며 되돌아본다면, 분명 얻는 것이 생긴다. 성공뿐 아니라 실패 속에서도 배우는 것은 있다. 그리고 성취의 기준을 너무 엄격하게 삼을 필요도 없다. 남이 보기에는 작고 소소한 성취라 할지라도, 과정이 도덕적이고 자기만족만 있다면 자존감 증진에는 도움이 된다.

자존감이 높다는 것이 타인의 반응에 전혀 개의치 않는다는 말은 아니다. 사회적 동물인 인간은 타인의 평가에 영향을 받을 수밖에 없다. 다만, 자존감이 높은 사람은 타인의 평가에 지나치게 좌지우지되지 않는다. 즉, 자존감 정도에 따라 타인의 영향력은 차이가 난다.

어느덧 지영 씨와 약속된 시간은 끝나가고 있었다. 마지막 면담에서 지금의 나를 수용하고 다양한 경험을 해 볼 것을 다시 한 번 권했다. 지영 씨도 어느 정도 그 뜻을 이해하는 듯했다. 건강을 유지하기 위해 꾸준히 운동해야 하는 것처럼. 자존감을 높이기 위한 노력도 계속해야 한다. 궁극적으로 자기 자존감을 높일 수 있는 사람은 자신뿐이며, 책임도 오롯이 본인의 몫이다. 자존감은 자기 인생의 숙제인 동시에 영원한 동반자이다.

거짓 자존감의 그늘

자기주장을 못 하고 남의 눈치를 심하게 살피는 사람이 있으면, 그 사람의 자존감 수준은 낮으리라 쉽게 추측할 수 있다. 그런데 사회적으로 성공하고 자신감 넘쳐 보이는 사람 중에도 내면을 들여다보면 빈약한 자존감 때문에 고통받는 경우도 많다.

30대 초반의 여성 배수현 씨는 화사한 외모에 표정도 무척 밝았다. 면담을 시작하고 수현 씨의 사연을 듣기 전까지는 환자의 신분으로 찾아온 것조차 잠시 잊을 정도였다. 수현 씨는 "뭔가 허전해요. 중요한 것이 빠진 채 사는 느낌이에요"라며 고민을 털어놓았다. 수현 씨는 누가 보더라도 행복할 만한 환경이었다. 아버지는 지방에서 큰 사업을 하고 있었고, 수현 씨는 명문대를 졸업하고 프리랜서로 유학 준비 중인 학생을 가르치고 있었다. 시간도 비교적 여유로워 취미생활도 충분히 하고 있었고 고급 아파트에서 혼자 평화롭게 지내고 있었다.

다만 몇 차례 면담을 이어가는 동안 수현 씨는 자신과 오빠에 대한 비교를 유독 반복해서 강조했다. 본인이 아버지에게 칭찬받은 일에 대해 과하다 싶을 만큼 열정적으로 얘기했다. 반대로 오빠가 아버지에게 꾸중 들은 일에 대해서도 구체적으로 언급했는데, 그 과정에서도 자신이 갈등을 무마시키는 조정자 역할을 했다는 데 더 의미를 부여하며 인정받기를 바랐다.

물론 거짓이라는 말은 아니다. 얼핏 들으면 수현 씨가 훌륭하다는 생각이 들 수도 있었다. 그렇지만 이 또한 치료자에게 칭찬받고 싶다는 욕구로 느껴졌다. 타인의 평가에 너무 예민한 수현 씨를 보니 여유로운 생활에도 허전함과 공허감을 느낀다는 수현 씨의 말이 이해가 갔다.

한편, 수현 씨는 평일에 봉사 활동도 열심히 다니고 있었다. 그런데 봉사를 통해 보람 있는 삶을 지향한다기보다는 자선활동을 통해 자기 존중의 근거를 찾는 것처럼 보였다. 자신은 베푸는 삶을 실천하고 있으니 당연히 타인에게 존중 받아야 한다고 생각하는 것처럼 보였다. 이성을 소개받더라도 만남은 길게 지속하지 못한다고 했다.

"제가 좀 쉽게 싫증을 느끼는 편이에요. 저한테 빠져들면 흥미가 없어지고 너무 신중하면 매력을 못 느껴요."

수현 씨는 끝없는 찬사를 보내며 자신에게 헌신할 사람을 찾고 있었다. 거기에는 상대방은 물론 수현 씨 자신도 본연의 모습으로 존재할 공간은 없어 보였다.

주위를 보면 수현 씨 같은 사람이 꽤 많다. 돈 많고, 성공했고, 인정받지만 정작 자신은 행복하지 못하다고 호소한다. 삶에 만족은 없고 부족함만이 넘친다. 원인은 자기를 존중하지 못하고 끝없는 허상만을 좇기 때문이다. 다른 사람의 칭찬과 인정만으로 심리적 허기를 모두 채울 수는 없다. 스스로 자신을 받아들이고 가진 것에 감사할 때, 심리적 허기는 채워질 수 있다.

이처럼 타인의 인정에만 전적으로 의존하는 자존감을 '거짓 자존감pseudo self-esteem'이라고 표현한다. 거짓 자존감 속에 사는 사람은 자기 내면을 마주하는 어려움을 피하고, 현실에 다가가는 두려움을 줄이기 위해 가면을 쓰고 산다. 가면 뒤에 숨어서 자기 행동을 합리화하고 실제 존재하지도 않는 자존감의 허울을 만든다. '학력, 재산, 성형수술' 등으로 튼튼한 자존감을 키울 수는 없다. 물론, 이런 것들 때문에 타인의 평판이 좋아지고, 때에 따라서는 큰 안도감을 느낄 수도 있다. 그렇지만 타인 평판과 일시적인 안도감이 궁극적인 자존감은 아니다.

자존감이란 스스로 자신은 삶을 누릴 만한 자격이 있다고 믿는 것이며 기꺼이 자기 능력과 가치를 경험함으로써 높아진다. 따라서 자신 외에는 누구도 자존감을 키우거나 유지할 수 없다. 자존감은 자기 자신에 대해 타인이 아니라 내가 생각하고 느끼는 것이다.

수현 씨는 이제라도 자기 기만에서 벗어나 본연의 자신과 마주해야 한다. 아버지 및 주위 사람의 평가에서 벗어나 진정으로 자신이 원하는 것이 무엇인지를 스스로 고민해야 한다.

인생의 동반자 '자존감'

자신감 없는 지영 씨나 당당해 보이는 수현 씨나 알고 보면 자존감이 낮다는 점은 비슷했다. 지영 씨는 부정적 자기 이미지의 포로 상태였고, 수현 씨는 허구적 자기 이미지의 포로 상태였다. 지영 씨와 수현 씨가 자존감 있는 삶을 살기 위해서는 지금 이 순간의 자기 자신부터 수용해야 한다. 자신감이 없었음을, 거짓되게 살아왔음을 솔직하게 인정해야 한다. 인정해야 변할 수 있다. 항상 자기 내면의 소리에 귀 기울이며 현실적 상황 속에서 최대한 도덕적으로 살려고 노력해야 한다. 그러면 자기 존중은 싹틀 수 있다. 자기 효능감 또한 긍정적 경험을 반복하다 보면 증대될 수 있다.

혹시 그 과정에 실패나 좌절이 있더라도 배움을 얻고 성장하려 애쓴다면 자기 신뢰는 싹트고 자기 믿음은 공고해질 수 있다. 물론 자존감이 현실의 모든 문제를 해결하는 만병통치약이라는 말은 아니다. 하지만 자존감이 높은 사람은 마음의 면역 체계가 튼튼해서 병에 덜 걸리고 병에 걸리더라도 더 빨리 회복된다.

마지막으로, 너새니얼 브랜든의 얘기를 들어보자.

"자존감은 정상적이고 건강한 발달을 위해서는 꼭 필요하다."

"자존감은 생존에 필요한 가치를 지니고 있다."

이런 의미로 보면, 자존감은 타고난 '심리적 기본 욕구'라고 할 수 있다. 욕구의 좌절은 인생의 발전을 가로막는다. 이제는 행복해지기 위해 아니, 생존을 위해 자존감 있는 삶을 추구해야 하는 시대가 도래한 것이다.

Chapter 6

현명한 사람은 스스로를 소진 시키지 않는다

옛말에 '다다익선'이란 말이 있다. 많으면 많을수록 좋다는 뜻의 사자성어로, 풍요로운 삶에 대한 동경을 나타낸다. 아직도 빈곤층이 존재하기는 하지만, 수십 년 전만 해도 절대 빈곤은 국민 대다수가 겪는 보편적인 문제였다. 빈곤 탈출을 위해 우리 부모님 세대는 밤낮으로 일하고 또 일했다. 주위를 돌아볼 겨를 없이 앞만 보고 달렸고 그 고통과 헌신, 땀과 눈물로 한국 사회는 절대 빈곤으로부터 벗어날 수 있었다.

오늘날 21세기의 대한민국은 세계적인 과학 기술 강국으로 자리

매김하고 있다. 특히 인터넷 보급률과 인프라 면에서는 단연 따라올 상대가 없는 IT 최강국이다. 일과 여가, 사람들과의 관계까지 초고속 인터넷을 기반으로 한 일상을 살아가고 있는 요즘이다.

그렇다면 우리는 과거 시대에 비해 보다 나은 정신적 안락함을 누리고 있을까. 아이러니 하게도 물질적 풍요와 과학기술의 발달은 또 다른 정신적 문제를 야기하고 있다. 24시간이 인터넷과 연결된 요즘 평범한 네티즌은 '상대적 박탈감, 자기 소외, 자기 비하'에 빠지기 쉬운 환경에 처해 있다. 인터넷에는 '고급 차, 비싼 아파트, 풍족한 여가생활'을 소개하는 기사가 항상 즐비하다. 친구의 SNS라도 들어가 볼라치면 해외여행 사진과 분위기 좋은 식당 소개는 차고 넘친다.

바로 이때, 인간의 '비교 심리'가 발동하기 시작한다. '나는 도대체 뭘 하며 산 걸까? 나만 뒤처져 살고 있군. 남들은 저리 잘 지내는데' 같은 생각이 머릿속을 떠나지 않는다. 자신에게 화가 나고, 미래를 생각하면 한숨만 나온다. 그리고 자존감은 바닥을 치게 된다.

한편, 마음속으로 '그래, 보이는 게 전부는 아니잖아! 저 사람이라고 걱정이 없겠어?'라고 생각하며 자족하려 하지만, 사람 마음이란 게 그리 쉽게 잡히지가 않는다. 끝없는 번뇌의 연속이다.

이렇게 보면 물질은 풍족해졌지만 마음만은 홀쭉한 것 같다. 타인은 발전하고 있지만 나는 퇴보하고 있는 것 같은 불안감이 우리 사회에 팽배해 있다. 한마디로 '풍요 속 빈곤'이라는 말이 딱 들어맞는 현실이다.

앞으로 과학 기술은 엄청난 속도로 발전할 것이다. 그리고 세상은 빠르게 변할 것이다. 그럴 수록 우리에게는 문명의 혜택을 현명하게 누려야 하는 의무가 부가된다. 정신세계의 고통을 최대한 예방하면서 말이다. 그러기 위해서는 능동적이고 자율적인 자세로 문명이 주는 혜택을 이용할 줄 알아야 한다.

당신을 꼰대로 만드는 가짜 뉴스

현재 우리는 다양한 소셜 미디어 덕분에 빠르게 뉴스를 접하고 있다. 이 정도로 신속하게 뉴스가 전파될 수 있는 데는 인터넷의 대중화가 한몫을 하고 있다. 그런데 인터넷 매체의 특성상, 기사 밑에는 다양한 댓글이 달린다. 인터넷 댓글들을 통해 합리적으로 판단하는 데 도움을 받을 수 있다면 더할 나위 없이 좋은 일일 것이다. 하지만 그 반대의 경우도 얼마든지 발생할 수 있다.

만약 사실 관계가 정확하지 않은 정보를 인터넷 기사를 통해 많은 사람들이 진실인 양 받아들인다면, 그것은 마치 덜 익은 음식을 섭취하는 것처럼 해로울 수 있다. 정신세계도 배탈이 날 수 있다는 뜻이다.

여기서 필자가 언급하고 있는 해로운 정보의 대표적인 예가 '가짜 뉴스'다. 가짜 뉴스는 이념적 대립이 심한 사건에 대해 한쪽 의견을 옹호함으로써, 여론을 선동하고 사회불안을 조장하는 데 주로 사용된다.

가짜 뉴스는 사회 유명인의 신변잡기나 아파트, 주식 같은 경제 관련 내용이 많은 편인데 이러한 현상이 범람하는 이유는 유명인의 사생활을 엿보고 싶은 욕구와 일확천금을 꿈꾸는 욕심이 만연해 있기 때문이다. 이런 가짜 뉴스는 속칭 '찌라시'의 형태로 인터넷에서 급속도로 퍼지기도 한다. 물론 한번 보고 웃어넘긴다면 다행이겠지만, 거짓 정보에 속아 잘못된 투자라도 한다면 심각한 손해를 입을 수 있다. 스스로 깊게 공부하고 꼼꼼히 따져보지 않은 채, 그럴듯한 말에 속아 넘어 가는 것은 반드시 부작용을 동반한다는 것을 기억해야 한다. 어떤 경우든 속단은 금물이다.

범람하는 정보 가운데 양질의 정보를 선별하는 능력은 전적으로 본인 역량에 달려있다. 그러므로 평소 접하는 정보를 별 고민 없이 수동적으로 받아들여서는 안 되며 비판적이고 능동적인 자세로 분별할 줄 알아야 한다. 그래야 가짜 뉴스의 흡수 때문에 발생하는 정신의 배탈 현상을 막을 수 있다.

한때, 혈액형과 성격을 연관시키는 것이 꽤 유행했다. 심지어 지금도 혈액형의 연관 검색어로 '혈액형 성격 이론'이 있는 것을 보면, 아직까지도 유행이 사그라들지 않은 것 같다. 물론 과학적으로 근거가 없는 유사 과학으로 밝혀졌지만, 혈액형 성격 이론은 혈액형 성격 이론을 맹신하는 사람은 "그것 봐! 소심해 보이길래 진작에 A형인 줄 알았어. 그 남자는 변덕스러운 게 B형 같지 않아?" 같은 말을 서슴없이 내뱉는다. 그리고 이들은 타인의 과거 행동이 혈액형 때문이라고 믿으며 향후 어떤 행동을 할지도 섣불리 예측한다. 타인을 있는 그대로 바라보는 것이 아니라 미리 판단하고 예견하는 것이다. 그런데 이런 성향은 뇌의 작동 방식과 밀접한 관련이 있다.

뇌는 애매한 상황을 싫어하며 기존 지식을 바탕으로 어떻게든 빨리 현재 상황을 해석하려 든다. 그 과정에 뇌는 상관 관계가 부족한 사실들도 마치 상관성이 있는 것처럼 멋대로 짝짓기하기도 한다. 실제 새로 만난 사람의 성격을 혈액형 성격 이론으로 단순화시키는 것은 일정 기간 그 사람의 언행을 관찰하는 것보다는 무척 손쉬울 것이다. 성격이란 타고난 기질 및 성장 환경 등이 복합적으로 어우러진 결과이며, 성격을 파악하는 데는 오랜 시간이 필요하다. 그러나 뇌의 입장에서는 그런 사실은 별로 중요하지 않다. 오히려 뇌는 타인의 성향을 빨리 파악함으로써 불필요한 에너지 소모를 줄이는 것을 훨씬 선호한다. 이런 뇌의 특성을 고려한다면, 비판적 정보 수용의 필요성을 한층 더 깊이 이해할 수 있을 것이다.

예를 들어, 사회적 쟁점이 되는 사건이 있다고 해 보자. 다양한 정보 속에는 내 가치관에 부합하는 정보도 있을 것이다. 그리고 이런 정보는 '보고 싶은 것만 보고, 믿고 싶은 것만 믿으려 하는' 뇌의 성향을 더욱 견고하게 만들 것이다. 그런데 만약 평소 내 가치관이 편향되어 있고 접하는 정보도 오류 투성이라면, 세상을 바라보는 안목은 더욱 좁아지게 된다. 한마디로 '나는 항상 옳다'라고 주장하는 '꼰대'가 되기 쉽다는 뜻이다.

'사람 성격은 안 바뀐다'고 말하는 이유는 누구나 자기 성향을 파악하기조차 어렵기 때문이다. 파악조차 안 되니 고치는 것은 더욱 요원한 일이 되고 만다. 뇌는 어쩌면 우리에게 이렇게 말하고 있는지도 모르겠다.

"누구나 지금의 나처럼 생각하고 행동하게 되어 있고, 앞으로도 지금처럼 살아갈 것이다."

평소에 정보를 비판적으로 평가하고 흡수하는 것은 사고력 증진에 도움이 된다. 구체적 방법으로, 특정 사건에 대해 전혀 다른 관점으로 접근하는 매체들을 섭렵해 보는 것이다. 그런 연후에 나름의 결론을 내려도 늦지 않다.

물론 사회 현상이라는 것에 꼭 정답이 존재하는 것은 아니다. 그렇지만 이런 경험을 반복하다 보면, 균형된 시각을 키우는 데 도움이 된다. 그리고 나랑 다른 성향을 가진 사람의 생각도 들어볼 필요가 있다. '나무가 아닌 숲을 볼 줄 아는' 유연함을 갖길 원한다면 말이다.

요즘은 정보의 홍수 시대다. 새로운 정보를 접할 때, 애매함을 싫어하는 뇌는 빠른 결단을 내리라고 우리를 다그칠 것이다. 따라서 비판적으로 사고하고 논리적으로 행동하는 의식적 노력을 게을리한다면, 안목은 좁고 흑백 논리는 강한 '꼰대'가 될 수 있다. 이런 폐해를 막는 방법은 평소에 능동적이고 자율적인 자세로 정보를 흡수하는 습관을 들이는 것이다.

뇌의 검은 유혹, 중독

수 년간의 임상 경험으로, 음주 문제는 다양한 모습으로 나타난다는 것을 깨닫게 됐다. 불면증에 대한 자가처방으로 시작했던 간헐적 음주가 매일 반복되는 수준부터 이제는 조절되지 않는 음주로 인해 직장을 잃고 가정이 파탄 나는 수준까지. 우리 사회는 그 동안 술에 대해 지나치게 관대했던 것이 사실이다.

그러나 이제는 문화가 바뀌어야 한다. 주폭 및 음주운전은 생명까지 앗아갈 수 있는 심각한 사회문제이기 때문이다. 상담하다 보면 과음만큼이나 과식이나 폭식 또한 많은 이에게 고민이라는 것을 알게 된다. 일상의 고통과 허기짐을 음식이 주는 단맛과 포만감으로 대치하려 하지만, 이 또한 일시적 위안인 경우가 대부분이다. 오히려 건강은 나빠지고, 절제하지 못했다는 좌절감이 더 큰 상처를 남기는 경우가 부지기수이다.

과거에는 술이나 음식 같은 물질의 의존성만을 주로 연구했는데 최근에는 특정 행위의 의존성도 활발히 연구하고 있다. 예를 들면, '쇼핑, 도박, 인터넷' 같은 행위의 의존성을 연구하는 것인데 의존성이 지나쳐 중독 수준까지 이르면 이를 '행위 중독 behavioral addiction'이라 부른다.

학문적으로 중독이란, 특정 물질이나 행위에 '갈망, 내성, 금단' 증상을 보이고 이로 인해 일상생활에 문제가 있는 경우를 뜻한다. 과학기술의 발전으로 누구나 중독에 빠지기 쉬운 환경에 노출되어 있다.

그렇기는 해도 문명의 혜택을 포기할 수는 없으며 모든 문제를 환경 탓으로 돌릴 수도 없다. 문제의 원인과 해결책 모두 우리 안에 있는 만큼 스스로 고민하며 찾아야 한다.

의존성을 고민하는 내담자와 상담해 보면, 물질이나 행위에 의존하게 된 이유는 '삶에 대한 무력감' 때문임을 자주 느끼곤 한다. 실제 이들은 "실직 상태가 너무 힘들어서 술이라도 마셔야 겨우 잠을 잘 수 있었어요. 마시다 보니 점차 양은 늘어났고 몸도 많이 축났죠. 선생님도 아시다시피, 요즘은 재취업도 어렵잖아요. 세상이 두려워서 계속 술만 마신 것 같아요"라고 호소할 때가 많다. 과거의 상처와 미래의 두려움은 무력감의 주요 원인이며, 현실적 장벽은 무력감을 더욱 강화시키는 촉매제로 작용한다.

의존이 지나쳐 중독 수준에까지 이르면 문제는 더욱 심각해진다. 중독자는 본인 및 사회에 대한 분노가 큰 편인데, 이들의 분노는 물질이나 행위 의존성을 더욱 부추길 우려가 있기 때문이다. 쇼핑과 도박을 하는 순간은 잠시 현실을 잊기도 한다. 하지만 다음 날이면 여지없이 밀려드는 후회에 그들은 더욱 무기력해진다. 스스로 자기 비하를 할 뿐 아니라 가족들도 점차 그들을 멀리하기 시작한다.

그렇지만 이런 악순환의 고리를 끊기가 쉽지 않다. 비록 자기 파괴적인 방법이기는 하지만, 행위에 의존하는 순간만큼은 큰 위안을 얻기 때문이다. 음주하는 순간 미래의 불안감은 줄어들며, 단 음식을 먹는 순간 현실의 압박감은 잊힌다. 그리고 게임 캐릭터를 고르고 지휘하는 순간만큼은 나는 현실의 패배자가 아닌 게임 속의 총사령관이 된다. 이렇듯 나름의 목적이 있는 행위이기에 단기간에 중단하기란 매우 어렵다. 수년간 술과 도박을 어렵게 참아온 사람이 순간의 유혹을 견디지 못하고 다시 술과 도박에 빠지는 일은 비일비재하다. 뇌 속에는 술과 도박을 할 때 느꼈던 쾌감이 생생히 각인되어 있기 때문이다. 쾌감은 시간의 흐름 속에 조금씩 옅어질지는 몰라도 절대로 사라지지는 않는다. 그래서 중독이 무섭다고 표현하는 것이다. 현실적으로 '술, 인터넷'은 주위에 널려 있으니 한 번 중독에 빠지면 벗어나기가 정말 힘들다.

　결국 주위 사람은 치유에 조력자일 수밖에 없으며 진정한 치유는 본인 스스로 해야 한다. 그러기 위해서는 그 동안 회피했던 감정을 직면하려고 노력해야 한다. '자기 능력에 대한 회의감, 가족 관계의 단절로 인한 외로움, 미래에 대한 불안감' 등을 처절히 직면해 봐야 한다. 매우 고통스럽고 어려운 과정인 것은 사실이지만, 치유를 위해서는 반드시 거쳐야 할 통과의례다. 이런 힘든 과정을 거칠 때, 비로소 중독의 늪에서 조금씩 빠져나올 수 있다. 그리고 본인 스스로가 중독에서 벗어나겠다는 내적 동기가 있을 때, 다짐은 오래갈 수 있다.

　중독 치유는 혼자 힘으로는 어려울 때가 대부분이라 전문가의 도움이 필요한 경우가 많다. 알코올 중독이 심한 경우라면, 금주 초기에는 '불면, 불안, 초조' 같은 금단 증상이 나타날 수 있다. 따라서 의료진의 도움을 받는 것이 현명한 처사다. 중독에서 완전히 헤어 나오기 위해서는 중독을 대신해 삶에 활력을 불어넣을 수 있는 '대체 행동'을 찾아야 한다.

평소 중독자는 중독 행위에 많은 시간을 허비한다. 따라서 그 시간을 메울 수 있는 현실적인 대안 없이 무작정 중독에서 벗어나려 한다면, 시간은 남고 삶은 무료해진다. 그러면 뇌는 다시 익숙했던 행동을 찾도록 부추길 것이다. 만약 뇌의 검은 유혹을 뿌리치지 못한다면, 중독의 구렁텅이로 다시 빠지고 만다. 가장 합리적인 대안 중 하나는 취미 생활을 시작하는 것이다. 이를 통해 예전의 무력감은 성취감으로 대치될 수 있으며, 물질이나 행위에 의존하고 싶은 충동은 건설적인 행동으로 대체될 수 있다.

연결된 고립, SNS의 함정

얼마 전, 해외 유명 유튜버에 관한 뉴스를 본 적이 있다. 10대 대학생인 그녀는 유튜브에 화려하게 치장한 일상의 모습을 올리면서 유명해진 경우였다. 처음에는 많은 사람이 외모에 찬사를 보내며, '좋아요'를 눌러주는 것이 즐거웠을 것이다. 하지만 그녀는 늘어나는 팔로워 숫자만큼 새로운 모습을 보여야 한다는 강박감에 시달렸고, 1주일에 50시간 이상을 유튜브 관리에 소비했다.

그녀는 마지막 유튜브에 화장기 전혀 없는 얼굴을 공개하면서 "주목받기 위해 억지로 꾸미는 일은 이젠 그만둘 거예요. 사진은 조작된 것도 많고 가식적인 삶에 너무 지쳤어요. 이제 다시 평범한 대학생으로 돌아갈 거예요"라는 말을 남겼다. 더 늦기 전에 자기 삶을 살겠노라고 용기 있게 고백했다.

예전에 대인 기피증으로 진료실을 방문했던 민수 씨 사연도 문득 떠오른다.

"제가 초등학교 때 집단 따돌림을 당한 적이 있어요. 그 이후 친구들과 잘 어울리지 못했는데, 중학교 때 우연히 기타를 배우기 시작했어요. 소질이 있었는지 잘한다는 칭찬도 많이 들었고요. 중학교 3학년 때부터 별생각 없이 블로그에 연주 동영상을 올리기 시작했는데, 나중에는 몇만 명이 연주를 보는 정도까지 됐어요."

비록 대부분의 사람들과 안면도 없었지만, 민수 씨는 이렇게라도 타인과 소통하는 것이 행복했다고 했다. 그러던 어느 날, 블로그에 민수 씨에 대한 오해의 글이 퍼지면서, 그 많던 인터넷 친구들이 순식간에 사라졌다고 했다. 상황의 급박함에 해명할 시간조차 없었다고 했다. 생각해 보면, 익명으로 시작된 관계이다 보니 억울함을 소명할 방법은 애초에 없었을지도 모르겠다. 그야말로 신기루처럼 무너져버린 인간관계 때문에 마음에 큰 상처를 입었고 지금까지도 사람을 멀리한다고 했다.

앞의 사례들은 인터넷을 통한 지나친 '간접 소통'이 어떤 문제를 초래할 수 있는지를 잘 보여 준다. 그야말로 정도의 지나침에 스스로 소진되어 버린 경우로, '과유불급'이라는 표현이 딱 들어맞는 경우다.

사람을 직접 만나 소통하는 것보다 간접적으로 소통하는 것이 주는 이점도 분명히 있다. 먼저, '시간, 돈, 에너지'의 절약을 생각해 볼 수 있다. 만남을 위해 약속을 잡을 필요도 없고, 약속 장소로 이동할 필요도 없으니, 과정의 간편함에 빠져드는 것도 무리는 아니다. 그리고 무엇보다 직접 소통을 하다 보면 상대 기분도 살펴야 하고 내 표현 방법도 신경 써야 하기에 에너지 소모가 많은 편이다. 이에 반해, 관계의 느슨함을 특징으로 하는 간접 소통은 에너지 소모가 적다.

하지만 간접 소통도 정도가 지나치면 엄청난 에너지 소모가 발생할 수 있다. 인터넷 공간이 개인적 공간이 아닌 타인의 관심을 얻기 위한 도구로 전락해 버린 경우가 대표적인 예다. 이럴 경우, 인터넷 공간의 주인공은 내가 아닌 타인이 된다. 이런 현상이 계속되면, 인터넷 공간에는 본연의 자기와는 거리가 먼 '인터넷 거짓 자아'가 탄생하게 된다. 타인의 관심과 애정만 있다면야 얼마 동안은 '인터넷 거짓 자아'도 잘 지낼 수 있다. 그런데 언젠가는 가식적 모습에 스스로 지치게 된다. 10대 유튜브 스타처럼. 그러나 이제라도 자기 삶을 살겠다고 당당히 선언한 그녀의 모습은 분명 우리에게 작지만 강렬한 울림을 준다.

인터넷 공간에 기타 연주를 올렸던 민수 씨 사례는, 얼핏 보면 큰 문제는 없는 것처럼 보일 수 있다. 그런데 민수 씨 경우는 직접 소통은 회피한 채, 오로지 인터넷 공간의 간접 소통에만 의지했다는 것이 문제였다. 인간은 사회적 동물로 누구나 타인과의 연결을 추구한다. 어찌 됐건 민수 씨도 간접적 방법으로 타인과의 연결을 추구했다. 다만, 민수 씨의 세상과의 연결은 간접 소통밖에 없었다는 것이 결국은 문제가 됐지만.

인터넷 매체의 특징인 '익명성'과 '관계의 느슨함'은 역설적으로 깊이가 부족한 관계를 만들 위험이 공존한다. 이런 현상을 정신의학자 에드워드 할로웰은 '연결된 고립'이라 표현했다. 인터넷이 사람을 서로 연결하기도 하지만, 사람과 사람 사이의 관계는 갈수록 단절될 수 있음을 지적한 것이다. 어릴 적부터 직접 소통보다는 간접 소통에만 치중한다면, 이것은 소통 능력 부족 및 대인관계 회피로 연결될 수 있다. 설령 어려움이 있더라도 직접 부딪히고 경험하면서 소통 능력을 키워야 한다.

스스로 보기에도 간접 소통에 많은 시간을 소비하고 있다면, 타인의 인정에 너무 의존하는 것은 아닌지 고민해 봐야 한다. 누구나 타인의 평가에서 자유로울 수는 없다. 그렇기는 해도 정도가 지나치면 안 된다. 이제라도 타인의 평가에 허비하고 있는 시간의 일부라도 나의 내면과 마주하는 시간으로 대치해야 한다. 내 인생의 주인공은 나여야 한다.

지금까지 과학 기술의 발전 속에 정신적 빈곤함이 공존할 수 있는 상황들을 살펴봤다. 과학 기술 발전은 삶을 풍족하게 해 줬지만, 그렇다고 삶의 질 또한 향상됐다고 장담할 수는 없다. '과학 기술을 현명하게 이용할 것인가?' 아니면 '과학 기술에 휘둘리며 살 것인가?' 앞으로도 끊임없이 고민해야 하는 어려운 숙제다.

무의식 세계의 넓이와 깊이는 무한대다. 인간의 의식은 무한대의 세계를 인식하기 어렵다. 하지만 인식하기 어렵다고 해서 존재하지 않는 것은 아니다. 인간은 출생 후 무의식 세계를 바탕에 두고 그 위에 의식 세계를 형성해 간다. 그 과정에서 무의식과 의식의 끊임없는 소통은 매우 중요하다

Part 5

마음 독립을 위한
마지막 걸음,
무의식 세계 이해하기

Chapter 1

내 삶의 지도: 관계의 4분면

　인간은 '생각하는 동물'이다. 지금까지 인간은 사고할 줄 아는 능력에 기대어 세상의 끝없는 질문에 답해 왔다. 그 결과, '만물의 영장'으로서 지구상 절대 권력을 가지게 되었다. 하지만 문명이 발달하면서 인간이 직면해야 하는 도전의 양은 늘어났다. 그것은 개개인의 삶에도 그대로 적용된다.
　만물의 영장인 인간은 때때로 자만에 빠지기도 한다. 그러나 세상은 자만심에 빠져 살아가기에는 그리 만만한 곳이 아니다. 정신 없이 빠르게 돌아가는 세상은 개인에게 기회를 자주 허락해 주지 않는다.

그러다 보니 많은 사람들이 자신의 생각에 대한 확신은 줄고 생각을 행동에 옮기는 것조차 주저하기에 이르렀다. 그것은 인간의 심리적 기본 욕구인 자율성의 존립 자체를 위협하고 있으며 개인 간에 맺어지는 수많은 인간관계의 안전성 또한 심각하게 해치고 있다.

인간은 심리적 기본 욕구를 충족할 때, 평온함을 느낀다. 누구라도 기본 욕구의 충족을 위협받으면 자기 파괴적인 모습을 보일 수 있다. 물론 욕구를 충족할 때 현실적인 걸림돌은 많다. 하지만 온전한 삶을 살기 위해서는 현실에 무기력하게 굴복해서는 안 된다. 필자가 이제라도 심리적 기본 욕구인 '자율성'과 '관계성' 욕구의 실현에 대해 진지하게 고민해 봐야 한다고 제안하는 것도 이 때문이다.

무의식 세계의 포로, 자율성 구하기

심리학에 조금이라도 관심이 있다면, 의식과 무의식에 대한 이야기는 많이 들어 봤을 것이다. 의식은 직관적으로 작용 원리를 이해할 수 있지만, 무의식은 작용 자체를 느낄 수 없기 때문에 이해하기 무척 어려운 영역이다.

사람은 저마다 다양한 무의식 세계를 내면에 품고 있다. 그런데 무의식 세계에는 공통점도 존재한다. '유전적 특이성, 타고난 기질, 어릴 적 경험, 방어 기제, 내재화된 사회적 무의식' 등이 공통적으로 자리 잡고 있다.

사실 무의식 세계는 감각적으로 느낄 수 없기 때문에 망각하기 쉽다. 하지만 일상생활에서 무의식의 영향력은 실로 방대하다. 앞에서 다룬 여러 가지 사례들 '어린 시절 부모와의 갈등, 타고난 인내심이 큰 경우, 부정과 억압의 방어 기제, 유교적 가족 문화' 등의 이면을 들여다보면 무의식이 영향을 미치고 있다는 것을 알 수 있다.

오직 눈으로 보이는 것만 믿고 과학적 입증을 맹신하는 편협한 태도는 인간을 무의식 세계와 점차 멀어지게 만들었다. 그 결과, 삶에 대한 이해는 피상적 수준에 머물렀고 인간의 고통은 늘어났다. 그렇기 때문에 필자는 이제라도 사람들이 인간은 '무의식과 의식의 총합이며, 통제하기 어려운 나와 통제할 수 있는 나의 결합'임을 알아야 한다고 본다. 이 점이 전제 되어야 인간에 대해 보다 폭넓게 이해할 수 있다.

무의식 세계의 넓이와 깊이는 무한대다. 인간의 의식은 무한대의 세계를 인식하기 어렵다. 하지만 인식하기 어렵다고 해서 존재하지 않는 것은 아니다. 인간은 출생 후 무의식 세계를 바탕에 두고 그 위에 의식 세계를 형성해 간다. 그 과정에서 무의식과 의식의 끊임없는 소통은 매우 중요하다.

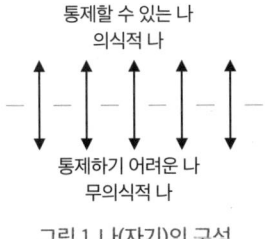

그림 1. 나(자기)의 구성

그림 1은 '나_{자기}'에 대한 모식도다. 그림 1에서 무의식과 의식의 경계가 실선이 아닌 점선이란 사실부터 주목하자. 이것은 무의식과 의식이 끝없이 영향을 주고받는다는 것을 뜻한다. 만약, 누군가가 무의식 세계의 존재 자체를 부정하거나 의도적으로 무의식과 의식의 연결을 단절하려 든다면, 많은 문제가 발생한다.

'타고난 재능, 특유의 장점'이라 부르는 것도 알고 보면 무의식 세계의 영향일 수 있다. 어릴 때부터 '뛰어난 운동 신경, 탁월한 예술적 소질' 등을 보이는 경우가 있는데 이런 사례들은 무의식 세계가 존재한다는 것을 말해 준다. 이것을 바꿔 말하면 누구라도 타고난 재능을 일찍 계발할 수 있다면, 뛰어난 재능을 선보일 수 있다는 뜻이 된다.

한편, 우리 사회에는 타고난 성향은 무시한 채 보상과 처벌로 아이를 부모 뜻대로 키울 수 있다는 믿음이 한때 팽배했다. 당근과 채찍으로 아이를 '법률가, 운동선수, 예술가'로 만들려고 했고 오래지 않아 이런 행동주의 심리학은 분명한 한계를 드러냈다. 하지만 일부 학부모는 지금도 일방적인 강요와 회유로 자녀를 양육하려 든다. 그러고는 자녀와 심한 갈등을 겪는다. 참으로 안타까운 현실이다.

그런데 아이가 성장하는 과정에서 타고난 재능을 계발하는 것 못지않게 중요한 것이 사회의 기존 질서와 규범을 습득하는 것이다. 그 과정에서 타고난 성향은 쉽게 무시되기도 한다. 실제로 정신의학자 융은 사회 규범을 익히고 내재화하는 '사회화 과정'에서 무의식과

의식이 멀어지는 현상은 빈번히 일어난다고 말했다. 다만, 사회화 과정 중 타고난 성향의 억압 그리고 무의식과 의식의 단절이 심각한 수준에 이르러서는 안 된다고 설명했다. 따라서 어른들은 아이들이 타고난 재능을 꽃피울 수 있도록 세심한 배려를 기울여야 한다.

'사회화'란 사회가 개인에게 요구하는 역할을 습득하는 것을 말한다. 개인에게 부여된 역할은 다른 말로는 '학생의 본분, 부모의 책임, 자녀의 도리, 직장인의 의무' 등으로 표현할 수 있다. 개인은 사회화를 통해 세상과 소통하는 '외적 인격'인 '페르소나persona'를 만들어 간다.페르소나는 배우가 쓰던 가면에서 유래된 단어임.

페르소나는 '체면, 의무, 본분' 등으로 해석할 수 있는데, 자율성보다는 '타율성'을 기본속성으로 한다. 그렇다고 페르소나가 불필요하거나 벗어던져야 할 겉치레라는 뜻은 아니다. '부모, 학생, 직장인'으로서 각자의 페르소나를 실천하는 것은 개인의 성장과 더불어 사회의 안정을 위해서는 필요하다.

다만, 현실에서 지나치게 페르소나를 강조할 때 여러 문제가 발생한다. 산더미 같은 의무 속에서 현대인은 얼마나 많은 압박과 소외감을 느끼고 있는가? 페르소나의 강요는 결국 '자유의 제한, 타고난 흥미와 재능의 억압, 돈을 버는 수단으로서 인간의 도구화, 정신적 에너지의 고갈' 같은 다양한 문제를 양산한다.

삶의 만족도가 현저히 떨어지는 요즘, 사회적 의무와 개인의 자유 사이에서 타협점을 찾아야 한다는 목소리가 점차 커지고 있다. 그리고 이 지점에서 '자율성' 문제가 대두된다.

자율성은 '선택'과 '책임'의 문제로 요약할 수 있다. 실생활에서 선택의 여지가 있을 때, 개인은 자율성을 느낀다. 반면, 강요에 의한 의무는 수동성만을 키운다. 스스로 선택하고 결정할 때 그 결과 또한 책임질 가능성이 크다. 이것은 이미 수많은 심리학 실험으로 입증된 사실이다. 다만, 선택이라는 것도 내면의 가치와 연결될 때 진정한 의미가 있다.

자발적 선택이라 믿는 경우도, 알고 보면 가족이나 사회 분위기에 휩쓸린 경우가 빈번하다. 여기서 분위기란 다른 말로 '가풍, 민족성, 여론' 등으로 표현할 수 있다. 이것들은 '사회적 무의식, 집단적 무의식'을 만들어 의식적 선택뿐 아니라 무의식적 선택에도 영향을 미친다. 요즘은 돈을 숭배하는 사회적 무의식이 만연한데, 이런 사회 분위기에서 개인이 도덕적 행동을 하기란 무척이나 힘겹다.

'가치'란 삶의 방향을 결정짓는 잣대로서, 개인적 영역과 사회적 영역으로 나눌 수 있다. 개인적 영역의 가치는 '건강, 여가, 직업적 성취' 등을 추구하는 것이고, 사회적 영역의 가치는 '친구관계, 가족관계, 시민의식' 등을 추구하는 것이다. 개인의 성향에 따라 추구하는 가치는 다양할 수 있다. 자율적 삶을 살고 있다고 믿는 순간도, 알고 보면 페르소나의 실천에 급급한 경우가 많다. 자기 실생활을 조금만 들여다보면, 관습적이고 수동적인 부분이 삶의 많은 부분을 차지하고 있다는 것을 알 수 있다.

바쁘게 살다 보면, '나만의 가치는 무엇인지?' 고민해 보기가 쉽지 않다. 그러나 가치 지향적 삶을 영위할 때, 비로소 자율적일 수 있다. 무의식과 의식이 끊임없이 소통하고 가치 지향적 삶을 실천하는 자율적인 개인은 타인과도 건강한 관계를 형성할 만반의 준비가 돼있다.

'나'와 '너'의 연결고리, 관계성 욕구

사회적 동물인 인간은 다양한 관계 속에서 자신을 발견한다. 나를 바라보고 비춰 주는 타인이 있을 때, 나란 존재는 생명력을 얻는다. 인간이 세상과 맺는 최초의 관계는 부모님, 특히 어머니와의 관계다. 어머니와 안정적 애착 관계를 형성한 아이는 관계성 욕구의 충족을 통해 세상으로 나아가는 자신감을 얻는다.

옛말에 '품안의 자식'이라는 말이 있듯이 자녀는 커갈수록 자율성을 지향한다. 이것은 너무나 자연스러운 현상으로, 부모는 자녀가 자율성을 확립하도록 도와줘야 한다. 그러기 위해 부모는 자녀를 독립적인 개체로 존중해야 한다. 과도하게 간섭하고 모든 것을 책임지려는 부모의 태도는 자녀의 자율성 확립에 방해가 된다. 만약 부모가 자신의 권위만을 강조하고 자녀의 선택은 일방적으로 무시한다면, 필연적으로 자녀의 자존감은 상처받는다. 그 결과, 자녀의 자율성 발달은 방해받을 수밖에 없다.

이런 관계는 비단 부모 자식관계에만 국한되는 것은 아니다. 개인은 가족주의뿐 아니라 집단주의나 전체주의 같은 수직적 위계질서 내에 놓이면, 자율성에 위협을 느낀다. 바람직한 대인관계란 서로의 가치를 인정할 때 가능하다. 자율적인 개인이 만나 서로를 존중할 때 가능하다.

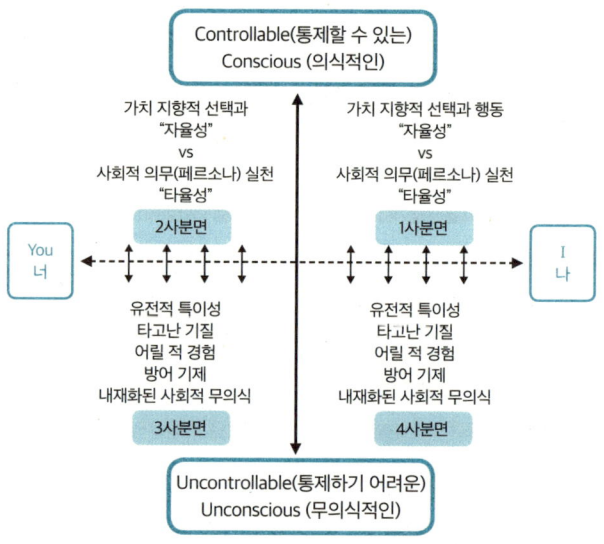

그림 2. 관계의 사분면 (The quadrant of relationship)

그림 1에서는 '무의식적 통제하기 어려운 나'와 '의식적 통제할 수 있는 나'의 결합으로 이뤄진 '나 자기'를 살펴봤다. 내가 만나는 상대 또한 나와 같은 정신구조일 것이다. 그렇다면 이런 두 사람이 만드는 관계의 모식도는 그림 2처럼 표현할 수 있을 것이다. 이 모식도는 네 개의 분면으로 이뤄져 있기 때문에, 명칭은 '관계의 사분면 The quadrant of relationship'

으로 칭하고자 한다.

　가로축 점선은 무의식과 의식의 끝없는 상호 영향을 뜻한다. 세로축은 점선이 아닌 실선으로 표현돼 있는데, 이것은 개인 간에는 '심리적 경계 boundary'가 존재한다는 것을 뜻한다. 아무리 가까워도 개인 간에는 심리적 경계가 있어야 한다. 만약 심리적 경계가 허물어진다면 '자율성 침해, 지나친 의존성' 같은 여러 병폐가 나타날 수 있다. 병폐의 대표적인 예로, 마마보이의 경우를 들 수 있다.

　상황의 맥락에 따라 세로축은 좌, 우로 움직일 수 있다. 사회적으로 '갑'이라 여기는 상대와 있을 때, 세로축은 오른쪽으로 이동할 수 있다(1사분면, 4사분면의 축소는 내 영역이 작아짐을 뜻한다). 이것은 누구나 겪을 수 있는 일이다. 다만 세로축 이동이 너무 심해 내 영역이 과도하게 위축된다면 문제일 수 있다. 이런 경우 자율성은 흔들리고 자존감은 저하되어 정신 건강은 위협받게 된다.

　이렇게 보면 자존감과 자율성은 상호 보완적 관계라 할 수 있다. 둘은 같은 방향으로 움직이며 양의 상관관계를 보인다. 인간은 자존감을 느낄 때 자율적 상태를 더욱 지향하고, 자율성이 보장될 때 자존감은 드높아진다.

　의식과 무의식의 경계를 나타내는 가로축 또한 위, 아래로 움직일 수 있다. 스트레스가 심한 상황에서는 자신을 보호하기 위해 무의식적 방어 기제를 적극적으로 사용할 수 있다. 이런 경우 무의식 세계의 영향력은 커져 가로축은 위로 올라갈 수 있다 1사분면의 축소는 의식 세계의 축소를 뜻한다 정도가 심하지 않다면 큰 문제는 아니다. 그러나 지나치게 방어 기제에 의존한다면, 의식의 축소와 무의식의 팽창을 불러와 현실 회피 현상은 심해질 수 있다.

또한 개인이 의식할 수 있는 영역은 한계가 있다는 것을 알아야 한다(1사분면과 2사분면은 넓이가 유한하다). 이에 반해 무의식 세계는 애초에 한계를 인식할 수 없다(3사분면과 4사분면은 넓이가 무한하다). 이해하기 쉽게, 하루는 24시간으로 유한하고 정신적 에너지는 제한적인 것을 생각해 보라. 한계에 대한 인식은 여러모로 혜택을 준다. 통제할 수 있는 영역 1사분면의 한계를 받아들일 때, 과도한 책임감에서 벗어날 수 있다. 만약 시간과 정신적 에너지가 유한하다는 것을 깨닫지 못하고 지나치게 과로한다면 결국은 탈진하고 만다.

마지막으로 네 개의 분면 각각은 나름의 의미가 있다는 것을 알아야 한다. 의식에 대한 인간의 맹신은 무의식 세계의 부정 및 무의식과 의식의 단절을 불러 오고 많은 문제를 일으켰다. 타인을 온전히 이해하기 위해서는 그의 무의식 세계에 대한 이해가 필요한데, 단기간에 타인의 무의식 세계를 파악할 수는 없다. 여기에는 많은 시간이 필요한 법이다. 따라서 섣부른 판단으로 타인을 판단하는 잘못을 저질러서는 안 된다.

살다 보면 무수히 많은 일을 겪게 된다. 그 과정에서 사분면들은 축소될 수도 있고 확장될 수도 있다. 그리고 때에 따라서는 가로축, 세로축을 유연하게 이동하며 현실에 적응해야 할 때도 있다. 이런 능동적 자세가 배어 있을 때, 그 사람은 심리적 기본 욕구인 '자율성'과 '관계성' 욕구를 충족할 수 있다.

삶을 이끄는 힘의 원천은 '자율성'이다

뇌는 의식 가능한 영역인 1사분면에 대해서만 민감하게 반응한다. 나 자신의 무의식 세계와 타인의 의식적, 무의식적 세계의 이해를 위해서는 노력과 정성이 필요하다(2사분면, 3사분면, 4사분면의 이해는 시간이 필요하다). 빠르게 이해하기 어려운 세계가 존재한다는 사실은 누구나 겸허히 받아들여야 한다. 그래야 나와 타인 그리고 세상을 깊이 있게 이해할 수 있다.

사회 규범을 익히고 내재화하는 20대까지는 무의식 세계와 멀어질 수 있다. 그런데 페르소나의 지나친 강조는 개인 소외를 포함한 많은 문제를 초래한다. 많은 현대인은 하루의 대부분을 페르소나 속에서 산다. 그렇기는 해도 가치 실현을 게을리해서는 안 된다. 작은 시간이라도 가치를 실현하는 데 투자해야 한다. 그래야 삶이 온전해진다.

그런데 주의해야 할 점은 타인이 보기에 그럴듯한 가치라고 하더라도 그것을 나의 가치라고 혼동해서는 안 된다는 사실이다. 나의 무의식적 욕구 및 흥미와 연결되는 가치가 진정한 내 가치이다. 또한 진짜 가치를 찾기 위해서는 많은 시간과 경험이 필요한 법이다. 그래서인지 융도 진정한 '자기실현'은 중년 이후에 가능하다고 설명했다. 가치 지향적 '선택'과 '행동'을 실현하는 순간, 그 사람은 자율적으로 살아갈 수 있다. 혼란스럽고 무질서한 현실이기에 방향을 설정하고 점검하는 과정은 수시로 거쳐야 한다. 이 과정에서 자율성은 필수적으로 필요하다. 자율성은 인생이란 험한 바다를 헤쳐나갈 때, 배의 방향을 잡아 주는 나침반 같은 역할을 하기 때문이다.

Chapter 2

마음을 비춰 주는 거울

 '타인은 나를 비추는 거울이다'라는 말이 있다. 이 말을 정신의학적 관점에서 보면 타인은 내 무의식을 비추는 존재라는 뜻이다. 무의식 세계를 형성하는 근간에는 개개인의 경험이 포함된다. 그런데 사람마다 경험하는 바가 다르기 때문에 무의식 세계의 영향을 받는 개인의 성향과 대인관계의 유형도 각자 다르게 나타나기 마련이다.
 사람이 살아가면서 맺는 인간관계 중에는 소모적인 관계도 꽤 많다. 물론 사회생활을 하기 위해서는 내 취향에 맞는 사람만 만날 수는 없다. 나를 불편하게 만드는 사람이라고 하더라도 무조건 피할 수는 없으며 현실적인 문제 때문에 어쩔 수 없이 관계를 유지해야 하는 경우도 많다. 그런데 생각해 보면, 타인에 대한 내 판단이 전적으

로 옳다는 보장은 없다. 미처 다 알기도 어려운 타인의 마음을 헤아리기 전에 타인이 비추는 내 마음부터 살펴보는 것이 결과적으로 이득인 이유도 여기에 있다.

'타인은 나를 비추는 거울이다'라는 말의 숨은 뜻을 이해하고 내 마음을 들여다 볼 때, 우리는 소모적인 인간관계를 꽤 많이 줄일 수 있다. 그리고 타인에게 투사하고 있는 무의식적 욕망을 다스릴 때 인간관계는 한층 더 유연해질 수 있으며, 정신적 에너지의 과도한 소비 또한 막을 수 있다.

이런 태도를 실천하며 사는 사람을 우리는 흔히 지혜롭고 성숙한 사람이라고 말한다. 그들은 세상살이가 힘겨울 때, 자기 자신부터 되돌아본다. 남 탓을 하기 전에 자신의 내면을 들여다 보는 것이다. 또한 이들은 평소 대인관계에 적당한 에너지를 사용함으로써 지나친 자기소모를 예방한다. 그렇다면 과연 성숙한 사람과 미성숙한 사람의 대인관계는 구체적으로 어떤 차이가 있을까?

성숙한 대인관계

안정 애착과 양질의 교육 및 다양한 경험을 통해 개인은 자율적이고 성숙한 성인으로 성장한다. 현명한 개인은 살아가면서 경험하는 다양한 문제를 회피하기보다는 당당히 직면하고 충분히 고심한 후 합리적 선택을 내리려고 노력한다. 그리고 선택의 결과에 책임지는 태도를 보이며, 혹시 실패와 좌절이 있다고 하더라도 그것을 자기반성을 통한 성장의 기회로 삼으려고 노력한다. 이들은 '선택과 책임'을 통해 자율적으로 살아가며, '성장'을 통해 자존감 수준을 드높인다. 또한 이들은 타인의 의견과 취향을 충분히 배려하고 존중하는 성숙한 태도를 보인다.

언뜻 생각해 보면, 자율적이고 성숙한 개인은 타인의 도움 없이 전적으로 혼자 힘으로 살아가는 개인이라고 생각할 수 있다. 그러나 사실은 이와는 반대다. 성숙한 개인은 서로의 이해와 배려만 있다면 타인과 관계를 맺는 것을 두려워하지 않는다. 깊게 사고하고 고민하는 습관이 몸에 배어 있고 타인의 주장을 귀 기울여 들을 줄 아는 공감 능력이 있기 때문이다. 또한 이들은 필요할 때 자기 것을 타인에게 양보할 줄 알고 따뜻한 배려에 감사할 줄 안다.

누구나 대인관계를 맺다 보면 갈등의 순간은 찾아오기 마련이다. 이때 서로의 생각을 조율하는 것이 우선이겠지만, 성숙한 개인은 동시에 자기 생각과 태도를 반성하며 되돌아본다. 예를 들면 '내 욕심으로 무리한 요구를 하는 것은 아닌지, 두려움 때문에 현재 상황을 회피하고 있는 것은 아닌지' 등을 생각해 보는 것이다. 이런 과정을 통해 성숙한 사람은 '자기소통, 자기 이해, 자기반성'의 태도를 갖추게 되며 무의식 세계에 조금 더 가까이 접근한다. 지금까지 설명한 내용을 관계의 사분면 그래프를 이용해 표현하면 다음과 같다.

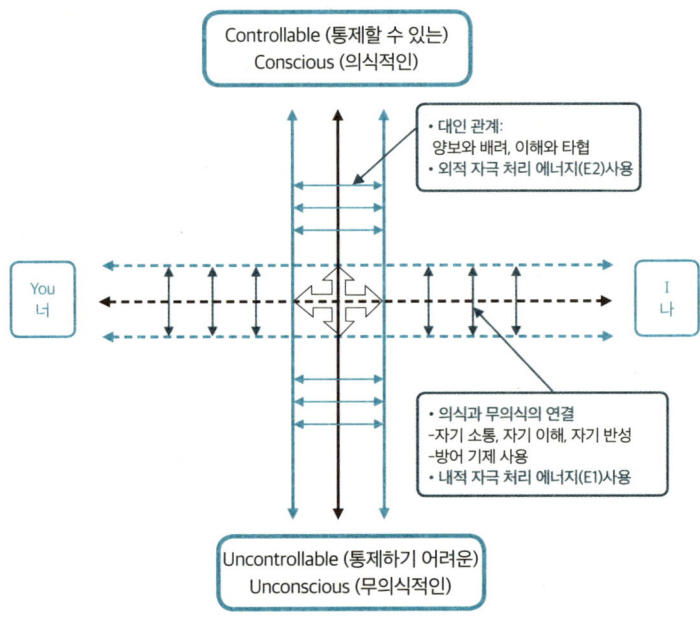

역동적인 관계의 사분면 (The dynamic quadrant of relationship)

 '역동적인 관계의 사분면' 그래프를 보면 가로축과 세로축이 고정된 것이 아니라 일정한 범위에서 움직인다는 것을 알 수 있다. 우선 가로축의 경우를 보면, 개인이 무의식을 의식화하려 노력할 때 축은 기준선보다 아래로 내려갈 수 있으며, 개인이 의식적 판단보다는 무의식적 방어 기제에 의지할 때 축은 기준선보다 위로 올라갈 수 있다.
 전자의 경우는 고민이 있을 때 '내가 과거의 상처에 얽매어 지금처럼 행동하고 있구나, 현실을 직시하기보다는 부정하고 회피하고 있구나' 같은 깨달음을 통해 고민을 해결하는 과정을 예로 들 수 있다(가로축이 아래로 이동하면 의식 영역은 넓어진다는 것을 알 수 있다. 이런 무의식의 의식화 과정을 통해 개인은 조금씩 성숙한다).

후자의 경우는, 고민이 있을 때 현실적 여건 내에서 해결책을 찾기보다는 문제를 부정하고 남 탓을 하며 자기 언행은 합리화하는 등의 미성숙한 방어 기제를 사용한다(가로축이 위로 이동하면 의식의 영역은 작아진다는 것을 알 수 있다. 그렇다고 이런 상태를 모두 비정상적으로 볼 것은 아니다. 실제로 누구나 일상에서 방어 기제를 사용하며, 정도가 심하지만 않다면 방어 기제 사용은 나를 보호하는 순기능도 있다).

누구든 상황에 따라 성숙한 반응을 보일 수도 있고 다소 미성숙한 반응을 보일 수도 있다. 다만 중요한 것은, 대부분의 사람들은 가로축을 일정한 범위에서 유연하게 움직임으로써 현실에 적응한다는 것이다. 다음으로 세로축의 경우를 보면, 대인관계에서 내가 소유한 것을 상대에게 양보할 때 기준선보다 오른쪽으로 축이 움직일 수 있으며, 상대가 나를 위해 자신의 것을 양보하고 배려해 줄 때 축은 기준선보다 왼쪽으로 움직일 수 있다.

전자의 경우는 친구가 힘들 때 곁에서 고민을 듣고 위로하는 경우를 예로 들 수 있다(세로축이 오른쪽으로 이동하면 내가 양보한 만큼 타인의 영역은 넓어진다는 것을 알 수 있다. 또한 나의 양보를 통해 타인은 부가적인 에너지를 얻을 수 있다).

후자의 경우는 내가 과도한 업무에 허덕일 때 동료가 자기 시간을 할애하며 나를 도와주는 경우를 예로 들 수 있다(그래프에서 세로축이 왼쪽으로 이동하면 타인에게 배려받은 만큼 내 영역은 넓어진다는 것을 알 수 있다. 이 경우 역시 타인의 배려를 통해 나 또한 부가적인 에너지를 얻을 수 있다).

마지막으로 정신적 에너지 관점에서 그래프를 살펴보면, 성숙한 개인은 효율적으로 에너지를 사용한다. 즉, 이들은 외적 자극 처리 에너지$_{E2}$의 적당량을 원만한 대인관계에 사용하면서 동시에 내적 자극 처리 에너지$_{E1}$의 일부를 무의식과 의식의 소통에 사용한다.

요약하자면 성숙한 개인은 상황에 따라 가로, 세로 양 축을 일정한 범위에서 유연하게 움직이면서 원만한 대인관계를 맺고 자기 자신과도 원활하게 소통한다. 또한 이들은 한정된 정신적 에너지를 효율적으로 분배하고 사용함으로써 자율성과 관계성 욕구를 충족한다. 그리고 궁극적으로 '역동적 현실 적응 능력$_{Dynamic\ reality\ adaptation\ ability}$'을 발전시킨다.

미성숙한 대인관계

성격이 특이하고 미성숙한 사람은 앞에서 소개한 성숙한 개인과는 사뭇 다른 모습을 보인다. 이들에게 '자기반성, 자기 이해, 자기 소통'을 통한 무의식의 의식화는 개념부터 낯설며, 때로는 보통의 상식을 벗어난 감정 표현을 함으로써 대인관계의 불안정성을 자주 낳는다.

그들이 이런 행동을 하는 데는 다양한 이유가 복합적으로 얽혀 있지만 어릴 적 애착 관계를 포함해 부모와의 관계가 원만치 못했던 경우 예측하기 어려운 돌발행동을 할 가능성은 높아진다. 불안정 애착은 아이가 자기 욕구와 흥미에 집중하기보다는 부모의 태도에 예민하고 신속하게 반응하도록 만든다. 물론 아직은 부모의 절대적 보호가 필요한 아이 입장에서는 부모의 성향에 순응하는 것이 '생존'에는 한층 유리할 것이다. 우리는 이것을 '생존 본능'의 차원에서 이해할 수는 있다.

하지만 불안정한 부모와의 관계는 아이가 자기자신을 들여다보는 능력을 키우는 데 걸림돌이 된다. 어찌 보면 이들의 미성숙한 대인관계는 스스로 고민하고 선택하며 책임지는 '자율성' 부족을 한 원인으로 볼 수 있다. 이들은 갈등 상황에 놓이면, 자신을 되돌아보기보다는 타인에게서만 문제를 찾을 때가 많다. 자신은 항상 옳고 잘못은 타인에게 있다고 주장할 때가 다반사다.

이것을 '역동적인 관계의 사분면' 그래프로 설명하면, 이들은 가로, 세로 양 축을 유연하게 움직이며 현실에 적응하지 못한다. 대신 자기 기준으로 세로축을 과도하게 움직이거나 혹은 유리하게 세로축을 이동시킨 후 그 안에서만 관계를 유지하려고 한다. 그렇게 세로축이 이동할 경우 이들의 행동은 제멋대로이며 보통의 상식에서 어긋날 때가 많다(자세한 내용은 이어지는 3개의 챕터에서 살펴볼 것이다).

또한 미성숙한 사람은 정신적 에너지를 효율적으로 사용하지 못한다. 자신의 내적 욕구를 실현하는 일에 에너지를 적절히 사용하지 못하고 대인관계를 포함한 외적 자극 처리에만 사용하기 때문이다. 자신의 내면을 들여다보는 것은 온전한 삶을 위해서는 필요하지만 이들에게는 그럴만한 욕구나 능력이 현저히 부족하다. 그렇다고 대인관계 에너지의 효율이 높은 것도 아니다. 왜냐하면 이들의 대인관계는 이기적이며 타인과 협력하고 타협하는 능력은 부족하기 때문이다. 완고하고 자기중심적인 이들의 태도는 에너지를 소모시켜 주위 사람들도 점차 지치게 한다. 그러나 이들은 자신의 행동을 반성하기보다는 지속해서 남 탓만 할 확률이 높다. 무의식과 소통하고 자신의 선택을 책임지는 '자율성'이 현저히 부족하기 때문이다.

'자율성' 관점에서 본 '관계성' 문제의 해결 방법

인간관계를 맺는다는 것은 서로의 '가치관, 성격'을 결합한다는 것을 의미한다. 그 결과로 시너지 효과가 나타나는 경우부터 철천지원수가 되는 경우까지 다양한 것을 보면, 인간관계란 단순한 물리적 결합보다는 복잡한 화학적 결합에 가까워 보인다. 물론 초반에는 물리적 결합에 가깝겠지만, 시간이 지날수록 화학적 결합에 가까워진다.

사람은 누구나 생산적이고 발전적인 인간관계를 원하지만, 그러기 위해서는 서로 간에 '이해, 배려, 소통'이 결합을 잇는 촉매제 역할을 해야 한다. 아마도 우리가 상상할 수 있는 가장 이상적인 결합은 성숙하고 자율적인 두 사람이 '양보, 타협, 공감'을 통해 건설적인 결합을 창조하는 경우일 것이다. 하지만 모든 사람이 성인군자일 수는 없으며, 우리는 현실에서 다양한 인간관계를 맺어야 하므로 모든 인간관계가 이상적일 수만은 없다. 그렇다면 어떻게 해야 이상적이지는 않더라도 비교적 원만한 대인관계를 맺을 수 있을까?

앞에서 살펴본 것처럼, 단순히 너와 나의 관계 내에서만 생각할 것이 아니라 각자의 자율성 차원까지 확장해서 생각할 필요가 있다. 관계란 본래 양방향 작용이기 때문에 서로가 자율적인 삶을 추구한다면, '이해, 배려'를 통해 원만한 상호관계가 실현될 가능성은 더 커질 것이다.

세상에는 무수히 많은 사람들이 존재하며, 그중에는 미성숙한 태도로 타인의 정신적 에너지를 고갈시키는 사람도 있다. 따라서 자기보호 차원에서라도 이들과 지내는 방법을 모색하는 것이 현명할 것이다. 그런 의미에서 이어지는 3개 챕터에서는 성격이 특이한 사람의 사례를 소개하고 궁극적으로 다음의 사항을 설명하려고 한다.

첫째, 성격이 특이한 사람의 일상을 소개함으로써 현실에서 이들을 빨리 파악하고 불필요한 관계 맺기를 줄이는 방법을 살펴볼 것이다.

둘째, 성격이 특이한 사람의 특징을 관계의 사분면 그래프를 통해 살펴봄으로써 이들과의 관계가 왜 그토록 에너지 소모적인지를 살펴볼 것이다.

셋째, 살다보면 필연적으로 성격이 특이한 사람을 만날 수밖에 없다. 그렇다면 이들을 만날 때, 최대한 에너지 소모를 적게 하는 방법을 살펴볼 것이다.

　글을 읽다 보면 자신의 성격 때문에 그 동안 대인관계에서 여러 가지 문제를 일으켰다는 것을 이해하는 경우도 있을 것이다. 만약 그렇다면 충분한 시간을 두고 전문적인 치료를 받아보길 추천한다. 수십 년간 지켜온 나만의 '생존 전략'을 수정하기 위해서는 지나온 시간 못지 않은 긴 시간이 필요하기 때문이다. 그리고 그 과정에서 숙련된 전문가의 개입은 많은 도움이 될 것이다.

Chapter 3

감정이 널뛰는 사람과 함께 하는 법

"위로 해줘서 정말 고마워! 네가 내 친구라는 사실이 너무 자랑스러워!"

"네가 어떻게 나한테 이런 말을 할 수 있니? 불편하니까 앞으로 얼굴 볼 일은 없었으면 해!"

전혀 다른 사람의 말 같지만, 놀랍게도 동일인의 말이다. 온탕과 냉탕을 오가는 그녀의 감정선은 마치 럭비공처럼 어디로 튈지 모른다. 진심으로 위로하다가 한두 마디 조언을 했을 뿐인데 방금 전까지

둘도 없던 친구는 순식간에 인정머리 없는 냉혈한이 되어 버렸다. 이 경우 조언을 한 친구는 마음의 상처를 입기 마련이다.

누구에게나 감정 조절은 어렵다. 이 점을 단적으로 이용한 예가 바로 '거짓말 탐지기'이다. 사람은 거짓말을 할 때 심장 박동이 빨라지는데 그것을 이용해 거짓말의 유무를 가리는 것이 거짓말 탐지기이다. 심장 박동수의 변화는 불안한 감정 상태를 나타낸다. 즉, 거짓말 탐지기를 이용하면 그 의도까지는 알 수 없어도 거짓말을 하고 있다는 것은 알 수 있다.

감정 표현은 뇌의 심층부에 위치한 '변연계 limbic system'의 영향을 받는다. 변연계는 인간뿐 아니라 개나 고양이 같은 포유류에게도 존재한다. 밥그릇을 건드리기만 해도 사나워지는 이유가 바로 변연계 때문이다.

변연계가 감정 표현에 영향을 미친다면 감정 조절에 영향을 미치는 기관은 뇌의 표층부에 위치한 '전두엽 frontal lobe'이다. 진화론적으로 전두엽은 변연계보다 늦게 발생했는데, 이것은 감정 표현이 감정 조절보다는 타고난 본능임을 말해 준다. 타인의 '생각'은 언어로 표현하기 전에는 그 뜻을 온전히 이해하기 어렵지만, '감정'은 숨기려 해도 표정이나 몸짓에 어느 정도 묻어나오기 마련이다.

우리사회는 전통적으로 감정 표현에 인색했지만 지금은 '개성화, 개인화' 물결 속에 이제는 많은 사람들이 주저하지 않고 감정을 표현하고 있다. 그리고 감정을 솔직하게 표현하는 사람을 '감수성이 풍부하다, 상상력이 뛰어나다'라고 평하기도 한다. 실제로 이런 성향을 가진 사람들은 예술계와 연예계에서 탁월한 성과를 보이곤 한다. 하지만 뭐든 과하면 문제가 되는 법. 감정 표현 또한 예외일 수는 없다.

감정 기복이 심한 사람은 전두엽 기능에 문제가 있다고 보면 된다. 그들은 사소한 자극에도 지나치게 감정적인 반응을 보인다. 좋게 보면 감정 표현이 솔직한 것일 수도 있지만, 감정조절에 결함이 있다는 것은 분명한 사실이다. 결국 과도한 감정 기복 때문에 주위 사람과 멀어지며, 그 과정에서 자존감은 상처입는다.

위험한 그들의 일상생활

20대 후반의 여성 승아 씨는 눈에 띄게 화려하게 차려 입고 진한 향수 냄새를 풍기며 진료실에 들어왔다. 승아 씨는 프리랜서로 마케팅 분야 강의를 하고 있었는데, 처음 방문 당시 "요즘 들어 낮에 두통이 심해요. 밤에는 기분이 우울하고 잠이 잘 안 와서 술도 자주 마셔요"라고 말했다.

"최근에 무슨 일이 있었나요?"라고 물으니 "얼마 전 사귀던 사람과 헤어진 것 빼고는 특별한 일은 없었어요"라고 답했다. 연인과의 이별은 당연히 고통스러울 수 있지만, 이야기를 들어 보니 만남 자체에 문제가 있었다. 상대는 가정이 있는 유부남이었기 때문이다.

승아 씨는 강의를 하기 위해 방문한 회사의 간부였던 상대가 유부남인 것을 알았지만, 지속적인 구애에 위험한 만남을 시작했노라고 말했다. 그런데 시간이 흐를수록 관계에 집착하는 것은 승아 씨였고, 결국 상대는 승아 씨의 과도한 집착을 탓하며 떠났다고 했다. 정상적인 경우라면 이제라도 부적절한 만남이 끝난 것에 안도하고 지난 행동을 반성하는 것이 마땅하지만, 승아 씨의 태도는 그렇지 않았다.

"어떻게 그 남자가 나한테 이럴 수 있는 거죠? 기회만 되면 진짜 복수하고 싶어요"라며 과도한 울분을 토해낼 뿐이었다. 승아 씨의 이런 태도는 합리적인 태도라 볼 수 없다.

특히 승아 씨가 호소하는 우울함은 보통의 우울증 환자가 호소하는 것과는 거리가 있었다. 보통 우울증이 심해지면 의욕이 없고 생기 없어 보이기 마련인데 승아 씨의 경우는 그렇지 않았다. 오히려 승아 씨는 매번 화려한 옷차림에 진한 화장을 하고 진료실을 방문했으며, 마음의 공허함을 쇼핑으로 채우려고 해 카드 값은 늘어나고 있었다. 수 차례 면담 결과, 승아 씨는 정신의학적으로 '연극성histrionic' 성향이 있는 것으로 판단되었다.

연극성 성향이 있는 개인은 타인의 관심과 주목을 받는 것이 인생에서 가장 중요하다. 처음 만날 때, 가장 먼저 눈에 띄는 것이 외모 아니던가. 그래서인지 연극성 성향이 있는 개인은 겉치장에 신경을 많이 쓴다.

또한 이들은 시각뿐 아니라 다양한 감각을 자극함으로써 끊임없이 관심을 받으려고 노력한다. 예를 들면, 친근하면서도 다소 과장된 말투로 청각을 자극하고, 진한 향수 냄새로 후각을 자극하며 때로는 적극적이고 도발적인 스킨십으로 촉각을 자극한다. 이들은 일상생활에서 자신을 포장하고 알리는 데 천부적인 소질을 보인다. 문제는 이들의 자존감이 빈약한 수준이라는 것이다. 마음이 공허한 이들이 타인의 시선과 관심을 얻으려고 하는 것은, 어찌 보면 이들에게는 생존을 위한 처절한 몸부림일 수 있다.

연극성 성향이 있는 개인은 자신의 자리가 연극 무대의 주인공처럼 항상 중앙이길 바란다. 단, 이들은 주인공 자리에서 화려한 조명을 받는 것만 신경 쓸 뿐, 자신의 행동을 반성하고 발전을 위해 노력하지는 않는다.

단기 공연이라면 얄팍한 속임수로 관객의 환심을 사고 공연장의 빈자리를 채울 수 있을지 모른다. 하지만 인생이라는 장기 공연에서 이들의 진실하지 못한 태도는 결국 관객의 외면을 받고 만다. 물론 이들도 텅 빈 객석을 볼 때면 왠지 모를 공허함을 느끼기는 한다. 그러나 이들은 진정성 부족이 외면의 원인이라는 사실을 미처 깨닫지 못한다. 그리고는 자기 진가를 알아채고 지속적인 환호성을 보내 줄 새로운 관객을 찾아 끝없는 여정을 떠난다.

아이러니하게도 연극성 성향이 있는 개인은 특유의 상냥함으로 처음 만나는 사람과도 쉽게 친해진다. 하지만 시간이 흐를수록 이들의 '과도한 감정 표현, 감정 기복, 심리적 의존성 및 이기적 태도'는 결국 주위 사람과 수많은 갈등을 일으킨다. 또한 이들은 주목받기 위해 허세를 부리거나 거짓말을 일삼기도 한다. 다만 이런 행위는 의도적이라기보다는 무의식적 욕구 때문인 경우가 많다.

결론적으로 연극성 성향이 심할수록 대인관계에서 이성적 감정 조절 능력은 부족하다고 할 수 있다. 이들은 마음의 공허함을 '타인의 관심, 쇼핑, 술' 등으로 채우려고 하고 그렇기 때문에 많은 문제를 낳는다. 승아 씨 경우처럼.

20대 중반의 여성 희정 씨는 남자 친구와 같이 진료실을 찾았다. 방문한 이유는 희정 씨가 남자 친구와 다툰 후, 평소 복용하던 수면제를 다량으로 복용한 일이 있었기 때문이다. 더욱이 이런 돌발 행동이 최근에 반복된다는 것인데, 정작 희정 씨 본인은 문제의식이 없었다.

"원래 죽으려는 생각은 없었어요. 그 정도 약 먹고는 안 죽는 거 다 알아요. 남자 친구가 화나게 해서 홧김에 그랬어요."

희정 씨는 대수롭지 않다는 듯 태연스럽게 말했다. 그렇게 처음 면담은 마무리됐고 며칠 후에는 남자 친구 혼자 진료실을 방문했다. 남자 친구는 자신이 미쳐버릴 것 같다며 혼자 상담받고 싶다고 했다. 사실 두 사람의 만남은 어떻게 시작됐고 과연 문제는 무엇인지를 좀 더 자세히 들어 볼 필요가 있었다.

"희정이는 약 6개월 전, 클럽에서 처음 만났어요. 얼굴도 예쁘고 애교도 많은 편이라 마음에 들었어요. 연애 초반에는 거의 매일 만났던 것 같아요. 그런데 갈수록 희정이가 연락을 너무 자주 하고, 간혹 연락이 안 되면 불같이 화를 내는 거예요. 그래도 나를 좋아해서 그런 거라고 막연히 생각했어요."

그러나 시간이 지날수록 개인 시간이 줄어드는 게 견디기 힘들었다고 했다. 회사원이라서 낮에는 연락이 잘 안 될 수도 있고 때로는 친구를 만나는 시간도 필요했지만, 희정 씨는 이런 사정을 전혀 이해하지 못했다고 했다. 그리고 시간이 지날수록 희정 씨의 걷잡을 수 없는 감정 기복 때문에 힘들었다고 했다. 언제 감정이 바뀔지 그리고 어떤 이유로 감정이 바뀔지 예측할 수 없기 때문에 자신은 그저 희정 씨의 감정을 받아줄 수밖에 없었다고 털어놨다.

"사실 희정이랑은 여러 번 헤어지려고 했었어요. 그런데 헤어지자고 하면, 죽어버리겠다고 하니 무서워서 헤어질 수가 없더라고요." 심하게 다툰 다음 날에도 웃으며 말을 건네는 희정 씨를 볼 때면, 섬뜩한 기분마저 들었다고 했다. 이후 희정 씨와도 여러 번 얘기를 나눠본 결과, 희정 씨는 정신의학적으로 '경계성 성격 장애borderline personality disorder'가 있는 것으로 판단됐다.

희정 씨의 경우 해결책을 찾기 위해서는 '경계성borderline'이란 단어가 무엇을 뜻하는지부터 살펴봐야 한다. 정신의학에서 말하는 경계성이란 신경증과 정신병의 경계를 뜻한다. 여기서 신경증이란 '불안, 우울, 분노' 같은 노이로제 상태를 뜻하며, 정신병은 '피해 의식, 비현실적 판단' 때문에 현실 적응력이 떨어지는 것을 뜻한다.

누구나 힘들 때는 신경증적 노이로제 반응을 보일 수 있다. 여기까지는 전혀 문제가 없다. 그런데 경계성 성향이 있는 개인은 스트레스 상황에서 '상식을 벗어난 비이성적 판단'을 함으로써 과도한 감정적 반응을 보인다는 것이 문제다. 이들은 스트레스를 받으면, 신경증과 정신병의 경계에서 분노와 우울을 호소하다 어느 순간 자해 행동 같은 극단적인 행위를 한다. 그리고 이들이 스트레스를 받는 데 있어 다른 사람보다 지나치게 예민한 것도 엄연한 사실이다.

희정 씨도 남자 친구와 조금만 연락이 안 되면, 이것을 자신이 거부당하는 신호로 이해했기 때문에 그토록 심한 분노 반응을 보였던 것이다. 경계성 성향이 있는 개인은 연극성 성향이 있는 개인처럼 '만성적 공허함'에 시달린다. 왜냐하면 이들은 "나는 누구인가?", "나는 무엇을 좋아하는가?" 같은 질문을 고민해 본 시간이 절대적으로 부족하기 때문이다.

이들은 마음이 통하고 자신에게 호의적인 상대를 만나면, 처음에는 간, 쓸개라도 빼 줄 것처럼 행동한다. 그래야 빨리 친해진다는 것을 본능적으로 알기 때문이다. 그러다가 상대가 자신을 소홀히 대한다는 생각이 들면, 이들은 일말의 망설임도 없이 바로 상대를 비난하고 헐뜯는다. 이들에게 세상이란 중간의 완충지대는 없이 '흑과 백' 혹은 '선과 악'의 양극단만 존재하는 위험한 곳이다. 그러기 때문에 상처받기 전에 공격하겠다는 이들의 전략은 험한 세상에서 살아남기 위한 나름의 자구책일 수 있다.

경계성 성향을 가진 사람의 특징을 한 가지 더 들자면 이들은 원만한 대인관계를 유지하기 위해서는 서로 간에 심리적 경계가 필요하다는 것을 이해하지 못한다. 아무리 친한 사이라도 서로의 사적 영역은 존중돼야 하지만, 이들은 빈번히 타인의 영역을 침범한다. 거리를 달리는 자동차 간도 안전거리 확보가 필요하건만, 이들은 타인과 적절한 거리를 유지하지 못한다.

감정 기복이 심한 사람의 '관계의 사분면'

앞에서 살펴 본 승아 씨와 희정 씨의 사례를 통해, 우리는 감정 기복이 심할수록 만성적 공허함에 시달리며 관계에 집착한다는 사실을 알 수 있다. 대부분의 사람들이 그런 성향을 가진 사람과의 인간관계는 소모적임을 잘 알고 있는데, 과연 그 이유는 무엇인지 '관계의 사분면' 그래프를 통해 살펴보도록 하자.

성숙한 개인은 그래프의 가로축 및 세로축 양 축을 일정한 범위 내에서 움직임으로써, 자율성과 관계성 욕구를 충족한다. 그러나 감정 기복이 심한 사람은 이러한 능력에 심각한 결함이 있다(숫자로 표기된 네모 박스 내용과 박스가 가리키는 화살표 방향에 주의하면서 글을 읽어 보자).

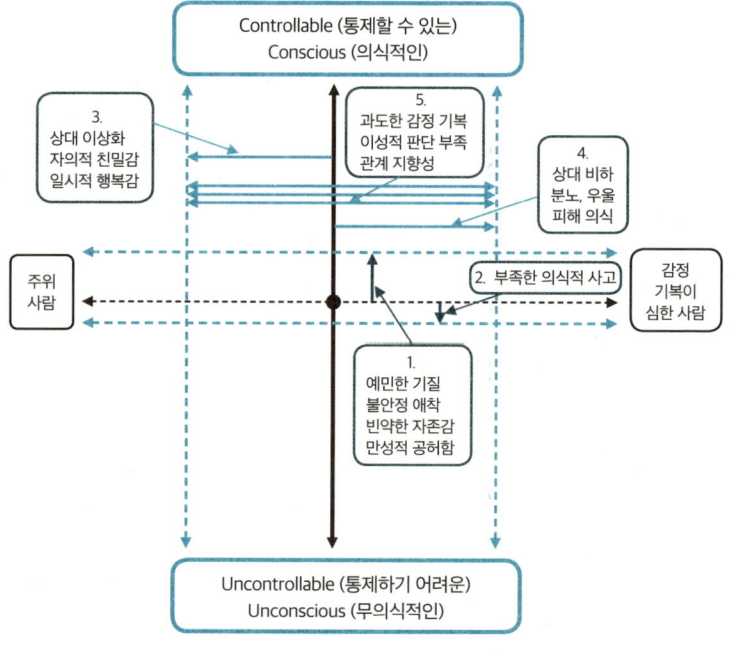

 1번은 무의식의 영향으로 가로축이 위로 이동하는 것을 나타내며 2번은 의식의 영향으로 가로축이 아래로 이동하는 것을 나타낸다. 한눈에 봐도 위로 이동하는 폭이 아래로 이동하는 폭보다 상당히 크다는 것을 알 수 있다. 이것은 감정 기복이 심한 사람의 경우 무의식의 영향을 많이 받으며 의식적인 사고는 많이 부족하다는 것을 뜻한다. 이들은 타고난 기질이 예민한데 어릴 적 불안정 애착으로 건강한 자아상을 형성하지 못한 경우가 많다. 또한 이들은 빈약한 자존감을 숨기기 위해 평소 '투사, 동일시, 억압' 같은 미성숙한 방어 기제를 많이 사용한다. 현실에서 이들은 민감한 반응을 보이는 경우가 많으며, '자기 비하, 자기 열등감' 같은 부정적 자기 개념을 자주 드러내곤 한다.

성숙한 개인은 의식적 사고를 통해 지나친 감정적 반응을 제어한다. 더불어 의식적 사고를 통해 건강한 자기 개념을 확립한다. 그러나 감정 기복이 심한 사람은 평소 의식적 사고가 매우 부족하다. 그래서 이성적으로 감정을 조절하지 못한다. 뿐만 아니라 이들은 '부정적 자기 개념'에 빠져 있어 항상 '만성적 공허함'에 허덕인다. 만성적 공허함을 벗어나기 위해 이들은 관심 주파수를 주위 사람에게 돌린다. 일종의 '생존 본능'이다.

3번과 4번은 주위 사람과의 심리적 경계선이 좌, 우로 움직이는 것을 나타내는데, 한눈에 봐도 폭이 굉장히 넓다. 심리적 경계선의 유연한 이동은 상대에게 적절히 양보하고 배려한다는 의미이며, 이를 통해 서로 시간과 정신적 에너지를 공유할 수 있다. 따라서 이 과정은 '친밀감, 현실적 맥락, 주변 상황' 등에 따라 적절히 조정돼야 한다.

하지만 감정 기복이 심한 사람은 자기 멋대로 경계선을 이동하기 때문에 주위 사람은 피곤함을 느낀다. 이것은 마치 안전거리와 안전 속도를 무시하는 운전자 한 명 때문에 주변이 혼란스러워지는 것과 비슷하다.

3번은 주위 사람과 친해지면서 이들의 정신 영역이 넓어지는 것을 나타낸다. 마음의 공허함을 주위의 관심과 배려로 채우려 하는 이들은 3번 과정에 필사적으로 매달린다. 관심을 끌고 친밀함을 느끼기 위해 개인적인 일이나 집안 문제 심지어 지난 잘못까지도 스스럼없이 공개한다. 그 과정에서 주위 사람이 관심을 보이면 이들은 행복해 한다. 그러고는 관심을 보이는 타인을 선하다며 이상화하기도 한다. 그러나 이것은 타인을 진정으로 존중하는 것이 아니다. 이들에게 선한 사람이란 자기에게 끝없는 관심과 애정을 표현하는 사람에게 한정된다.

그렇다고 이들이 타인의 영역을 악의적으로 침범한다는 말은 아니다. 이들은 자신뿐 아니라 상대도 서로의 영역을 공유함으로써 행복을 느끼리라 추측한다(세로축 이동이 실선이 아닌 점선인 것도 타인과의 심리적 경계가 불명확함을 나타낸다). 누구나 자기 기준으로 세상을 바라보는 것처럼. 그러나 이것은 일방적인 오해에 불과하다. 시간이 지날수록 상대는 이들의 과도한 의존성에 부담을 느끼고 점차 거리를 두기 시작한다. 자기 정체성이 부족한 이들은 타인이 자신을 무시하기 시작한다고 오해한다.

그 결과 이들의 정신 영역은 4번처럼 급속도로 위축되기 시작한다. 얼마 전까지 선했던 상대는 순식간에 악인이 된다. 또한 이들은 분노와 우울을 호소하기 시작한다. 그러다 피해 의식이 심해지면, 자해 행동이나 자살 시도 같은 극한 모습까지 보인다.

감정 기복이 심한 사람은 5번처럼 심리적 경계선의 양극단을 오가며 극도로 감정적인 모습을 보인다. 이들은 상대와 친해지면 상대를 이상화하다가도, 상대와 멀어지면 상대를 비난하고 평가절하하는 데 망설임이 없다. 감정 기복이 심한 사람 곁에 있는 것은 흡사 이들이 운전하는 차에 동석한 것이나 다름없다. 누구라도 이들의 난폭 운전에 제정신을 차리기는 어렵다.

그렇다면 평소 이들과는 어떻게 지내야 할까?

때로는 단호하게 때로는 둔감하게

일반인들이 '연극성, 경계성' 성향이 있는 개인을 단기간에 파악하기는 어렵다. 타인의 성격을 제대로 파악하기 위해서는 많은 시간이 필요한 것이 사실이고, 평소 다양한 사람을 만나 본 경험도 필요하다. 감정 표현이 솔직하고 다소 예민한 것 정도까지는 개인 성향으로 존중해야겠지만, 정도가 지나친 사람들은 분명 존재한다. 지나친 속단은 금물이지만, 그래도 다음의 배경 지식이 있다면 이들을 대하는 데 도움이 된다.

첫째, 감정 기복이 심한 사람은 서로를 알아가는 단계부터 지나치게 자신을 공개하는 경향이 있다. 관심과 애정 심지어는 동정까지도 갈구하는 이들의 태도는 분명 부담스럽다. 그렇다고 주위에 이런 사람이 있을 때, 매몰차게만 굴기도 쉽지 않다. 그렇지만 이들 기분을 맞추고 개인적인 부탁까지 들어 주다 보면, 관계는 어긋나기 쉽다. 이들의 요구는 끝이 없을 때가 많기 때문이다.

이럴 때 필요한 것은, 둘 사이에 확고한 경계를 두고 일관성 있는 태도를 보이는 것이다. 이들은 심리적 경계선을 지나치게 넘나들며 심한 감정 기복을 보인다. 따라서 주위 사람은 이들의 감정적 소용돌이에 휘말리지 않도록 경계를 확실히 정할 필요가 있다. 때때로 이들은 거짓말을 하면서까지 심리적 경계를 허물려고 들 것이다. 그런데 여기에 휘둘리는 것은 '밑 빠진 독에 물 붓기'나 다를 바 없다. 그리고 단 한 번의 거절만 있어도 쉽게 서운해 하는 이들의 특성상, 평소 적당한 거리 유지는 서로에게 도움이 된다.

둘째, 감정 기복이 심한 사람은 겉으로는 화려하지만 내적 성숙함은 부족한 경우가 많다. 그리고 이들은 임기응변식 대응을 보이는 경우가 빈번하며 행동에 일관성이 없는 경우가 많다. 따라서 주위 사람은 이들의 반응에 너무 일희일비하지 않는 것이 좋다.

셋째, '연극성, 경계성' 성향은 여성에게 훨씬 많다. 그런데 남성 입장에서 이런 여성을 조기에 발견하고 거리를 두기란 쉽지 않다. 왜냐하면 이들은 화려한 모습으로 관심을 끌고 솔직한 표현으로 관심을 유지하는 데는 천부적인 재능이 있기 때문이다. 따라서 이들과 만나는 남성은 '내가 이 여자에게 꼭 필요한 존재'라는 생각을 쉽게 품을 수 있다. 하지만 시간이 흐르면 남성 스스로 지치게 된다. 이성 관계도 결국은 인간관계 아니겠는가. 원만한 인간관계를 위해서는 '이해와 배려, 적절한 거리 유지'가 필요하건만 이들에겐 이런 것을 기대하긴 어렵다. 임상 현장에서도 정에만 이끌려 심한 고통을 겪고 있는 남성 내담자를 가끔 만나곤 한다.

감정 기복이 심한 사람의 핵심 문제는 '만성적 공허함'과 '지나친 관계 지향성'이다. 만성적 공허함은 단기간에 해결될 문제는 아니다. 안정적 관계와 자기반성의 사고가 공존할 때, 만성적 공허함은 채워질 수 있다. 운 좋게 안정적 관계를 유지 중이라면 다행이지만, 때로는 전문적 도움이 필요할 수 있다. 그리고 치료 기간은 수년 이상인 경우가 대부분이다.

감정 기복이 심한 사람과 지내는 방법의 핵심은 '적절한 거리유지'다. 이들이 무리한 부탁을 하면 거절 의사를 분명히 밝히는 것이 좋다. 처음에는 매몰차게 구는 것이 미안하기도 하지만, 이렇게 해야 이들의 의존성을 잠재울 수 있다. 길게 보면 서로에게 이로운 상생의 길이다.

즉, 주위 사람이 선택할 수 있는 최선의 방책은 '이들의 민감함에 민감하지 않게 반응하는 것'이다.

Chapter 4

불안에 시달리는 사람과 함께 하는 법

　인간은 생존을 위협받을 때 불안과 공포를 느낀다. 원시시대 인류의 조상은 자연의 변화무쌍함과 맹수의 습격 앞에 끝없는 공포를 느꼈을 것이다. 그 와중에서도 위협을 견디고 생존에 성공한 조상은 불안 DNA를 후손에게 물려 주었다. 그 결과, 우리는 불안을 느끼고 견뎌야 하는 숙명을 지니게 됐다.
　누군가는 이렇게 말할지도 모른다. 그래도 인류의 문명이 발달하면서 불안이 조금은 줄지 않았을까? 물론 예전보다 육체적 생존을 위협하는 공포는 줄기는 했다. 그런데 전반적인 불안이 줄었다고 단정짓기는 어렵다. 이유는 아마 경제상황과 관련이 깊을 듯싶다. '청년 실업, 조기 퇴직, 노인 빈곤'은 대다수 사람이 직면하고 있는 현실적 문제다. 우리 사회는 아직 사회적 안전망 구축도 미흡하기에, 사회 불안은 점점 증폭될 위기에 놓여 있다. 한마디로 '불안의 시대'라 할 수 있다.

누구도 완전히 벗어날 수 없는 것이 불안이지만, 유독 불안 지수가 높은 사람이 있다. 이들은 세상의 우연성과 불확실성을 받아들이지 못한 채, 오늘도 완벽한 정답을 찾아 헤맨다. 노력은 가상하지만 세상 어디에도 정답은 없다. 이런 성향은 본인도 힘들게 할 뿐더러 주위 사람도 지치게 한다.

완벽주의자들의 일상생활

요즘 들어 수용 씨의 머릿속은 더욱 복잡하다. 직장을 다니며 수년 간 준비했지만, 막상 창업하려 하니 걱정이 이만저만이 아니기 때문이다. IT 관련 사업을 준비하면서 어느새 새치는 몰라보게 늘었다. 머리숱도 많이 줄었고 원래 마른 체격에 체중은 더 줄어 인상은 초췌해 보이기까지 했다. 요즘 같은 불경기에 철저히 준비하는 것은 당연한 일이지만, 과도한 걱정 탓인지 악몽을 꾸는 날도 늘었다.

꼼꼼한 수용 씨 성격에 컴퓨터 관련 업무는 그야말로 안성맞춤이었다. 혼자 분석적으로 일하는 것을 좋아했기에, 개인 업무가 많은 현재의 직장 환경도 괜찮은 편이다. 하지만 수용 씨는 현실에 안주하기보다는 대학 때부터 꿈꿔 온 자기사업에 도전하기로 마음을 먹었다. 넉넉지 못한 환경에서 성장한 수용 씨 마음속에는 부와 성공에 대한 욕망이 살아 숨 쉬고 있었다.

사실 수용 씨가 믿을 것이라곤 참신한 아이템과 철저한 준비밖에 없었다. 지금 사업 아이템도 수차례 여러 사람에게 자문한 끝에 가다듬은 아이템이었다. 평소 수용 씨는 대인관계를 중요하게 여기지는 않았다. 그러다 우연히 뭔가 이득이 될 만한 사람을 만나면, 처음에는 자신을 굽히는 것쯤은 별로 개의치 않았다. 이후 상대가 이용가치가 있다는 판단이 들면 관계는 유지하면 되는 것이고 만약 그렇지 않다면 관계는 단절하면 된다는 것이 수용 씨 생각이었다. 물론, 거기에는 감정적 교류나 타인에 대한 배려 따위는 없었다. 이것이 험한 세상을 사는 수용 씨만의 '생존 전략'이었다.

수용 씨는 공동 창업도 고려했기 때문에 능력 있는 몇 명과는 의견을 나눠보기도 했다. 실제로 일부는 관심을 보였는데, 수용 씨는 전반적인 구상만 얘기할 뿐 구체적인 계획은 이야기하지 않았다. 의심이 많고 모든 일은 자기가 통제해야 마음이 놓이는 수용 씨였기에 애초에 타인이 비집고 들어갈 공간은 없었다. 결국 사업을 논의했던 모든 사람은 떠났다. 그중 일부는 수용 씨의 의뭉스러운 태도를 비난하기도 했지만 수용 씨는 신경 쓰지 않았다. 오히려 그런 사람이라면 자기와 일하기에는 수준이 낮다는 생각을 할 뿐이었다. 고민 끝에 수용 씨는 남동생과 같이 일하기로 마음을 먹었다.

지금 살펴 본 수용 씨처럼 타인을 끊임없이 의심하는 개인을 정신의학에서는 '편집성 paranoid' 성향이 있다고 표현한다. '편집성'이란 '편향된 태도로 자기 생각만을 고집하는 것'을 뜻한다. 편집성 성향의 개인은 자기 생각만이 옳다고 믿기 때문에, 타인을 신뢰하지 않는다. 이러한 성향이 극에 달하면 배우자마저 불신하는 '의처증, 의부증' 증세까지 보이는데, 그래도 수용 씨는 가족은 믿으니 다행이라고 할 수 있을까? 어찌됐건, 이들의 만성적인 불신과 의심은 타고난 기질과 어릴 적 경험에 뿌리를 두고 있는 경우가 대부분이다.

편집성 성향의 개인은 도전을 꺼리고 안전을 추구하는 '위험 회피성 harm avoidance' 기질을 타고나는 경우가 많다. 여기에 상처받은 경험이 더해지면, 세상에 대한 근본적인 믿음은 흔들리게 된다. 수용 씨의 경우, 초등학교 때 아버지가 보증을 잘못 서면서 가세가 기울었다. 집안 살림이 어려워지면서, 어린 수용 씨 마음속에서는 타인을 불신하는 마음이 커졌을 수 있다.

내향적인 수용 씨는 학창시절 소수의 친구와 어울렸다. 소수이기는 하나 친구는 있었고 그 중에는 믿고 의지하는 친구도 분명히 있었다. 그런데 대학 시절, 절친에게 경제적 배신을 당하면서 세상에 대한 마음의 벽을 더욱 견고히 세우게 됐다. 이후 수용 씨 마음속에는 '세상에 믿을 사람이라곤 가족밖에 없어! 세상에서 나를 지켜 줄 것은 돈뿐이야!'라는 생각이 자리잡게 됐다.

편집성 성향의 개인은 타인의 언행 뒤에 혹시 다른 꿍꿍이가 있지 않을까 전전긍긍하며, 호의에도 쉽게 마음을 열지 못한다. 또한 이들은 자기 속마음을 잘 감추며, 사적 질문에는 말끝을 흐리거나 주제를 전환하는 식으로 말문을 돌리려 든다. 의심이 많다 보니 대인관계의 폭은 대체로 좁은 편이다. 그래도 성공한 사람과는 어울리려 하는데, 이유는 세속적 '힘 power'에 대한 동경 때문이다.

수용 씨는 분명 능력은 뛰어난 사람이다. 다만, 끝없는 걱정과 과도한 불신으로 창업 과정에 좁았던 대인관계는 더욱 좁아지고 말았다. 과거의 상처가 수용 씨 행동을 옹호하는 방패막이 될지는 모르겠다. 그러나 수용 씨가 꿈꿔온 성공의 순간이 다가온다고 한들, 진실한 관계는 외면한 채 오로지 성공만을 추구한 수용 씨 인생을 과연 온전한 인생이라 할 수 있을까? 아무리 황금만능주의가 판치는 세상이지만, 수용 씨 사례를 보다 보면 진실한 인간관계란 무엇인지에 대해 생각해 보게 된다.

김 부장은 월요일 아침부터 심기가 불편하다. 그가 보기에는 프로젝트 진행 상황이 불만족스럽기 때문이다. 몇몇 직원은 아침 회의 시간에 2~3분 가량 늦기도 했다. 주말 내내 프로젝트 걱정에 제대로 쉬지도 못한 김 부장의 눈에는 부하직원들이 책임감 없는 불성실한 사람으로 보일 뿐이었다. 김 부장은 속으로 '차라리 혼자 일하면 마음이라도 편하지'라는 생각도 하지만, 그것은 어디까지 개인적인 생각일 뿐이다. 고민 끝에 김 부장은 "앞으로는 내가 수시로 진행 상황을 확인할 거니깐 그렇게들 알고 있어. 그리고 당분간 퇴근은 좀 늦을 수 있어"라고 단단히 일러두었다.

김 부장의 평소 일 처리는 꼼꼼하고 빈틈이 없기로 회사 내에 소문이 자자하다. 신입시절부터 성실하고 완벽한 일 처리로 상사의 많은 신임을 받았는데, 중간 관리자가 된 지금은 완벽주의 성향이 오히려 여러 문제를 초래하고 있다. 예를 들어, 부하를 믿기보다는 사소한 것까지 다 챙기다 보니 일 처리 속도는 늦는 편이었고, 전체적인 일의 진행보다는 세부적인 항목에 집착하다 보니 정작 중요한 사항은 놓치는 경우도 있었다. 그리고 자기주장이 센 편이라 타 부서 부장들과 부딪히는 일도 잦았고, 부하들은 김 부장의 엄격한 기준을 따르느라 힘겨워하고 있었다.

그렇다고 김 부장이 자기 편의만을 도모한다고 보기는 어려웠다. 굳이 문제를 찾자면, 원칙에 따라 규칙만을 강조한다는 것이 문제였다. 물론 한결 같은 규칙 적용은 조직에 필요하지만, 일하다 보면 예측 못한 돌발상황도 발생하지 않던가? 그럴 때 필요한 것은 상황에 맞는 유연한 대응일 것이다. 그런데 김 부장은 평소 소통과 배려는 무시하고 오로지 원리원칙에 따른 일 처리만을 강조했기에, 부서 분위기는 타 부서보다 많이 경직된 편이었다.

이처럼 김 부장이 완벽주의를 추구하며 자기 기준을 지나치게 강요하는 이유는 '강박성 obsessive-compulsive 성격 장애'가 있기 때문이다.

어휘가 비슷하단 이유로 '강박성 성격장애'와 '강박 장애'를 헷갈리는 사람이 있는데, 이 둘은 엄연히 다른 개념이다.

'강박 장애'는 예를 들면, 오염에 대한 두려움 때문에 손을 과도하게 씻거나 한 번 잠근 현관문을 여러 번 확인하는 증상 등을 말하며 이 경우 당사자가 불편함을 느껴 자발적으로 치료받는 사례가 많다.

한편, '강박성 성격 장애'는 정작 본인은 불편해 하지 않는데 비해, 오히려 주위 사람들이 불편함을 느낀다는 차이가 있다. 그리고 이들은 치료를 거부하는 경우가 대부분이다. 강박성 성향의 개인은 타고난 기질이 '위험 회피성 harm avoidance'과 '인내심 persistence'이 높은 경우가 많다. 기질 때문인지 낯선 환경보다는 익숙한 환경에 잘 적응하고, 꼼꼼하고 완벽한 일 처리를 보일 때가 많다.

그렇다고 강박성 성향의 개인이 단점만 있는 것은 아니다. 이들은 흑백 논리가 강한 편이라 비도덕적인 일은 꺼리는 편이며, 논리적인 사고가 필요한 부분에서는 뛰어난 실력을 보이기도 한다. 실제로 '컴퓨터, 과학, 의학, 법률' 분야에는 강박성 성향의 개인이 다수 포진되어 있다. 원리에 충실하고 성실한 성향이 전문성과 책임감이 요구되는 분야에서는 강점이 되기 때문이다. 그런데 이들은 자기주장이 세고 모든 상황을 통제하려 들기 때문에, 다양한 사람을 상대하고 갈등 조정이 필요한 관리자 위치에는 어울리지 않을 수 있다. 이들 특유의 '원칙주의, 완벽주의' 성향은 직면하는 상황에 따라 득이 되기도 하고 실이 되기도 한다.

걱정이 많은 사람의 '관계의 사분면'

'편집성, 강박성' 성향의 개인은 기본적으로 '불안, 근심, 걱정'이 많은 사람이다. 이들은 타인과 심리적 경계를 확실히 그어 놓고 자기만의 정신 세계를 구축한다. 아래 도표에서 3번으로 표시한 세로축이 매우 굵은 것은 이들의 자기방어적 성향을 잘 보여 준다. 그렇다면 이들은 왜 타인에게 완고하고 경직된 태도를 가지게 됐을까? 이유를 알기 위해서는 이들의 무의식 세계부터 살펴봐야 한다.

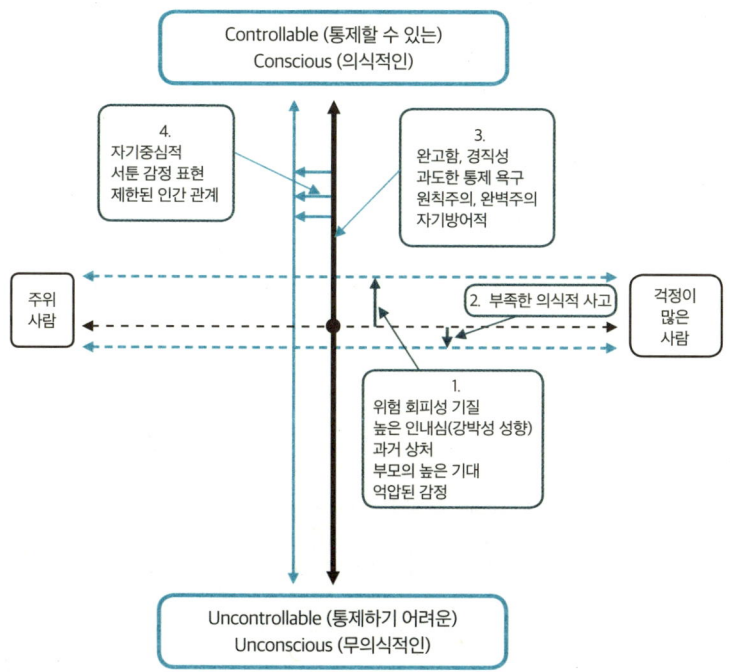

걱정이 많은 개인은 '위험 회피성 harm avoidance' 기질을 타고 나는 경우가 많다. 타고난 기질 때문에 안전한 환경 및 확실한 결과에 집착하는 편이다. 그래서인지 불확실성과 우연이 판치는 세상은 이들에게는 항상 걱정으로 느껴진다. 그리고 강박성 성향의 개인은 강한 '인내심 persistence'을 갖고 태어나는 경우가 많다. 타고난 인내심은 이들이 완벽을 추구하도록 만든다. 즉, '편집성, 강박성' 성향의 개인은 불안에 예민한 성향을 타고난다는 것인데, 물론 이것만으로 이들을 완벽히 설명할 수는 없다. 언제나 그렇듯 이들도 성장 과정에서 타고난 기질을 견고하게 만드는 경험을 하게 된다.

수용 씨 경우도, 아버지의 보증 및 절친에게 배신당한 사건 때문에 세상을 더욱 불신하게 됐다. 누구나 상처 입으면 위축되고 자기방어적이 된다. 그런데 수용 씨의 상처는 수용 씨가 세상과 멀어지도록 만들었기 때문에, 상처의 흔적은 더욱 깊다고 할 수 있다.

김 부장 같은 경우처럼 걱정과 불만이 많은 사람의 표정에는 긴장감이 서려 있는 경우가 대부분이다. 그리고 보통 사람 입장에서 이들과 단 둘이 있는 것이 불편한 것도 사실이다. 아마도 이들의 불안과 긴장이 은연중에 전달되기 때문일 것이다.

걱정이 많은 사람은 곤란에 빠지면, 나름의 논리로 자기합리화를 하거나 투사를 통해 남 탓을 하곤 한다. 이런 태도는 자기반성과 자기 이해를 가로막는다. 성격이 특이한 사람은 사고의 완고함과 경직성이 특징인데, 걱정이 많은 사람은 정도가 더욱 심하다. 타인을 믿지 못하는 이들은 3번처럼 세상과 확고한 경계를 지음으로써 자기를 지키려고 한다. 또한 이들은 자기 원칙이 확고하고 원칙 적용에는 조금의 예외도 없다. 이들은 항상 미래를 걱정하며, 현재는 미래를 대비하는 시간에 불과하다. 평소 씀씀이는 짜고 타인에게 인색한 편이다. 그래서인지 이익이 되지 않는 상황에서는 매몰차게 굴 때도 많다.

자기중심적이고 감정 표현이 서툰 이들의 대인관계는 제한적이다. 4번 화살표의 좁은 이동 폭은 이들이 소통과 교류에는 관심이 별로 없음을 의미한다. 오히려 이들은 인간관계보다는 미래를 대비하는 일에 관심이 많다. 가장 확실한 준비는 돈이다. 그리고 세로축이 좌, 우가 아닌 좌측으로만 이동한 것은 대인관계에 양보와 배려가 부족하다는 것을 뜻한다. 기본적으로 이들은 타인의 권리를 침해하고 착취하려 들지는 않는다. 하지만 이들의 자기중심적 태도는 주변 사람에게는 에너지 소모적으로 느껴진다는 것은 사실이다.

걱정이 많은 사람은 타인과 확실한 경계를 짓고 자기만의 기준으로 세상을 산다. 이 모든 것이 스스로 안전을 지키겠다는 나름의 '생존 전략'이겠지만, 이런 '생존 전략'은 세상과 점차 멀어지게 만든다. 사람은 혼자 살 수 없다.

일할 때는 원칙대로, 사적으로는 조심스럽게

걱정이 많은 개인은 미래 지향적이기 때문에 자기 시간과 돈을 알뜰히 사용한다. 논리적이고 분석적인 이들은 일 처리가 꼼꼼한 편이라 비교적 쉽게 상사에게 인정받기도 한다. 실제 직장에서는 '편집성, 강박성' 성향의 개인이 승승장구하는 경우도 꽤 많다. 그런데 막상 이들과 일을 한다면, 주위 동료나 후배는 꽤 힘들 수 있다. 이들의 지나친 상황 통제 욕구 때문이다. 그렇다면 과도한 에너지 소모 없이 이들과 지내는 방법은 무엇일까?

첫째, 걱정이 많은 개인이 주변에 있다면 이들이 고수하는 원칙이 무엇인지를 빨리 파악하는 것이 좋다. 앞에서 예로 든 김 부장의 경우는, 일 진행 상황을 수시로 보고받는 것을 선호하는 편이었는데, 이런 사실을 부하직원이 빨리 파악할 필요가 있다. 걱정이 많은 개인은 세부 사항까지 꼼꼼히 챙기는 편이고 시간 약속에는 민감한 편이다. 따라서 주위 사람은 이런 사실을 미리 숙지하면 좋다. 특히, 걱정이 많은 상사 밑에서 일하는 경우라면 더욱이.

둘째, 걱정이 많은 개인과는 감정적 교류는 기대하지 않는 것이 좋으며, 직접적인 충돌은 피하는 것이 좋다. 이들은 '정서적 공감 능력'이 부족하기 때문에 감정 표현은 서툴며, 칭찬 및 격려는 더욱 낯설어 한다. 때때로 이들은 부적절한 분노 반응을 보이는데, 이유는 자기 원칙을 건드리는 사람은 그 누구라도 쉽게 용납하지 않기 때문이다. 웬만해선 자기 생각을 굽히지 않는다.

감정 표현은 비록 서툴지만, 논리적 접근은 자신 있어 하는 것이 이들의 특징이다. 따라서 논리적 근거가 부족하다면, 어설픈 논쟁은 삼가는 것이 좋다. 이들은 객관적 수치로 모든 일에 접근한다. 만약, 본인이 실수했다면 빨리 사과하는 것이 좋으며 변명은 피하는 것이 좋다. 그리고 상대가 편집성 성향이 있다면, 갈등을 대화로만 푸는 것이 힘들 수도 있다. 자신이 항상 옳다고 믿는 이들은 고발 및 소송을 두려워하지 않기 때문이다. 미리미리 조심하는 것이 상책이다.

셋째, 이들에게는 사적인 얘기는 삼가는 것이 좋다. 친해지는 과정에 별생각 없이 내뱉은 내 얘기를 이들은 자기 기준으로 왜곡해서 받아들이기 쉽기 때문이다. 그러다가 불리한 상황에 놓이면, 이들은 알고 있던 내 얘기를 아무렇지 않게 얘기하며 위기를 모면하려 들지도 모른다. 나중에 배신당할 위험은 미리미리 차단하는 것이 좋다.

넷째, 걱정이 많은 개인과 일을 한다면, 이들이 자기능력을 충분히 펼칠 수 있는 환경을 만들어 주는 것이 좋다. 이들은 분석적이고 논리적인 편이라 원리원칙이 중요한 일에는 장점이 있다. 수용 씨가 컴퓨터 업무에 뛰어났던 것처럼. 그리고 이들과 일할 때는 미리 경계를 설정하고 역할 분담을 확실히 해 놓는 것이 좋다. 확실한 경계가 없다면, 이들의 통제 욕구는 동료를 불편하게 만들 수 있기 때문이다. 워낙 꼼꼼하고 원칙적인 이들이기에, 주위 사람은 교과서적 지식을 이들에게 직접 배우는 행운을 경험할 수도 있다.

성실하고 꼼꼼한 성향은 산업화 시대에는 분명한 장점이었다. 하지만 자율성과 창조성이 강조되는 미래 사회에는 이들의 입지는 조금씩 줄어들지 모르겠다. 우연성과 불확실성이 존재하는 세상에서 모든 위험에 대비하려는 이들의 노력은 때로는 안타깝게 느껴진다. 앞만 보고 달리기보다는 때로는 쉬어갔으면 하는 바람도 든다. 물론 타고난 성향 때문에 쉽지는 않겠지만.

Chapter 5

이기적인 사람과 지내는 법

"비행기 기내에서 벌어진 사회 지도층의 '갑질 논란', 여론의 도마 위로!"

"수익률 3배 보장 주식거래 사기 주의, 금융감독원 '묻지 마 투자' 유의 당부!"

어디서 많이 본듯한 뉴스의 머리기사다. 요즘 연일 보도되는 사회 지도층의 갑질 행위와 지능형 범죄는 국민적 사기를 저하하고 사회 분열을 조장한다. 한마디로, 공감 능력 부재가 낳은 사회의 어두운

민낯이다.

공감은 타인의 생각을 헤아리는 '인지적 공감 cognitive empathy'과 타인의 감정을 헤아리는 '정서적 공감 emotional empathy'으로 나눌 수 있다. 그리고 진정한 공감은 이 두 가지가 조화를 이룰 때 가능하다. 앞에서 살펴 본 '감정 기복이 심한 사람'은 어떻게 보면 정서적 공감 능력은 뛰어나다고 볼 수 있다. 예민한 성향이 타인의 미묘한 감정적 움직임에도 민감하게 반응하도록 유도하기 때문이다. 그러나 이들의 반응을 진정한 공감이라 보기는 어렵다. 그들의 경우 타인의 생각을 헤아리는 인지적 공감 능력은 부족하며, 때로는 자기 기준으로 상황을 오해하는 인지적 왜곡도 보이기 때문이다.

이 챕터에서 살펴 볼 '공감 능력이 부족한 사람'은 이와는 다르게 정서적 공감 능력에 결함이 있다. 우리는 보통 이기적이며 안하무인적인 사람을 공감 능력이 부족하다고 표현한다. 자기 성공만을 쫓는 이들에게 애당초 타인의 감정은 관심 밖이다. 이들에게 타인이란 자신의 성공을 위해 존재하는 도구에 불과하다. 사실 이들은 타인의 생각과 의도를 파악하려고 부단히 노력한다. 그래야 타인을 이용하고 착취하는 일이 쉽기 때문이다.

이런 관점에서 보면, 이들은 정서적 공감 능력은 부족하지만 인지적 공감 능력은 문제가 없는 것처럼 보일 수도 있다. 하지만 타인에 대한 진정한 관심과 배려가 부족한 이들의 공감 또한 불완전한 것은 매한가지다.

현실을 들여다보면, '돈, 권력, 명예'를 소유한 기득권층 중에는 공감 능력이 부족한 사람이 꽤 많다. 이들의 특권의식과 이기심은 사회 기본 질서를 흔들고 정의를 위협한다. 따라서 공감 능력이 부족한 사람을 살펴보는 것은, 앞으로 우리 사회를 경쟁력 있고 도덕적인 사회로 만들기 위해 필요한 과정이다. 우리는 비록 공감 능력이 부족한 사람이 성공하기 쉬운 정글 같은 현실에 살고 있지만, 다가올 미래를 위해서는 공감 능력을 키워야 하는 모순에 처해 있다.

공감할 줄 모르는 그들의 일상생활

대학병원에 근무하는 C 교수의 진료실은 항상 북적거린다. 진료 시작 전부터 대기실은 환자들로 붐비고 그 중에는 지방에서 상경한 경우도 꽤 많다. 얼마 전 TV 강의를 한 후, 환자 숫자는 더욱 늘었다. 이제는 C 교수의 수술을 받기 위해 수개월 이상 기다리는 것쯤은 당연한 일이 됐다. 진료와 수술을 마친 퇴근길은 피곤하기 마련이지만 요즘 들어 C 교수는 퇴근길이 더욱 힘들게 느껴진다. 얼마 전, 학회 선거에서 낙선한 일이 문득문득 떠올랐기 때문이다.

C 교수는 아직도 자신이 낙선한 이유를 이해하기 힘들다. 평소 인지도나 과거 경력으로 볼 때, 자신이 회장이 되는 것이 당연하다고 생각했기 때문이다. 급기야 C 교수는 '혹시 나를 시기하는 교수들이 많은 것은 아닐까?'라는 의구심을 품기도 했다.

물론 이대로 주저앉을 C 교수는 아니었다. 내년에 예정되어 있는 다른 선거에 대비해 지금부터 체계적으로 준비하기로 마음을 먹었다. 자신을 찾아오는 수많은 환자와 매년 발표하는 논문 수를 고려할 때, 내년 선거에는 틀림없이 당선될 것이라는 확신이 들었다. 그러면서 C 교수는 같이 일하고 있는 후배 의사들을 좀 더 다그치기로 마음을 먹었다.

'나처럼 유명한 교수 밑에서 일하는 게 얼마나 행운이야? 그러니 내가 시키는 일은 군소리 없이 해야지.'

이것이 그의 솔직한 생각이다. C 교수가 자기 성과에 집착할 수록, 후배들은 밤낮없이 고생을 해야 했다. 하지만 C 교수는 후배들의 고충 따위는 신경 쓰지 않았다. 그도 그럴 것이 C 교수는 '자기애성narcissistic' 성향이 강한 사람이기 때문이다.

자기애란 말 그대로 '자신을 사랑하는 마음'을 뜻한다. 그리고 건강한 자기애는 건강한 자존감만큼이나 세상살이에 필요하다. 그런데 사회 지도층 중에는 건강한 자기애가 아닌 '병적인 자기애'를 가진 사람들이 꽤 많다.

병적인 자기애를 가진 개인은 있는 그대로의 자신을 수용하지 못하고 세속적인 성공만을 중요시한다. 월등한 재능이 있는 자신이 성공하는 것은 당연한 일이며, 그렇기 때문에 주위 사람들이 자신을 끝없이 존경해야 한다고 생각한다. 실제로 성공에 대한 끝없는 열망은 성공의 원동력이 되기도 하지만 성공의 순간에도 그들에게 만족이란 없다.

사실 이러한 성향은 어린 시절의 양육 환경과 깊은 연관이 있다. C 교수는 매우 엄격한 환경 속에서 자랐는데 그의 아버지 또한 대학병원 교수였다. 아버지의 훈육 방법이 무척 엄한 데다 현재 대기업 임원인 형과의 경쟁관계 때문에 그는 일찌감치 의사로 진로를 결정했다. 아버지에게 좀 더 인정받고 싶었기 때문이다.

다행히 두뇌가 명석했던 C 교수는 학창 시절 우수한 성적으로 부모의 관심을 받을 수 있었다. 그리고 의사가 된 후에는 주위의 인정까지 받으면서 자신감까지 한껏 드높아졌다. 그런데 어린 시절 부모로부터 무조건적인 사랑을 충분히 받지 못한 C 교수의 마음 한편에는 열등감이 있었다. 그것을 자만심이라는 갑옷으로 가린 채 스스로를 보호했기 때문에 미처 인식하지 못했을 뿐이었다.

C 교수처럼 자기애성 성향이 있는 개인은 부족한 자존감을 타인의 인정으로 메우려 한다. 그리고 세상의 인정을 받기 위해, 때로는 과욕을 부리며 비도덕적인 일까지도 행한다. 타인이 겉으로는 어떤 반응을 보일지 몰라도, 비도덕적인 이들의 행동에 진심 어린 존경을 표하기는 어려울 것이다. C 교수의 후배들이 그를 권위적인 사람으로 느끼고 어려워하는 것처럼.

30대 후반의 세호 씨는 분노에 찬 상기된 표정으로 진료실을 방문했다. 가쁜 숨을 여러 번 몰아 쉰 뒤, 세호 씨는 어렵게 입을 열었다.

"얼마 전에 회사 후배에게 상소리에 가까운 심한 말을 들었어요. 지금도 그때 생각만 하면 가슴이 벌렁거려요."

세호 씨를 진정시키고 차분히 그의 이야기를 들었다. 회사에는 세호 씨보다 몇 개월 늦게 입사한 후배 한 명이 있었다고 했다. 부서는 달랐지만, 업무상 마주치는 일이 많았고 평소 자신을 잘 따랐기에 빨리 친해졌다고 했다. 후배는 세호 씨와 있을 때면 예전 회사를 들먹이며 불만을 토로했지만, 세호 씨는 적응 과정 중에 나타나는 성장통 정도로 여겼다고 했다.

그러던 어느 날, 다른 계열사 중역으로 일하던 사람이 상무로 부임하게 됐다고 했다. 그런데 부임하는 상무는 평소 행동에 문제가 많아 평판이 나쁜 편이었다고 한다. 부임 전부터 상무의 든든한 배경에 대한 소문이 회사에 쫙 퍼졌는데 막상 상무가 부임하자 후배는 그와 자주 어울렸다고 한다. 소문대로 상무의 행동은 문제가 많았는데 그에게 총애를 받던 후배 또한 문제 행동을 보이기 시작했다고 한다. 그러던 중, 세호 씨는 후배와 같이 기획서를 작성할 일이 생겼다고 했다.

"부서가 다르다 보니 자주 상의를 해야 했는데, 후배가 제멋대로인 거예요. 회의 시간에 늦는 일도 다반사였고요."

당연히 일의 진척은 늦춰질 수밖에 없었다고 했다. 그런데 천부적으로 아부를 잘 떠는 후배였기에 그는 별 탈이 없었고 오히려 세호 씨가 꾸지람을 들었다고 했다. 참다못한 세호 씨가 하루는 후배에게 따끔한 충고를 했지만, 후배는 미안해하기는커녕 오히려 세호 씨에게 "아니, 선배가 알면 얼마나 안다고 훈계질이에요. 진짜 어이가 없네! 참견하지 말고 본인 앞가림이나 잘하라고요!"라며 대들었다고 했다. 이후에도 후배는 아무런 동요도 보이지 않고 회사 생활을 했기 때문에, 세호 씨는 섬뜩함마저 들었다고 했다. 얼마 후, 후배는 공금 유용 사실이 탄로나 해고당했는데, 회사를 그만두는 순간에도 안하무인이었다고 했다.

"안 그래도 그만두려던 차였는데 오히려 잘 됐군. 내가 이 정도 회사는 언제든지 구한다고!"

후배의 뻔뻔함에 세호 씨는 혀를 내두를 수밖에 없었다고 했다.

세호 씨의 사례에서 그 후배가 아무런 거리낌없이 무례한 행동을 할 수 있었던 이유는, 후배에게 '반사회성antisocial' 성향이 있었기 때문이다. '반사회성' 성향은 말 그대로 사회 규범과 법에 위반되는 행동을 하는 것을 뜻한다. 보통 폭력을 행사하는 흉악범만을 반사회성 성향이 있는 것으로 오해하기 쉬운데, 사실은 성공한 사람 중에도 반사회성 성향의 인물이 많다. 추측하건대, 위에 언급한 상무도 반사회성 성향이 있을 듯하다.

다만, 이들은 영리한 머리로 치밀한 계획을 짜고 법의 테두리를 교묘히 피하기 때문에, 단순 흉악범과는 다르게 보일 수 있다. 그러나 사회에 손해를 끼친다는 사실 자체에는 차이가 없다. 아니, 오히려 지능적이고 교활한 이들의 농간에 수많은 사람이 '경제적, 심리적 고통'을 받는다는 것을 고려하면, 이들의 폐해는 흉악범보다 훨씬 크다고 할 수 있다. '다단계 사기, 주가 조작' 등으로 인한 피해를 떠올려 보라.

그래도 타인의 인정과 존경을 추구하는 자기애성 성향의 개인에게는 일말의 양심을 기대할 수는 있다. 그러나 반사회성 성향의 개인에게는 이런 기대를 일찌감치 거두는 것이 좋다. 이들에게 도덕성은 존재하지 않는다. 그들은 다양한 감정을 느끼지 못하는 감정적 장애인에 가까우며, 세상은 오직 약육강식의 원칙만이 지배한다고 생각한다. 따라서 이익을 위해 병적인 거짓말을 하고 돈을 벌기 위해 사기를 친다. 죄책감은 전혀 없다. 세호 씨 후배의 사례에서도 지적 능력이 우수한 반사회성 성향의 개인이 주위에 얼마나 큰 손해를 끼칠 수 있는지 여실히 드러나고 있다.

후배는 이용 가치에 따라 세호 씨와 거리를 두고 상무와 친해지기 위해 노력했다. 이윽고 상무와 친해진 후배는 세호 씨를 더는 예전의 선배로 여기지 않고, 그저 하찮은 존재로 대했다. 막판에 세호 씨에게 보인 불손한 태도를 우리는 이해하기 어렵지만, 반사회성 성향의 개인은 그런 사람이다. 도덕성이 없는 그들에게 '죄책감, 미안함, 후회' 같은 감정은 기대하기 어려우며, 애초에 존재하지도 않는다.

만약 주위에 처음에는 호감 가는 행동을 하다가 갈수록 불성실하고 무례한 행동을 하는 개인이 있다면, 그런 사람은 극히 조심해야 한다. 반사회성 성향의 개인과는 처음부터 거리를 두는 것이 최선의 방책이기 때문이다.

공감 능력이 부족한 사람의 '관계의 사분면'

대인관계에서 불필요한 에너지 소모를 줄이려면, 타인의 성격을 빠르고 정확히 파악할 필요가 있다. 만약 상대가 공감 능력이 부족한 경우라면, 더욱더 빨리 파악해야 한다. 왜냐하면 이들은 타인의 권리를 쉽게 침범하고 착취하려 들기 때문에, 애초에 이들과는 적절한 거리를 두는 것이 상책이기 때문이다.

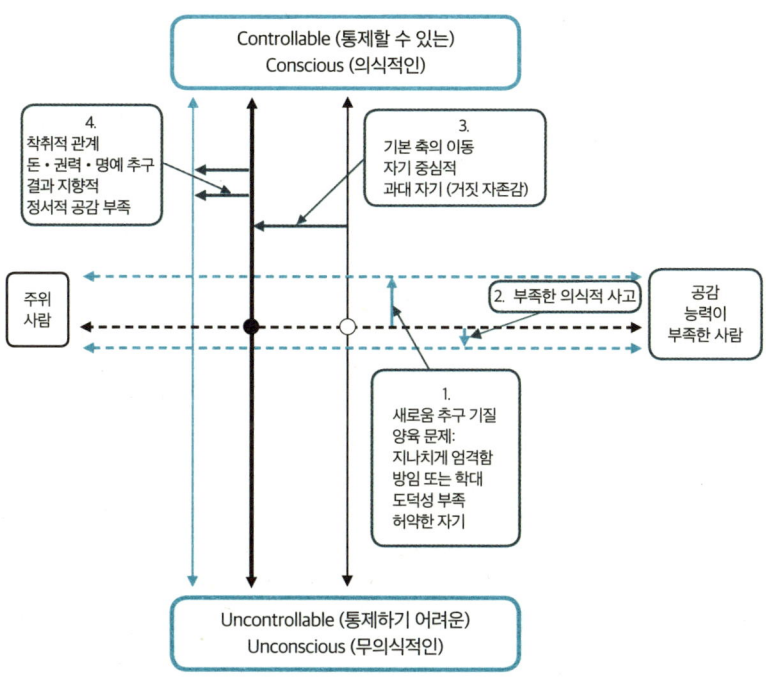

3번 화살표를 보면, 심리적 경계를 뜻하는 세로축이 중앙에서 좌측으로 이동되었음을 알 수 있다. 이것은 공감 능력이 부족한 사람은 자기 능력은 우월하게 여기는 한편, 타인의 능력은 은연 중에 하찮게 여긴다는 것을 나타낸다. 물론 이들도 자기보다 사회적 지위가 높은 사람을 만나면, 위축감을 느낄 수 있다. 그런데 이들은 타인의 장점을 인정하고 본받으려 하기보다는 타인의 능력을 이용할 생각부터 한다. 이용가치에 따라 타인을 분류하고, 자신이 언젠가는 이용할 수 있다고 믿는다. 그러니 위축될 일은 없다. 그렇다면 이들의 허황한 자신감은 어디에서 오는 것일까? 해답은 이들의 무의식 세계에서 찾을 수 있다.

단순한 일반화는 어렵지만, 공감 능력이 부족한 사람은 C 교수처럼 엄격한 부모 밑에서 성장한 경우가 많다. 부모가 지나치게 엄격한 경우라면 자녀는 타고난 기질에 따라 크게 두 가지 반응을 보일 수 있다. 내성적인 아이라면 더욱 위축될 수 있고, 외향적인 아이라면 부모의 인정을 받기 위해 도전적일 수 있다.

공감 능력이 부족한 사람은 '새로움 추구 기질 novelty seeking temperament'을 타고나는 경우가 많은데, 기질 덕분인지 이들은 일찍부터 경쟁적인 모습을 보일 때가 많다. '자기애성, 반사회성' 성향은 여성보다 남성에게 많은데, 이것은 '도전적, 모험적 기질' 자체가 남성에게 흔한 사실과 관련이 있다. 어린아이라도 부모에게 장점을 뽐내고 인정받기 위해서는 나름의 노력을 해야 한다. 친구들과 어울리기보다는 칭찬받을 일을 찾는 데만 몰두해야 한다. 그 결과 아이는 자기만 생각하는 이기적인 아이가 되기 쉽고, 과정보단 결과를 중요시하기 쉽다.

방임 또는 학대의 환경도 공감 능력 형성에 방해가 된다. 부모가 너무 허용적이면 아이는 타인에게 버릇없이 굴기 쉽다. 그러면서 동시에 자기 권리는 무한하다는 그릇된 생각을 무의식에 내재화하기 쉽다. 그리고 학대받은 아이는 세상을 믿지 못하고 자기 이익만을 쫓기 쉽다. 결국 방임이나 학대 속에서 성장한 아이는 자기만 생각하는 이기적인 아이가 되기 쉽다. 그리고 정도가 심해지면 자신을 맹신하는 '과대 사고'가 머릿속에 뿌리내릴 수 있다.

지금까지 우리는 '새로움 추구 기질'을 타고난 아이가 부적절한 양육 환경을 만났을 때(지나치게 엄격함, 방임 또는 학대) 여러 문제를 살펴봤다. 아이의 이기심 못지 않게 우려해야 할 것은 도덕성 부족이다. 지나치게 이기적인 아이는 '양보, 배려, 양심' 같은 도덕성을 키우지 못한다. 도덕성이 부족한 아이는 거짓말을 남발하기 쉽다. 그리고 무엇보다 심각한 문제는 착취적인 인간관계를 맺는데 별다른 죄책감을 못느낀다는 사실이다. 도덕성은 어릴 때부터 키워야 한다. 사기, 폭력으로 인한 사회 비용을 생각해 보면.

공감 능력이 부족한 개인은 자기반성과 자기 소통이 절대적으로 부족하다. 단점은 그럴듯한 허세로 감추고, 실수는 부인하고 합리화하는 경우가 대부분이다. 이들은 자기 잘난 맛에 세상을 살기 때문에 진료실을 잘 찾지도 않지만, 혹시 진료실을 방문한다 하더라도 치료 효과는 극히 낮다.

당당한 겉모습 뒤에 허약한 자기를 숨기고 있는 이들은 '생존 전략'으로 '과대 자기'를 전면에 내세운다. 이들은 3번 화살표 크기만큼이나 자신이 타인보다 우월하다고 믿지만, 그것은 근거 없는 망상에 불가하다. 눈에 띄는 결과만을 중요시하기 때문에, 이들은 4번 화살표처럼 타인의 권리를 쉽게 침범하곤 한다. 이들의 착취에 주위 사람은 고통스러워하지만, 별로 개의치 않는다. 정서적 공감 능력이 부족하기 때문이다. 타인의 마음을 헤아릴 시간에 그들은 끝없이 '돈, 권력, 명예'를 추구한다.

가급적 공적인 관계만 유지하기

공감 능력이 부족한 사람의 문제는 '도덕성 부족'과 '착취적인 대인관계'이다. 실제 주위에는 공감 능력이 부족한 사람이 많다. 이들은 이기적이고 때로는 위험하다. 따라서 자기 보호 차원에서라도 다음의 내용을 알아두면 유익하다.

첫째, '도덕성, 양심'이 부족한 이들에게 섣불리 이성적인 반응을 기대하진 말아야 한다. 너무 큰 기대는 실망만 불러오는 법. 공감 능력이 부족한 개인은 자기 이익을 위해 주위 사람을 쉽게 이용한다. 이익이 될 듯하면 사탕발림도 주저하지 않는다. 그러다 자기에게 조금이라도 손해가 생기면, 인신공격적 발언도 서슴지 않는다. 따라서 주위 사람은 이들의 지나친 비난에 자신감을 잃고 자기 비하에 빠질 필요는 없다.

둘째, 인격적으론 미성숙한 이들이지만 객관적 능력은 출중할 수 있다. 성공한 사람 중에도 자기애성 성향을 보인 사람이 꽤 많다. 사망한 스티브 잡스도 자기애성 성향이 있었다고 한다. 그런데 강조하고 싶은 점은 이들의 장점을 본받자는 것이지, 사적으로 친해지자는 얘기는 아니다. 앞에서 예로 든 C 교수의 경우도, 진료 방식에는 나름의 노하우가 있을 것이다. 따라서 후배들은 그의 노하우를 자기 것으로 소화하려고 노력할 필요가 있다. 당연히 진심 어린 존경은 힘들겠지만, 자신의 발전을 위해.

셋째, 공감 능력이 부족한 사람과는 공적인 관계만 유지하는 것이 좋다. 만약 자신이 정에 약하고 우유부단한 성격이라면 더욱더. 정에 약한 사람은 이들의 눈에는 착취하기 쉬운 먹잇감으로 보이기 쉽기 때문이다. 그리고 이들과는 객관적 결과에 근거해 이야기하는 것이 좋다. 영악한 이들은 불리한 상황에 놓이면, 거짓말로 위기를 모면하는 데 능숙하다. 세호 씨도 말로 해결하려 들기보단 잘못을 입증하는 객관적 자료를 모아 두는 편이 현명했을지도 모른다. 그리고 지나치게 착취적인 상사 밑에 있다면, 과감히 이직하는 것도 고려해야 한다. 벗어나는 것만이 최선인 경우도 많다.

넷째, 이들의 마수에 걸리지 않기 위해서는 스스로 욕심을 제어할 줄 알아야 한다. 세상을 '돈, 권력, 명예'로 평가하는 이들은 다른 사람도 자기 같으리라 생각한다. 만약, 주위에 상식을 뛰어넘는 좋은 조건을 제시하는 사람이 있다면 혹시 사기꾼은 아닐지 조심해야 한다. 그리고 자기애성 성향의 상사 중에는 승진을 미끼로 부하를 유혹하는 경우도 많다. 하지만 이들의 궁극적 목적은 자기 이득 챙기기일 뿐이다. 부하는 안전한 '보험 장치'로 이용하려 드는 것일 뿐.

누구든 경제적 이득과 성공을 제안받을 때, 유혹을 뿌리치기는 힘들다. 그런데 세상에 공짜는 없고 엄청난 행운이 나에게만 찾아올 확률은 극히 낮다. 달콤한 유혹을 한 상대가 분명 문제지만, 욕심을 제어하지 못한 내게도 일정 부분 책임은 있다. 정도를 걷고 자기 능력에 맞는 자리를 바라는 것이 검은 유혹에 빠지지 않는 최고의 방법이다. 지나친 욕심은 화를 부른다.

사람은 누구나 성공하고 높은 자리에 오르면 자기애적 성향에 빠지기 쉽다. 주위의 찬사와 눈 앞의 권세 앞에 수많은 사람은 초심을 잃고 자아도취에 빠진다. 자본주의 사회에서 풍족하게 사는 것은 대부분이 원하는 것으로, 방법만 정당하다면 문제될 것은 없다. 다만, 그 자리에 어울리는 도덕성과 책임감이 있는지가 중요할 뿐이다.

그런 면에서 우리 사회는 과연 '도덕적'인가에 대해선 회의가 든다. 일부 사회지도층은 부정한 방법으로 돈과 권력을 얻고 쉽게 비리를 저지른다. 그리고 이것을 지켜보는 국민들 마음에는 분노가 쌓이고 도덕적 삶에 대한 회의가 든다. 사회 정의와 도덕이 무너졌을 때, 사회 구성원들 또한 비도덕적 행동을 할 확률이 커진다. 일종의 '도

미노 현상, 나비 효과'이다. 여기에 우리가 모두 사회 정의와 도덕에 대해 진지하게 고민해야 할 이유가 존재한다.

Chapter 6

합리적으로 감정 다스리기

"제가 다른 사람에 비해 많이 이상한가요?"
"선생님이 보기에도 제 남편은 비정상 같지 않아요?"

 진료실을 찾는 사람들 중에 종종 이런 질문을 하는 사람들이 있다. 내담자를 어느 정도 이해한다고 해도 결코 답하기 쉬운 질문이 아닌데 첫 면담부터 이런 질문이 쏟아지면 여간 곤혹스러운 것이 아니다. 이런 경우 좀 더 시간을 갖고 생각해 보자고 말하지만, 이런 질문을 받을 때면 정신과 의사의 자질에는 감정을 평가하는 능력도 필요한가 하는 의구심이 들기도 한다. 그러면서 한편으로는 '감정 평가사'를 원하는 듯한 내담자의 표정에 무언의 압박을 느끼기도 한다.

모든 경우에 통용되는 절대적인 치료법이 있다면 좋겠지만, 당연히 그런 비법은 존재하지 않는다. 만약 그런 비법이 있다면 그렇게 많은 사람들이 감정 때문에 고통받을 이유도 없다. 그래도 다행인 것은 인간은 합리적일 수 있으며, 감정을 다스리는 문제에도 합리적으로 접근하는 것이 가능하다는 점이다. 그렇다면 어떻게 하는 것이 합리적으로 감정을 다스리는 방법일까?

우선은 '인간의 보편성'과 '개인의 특수성'에 대한 이해가 필요할 듯싶다. 인간은 누구나 보편적으로 느끼는 감정이 있다. '기쁨, 즐거움, 슬픔, 노여움' 등등. 우리는 감정을 좋은 감정과 나쁜 감정으로 나누기도 하지만, 그것은 결코 바람직한 자세는 아니다. 모든 감정은 나름대로 존재하는 이유가 있으며, 그 자체로 존중받아야 한다. 그리고 동일한 상황이라도 개인마다 받아들이는 양상은 천차만별이다. 따라서 감정을 다스리는 방법에 대해서는 '인간의 보편성과 개인의 특수성에 대한 이해', 여기에서부터 이야기를 풀어나갈 필요가 있다.

세간에 회자되는 말 중에 '모든 문제는 문제 속에 답이 있다'는 말이 있다. 감정을 다스리는 문제라고 다를 것은 전혀 없다. 합리적으로 감정을 다스리기 위한 첫걸음은 자신의 감정을 충분히 느끼는 것부터 시작해야 한다. 즉, 감정과 친해져야 한다. 그래야 감정에 압도

되지 않고 합리적으로 다스릴 수 있다.

감정에도 정상이 있을까?

인간은 누구나 '정상 normal'을 지향한다. 비정상이라는 말만큼 인간을 힘들게 하는 단어도 흔치 않다. 정상은 직관적으로 '가장 흔한 것, 보편적인 것, 무난한 것' 정도로 이해되는데, 이런 기준은 모호하며 개인의 기질과 성향에 따른 기준 차이도 분명히 존재한다.

그런데 '정상 혹은 정규성 normality'에 대해 말할 때, 우리는 이미 훌륭한 도구를 갖고 있다. 바로 본문에 있는 종 bell 모양의 곡선으로, 이 곡선을 '정규 분포 normal distribution'라 부른다.

정상에 대한 직관적 이해는 아마 정규 분포의 중앙에 우뚝 솟은 '평균' 정도만을 의미할 것이다. 그러나 이것은 정상에 대한 올바른 이해는 아니다. 정규 분포에는 엄연히 '평균'뿐 아니라 '표준 편차'라는 개념이 존재하기 때문이다. 표준 편차는 평균을 기준으로 한 좌, 우의 일정한 폭을 의미하는데 표준 편차로 인해 정상의 범위는 넓어진다. 요약하자면, 정상이란 평균과 표준 편차의 조합으로 이뤄진다.

실제 우리는 이 정규 분포를 이용해 생물학적, 물리학적 현상뿐 아니라 다양한 사회적 현상까지도 이해하고 있다. 대표적인 예가 'IQ와 키'다. IQ는 100(평균)을 기준으로 하여 대다수가 80에서 120(표준 편차)사이에 존재한다. 그렇다면 인간의 감정 또한 정규 분포를 이용해 설명할 수 있을까? 그런데 평균만 생각해 봐도, IQ와 키는 정확한 측정을 통해 평균을 계산할 수 있지만, 감정은 객관적 측정이 어렵다는 고충이 있다.

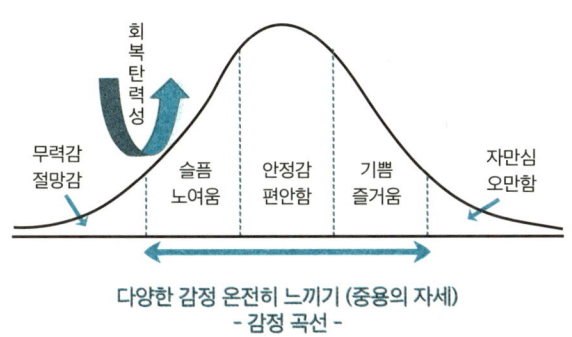

- 감정 곡선 -

 감정은 다양한 자극에 대한 반응이다. 그렇다면 자극이 많지 않은 상태를 기준으로 하고 그럴 때 느끼는 감정인 '안정감, 편안함'을 감정 곡선의 중앙(평균)에 위치시켜 보면 어떨까? 살다 보면 자극이 없는 상태는 그리 흔치 않으니, 이런 생각에 의문이 들 수는 있다. 그렇지만 뇌 입장에서는 자극이 많지 않은 상태를 가장 무난하고 평범한 상태로 볼 수도 있을 것이다. 그리고 다행스럽게도 우리에게는 정상을 정의하는 또 다른 요소인 표준 편차도 남아 있다.
 흥망성쇠가 반복되는 인생을 살다 보면, 필연적으로 '희(기쁨), 로(노여움), 애(슬픔), 락(즐거움)'을 느끼게 된다. 희로애락은 누구나 느끼는 자연스러운 감정이다. 그러므로 희로애락을 '안정감, 편안함'의 좌, 우에 위치시켜 보자. 그렇게 하면 살면서 자주 느끼는 감정을 표현할 수 있다. 즉, 희로애락을 표준 편차로 '감정 곡선'을 완성할 수 있다.

한편, 희로애락이 보편적 정서임에도 불구하고 많은 사람들이 기쁨과 즐거움에 비해 슬픔과 노여움에 대해서는 유독 야박하게 구는 듯하다. 슬픔을 느끼기에 남을 도울 수 있고, 노여움을 느끼기에 불의에 저항할 수 있건만, 슬픔과 노여움이라고 하면 부정적 생각부터 떠올린다. 그것은 아마도 슬픔과 노여움 때문에 일을 그르쳤던 기억 때문일 것이라. 그런데 엄밀히 말하면 슬픔과 노여움 자체가 문제였다고 볼 수는 없다. 그보다는 감정에 휩싸여 미성숙한 반응을 보였던 것이 더 문제였다.

우리 사회는 아직 감정을 표현하기보다는 억압하는 것이 보편적이다. 슬픔과 노여움도 직면해 봐야 왜 내가 슬프고 화나는지를 이해할 수 있고, 그래야 발전적 해결 방안을 모색할 수 있건만, 우리에게 이런 과정은 낯설기만 하다. 그래서인지 감정을 억압하는 방법으로 '술, 쇼핑, 게임'에 의존하는 사람이 나날이 늘고 있다. 감정을 억압할수록 감정의 노예가 되기 쉽다는 사실을 깨우치지 못한 채.

만약 누군가의 감정 상태가 슬픔과 절망감에 주로 머물러 있다면(감정 곡선의 좌측 영역), 그 사람은 비정상이라 말할 수 있을까? 아직 속단하기는 이르다. 그의 사연부터 들어봐야 한다.

3개월 전, 불의의 교통사고로 가족을 잃은 사람이 있다고 치자. 그는 사고를 낸 운전자의 부주의에 분노를 느꼈을 것이며, 상실의 고통에 절망감을 느꼈을 것이다. 그런데 주위 사람의 도움으로 점차 감정을 추스르고 있다면, 누구도 이 사람의 감정 상태를 비정상이라 말하지 않는다. 애도 반응은 지극히 정상적인 반응이기 때문이다. 이 경우 상황의 특수성이 이 사람의 감정 상태를 정당화한 것이다. 비슷한 시련에도 개인의 '자아 강도, 긍정성' 등에 따라 회복 속도는 차이가 난다. 속도가 좀 더디더라도 조금씩 회복되고 있다면, 그것은 결코 비정상이 아니다. 여기서 중요한 것은 개인의 차이를 받아들이는 것이다.

예로부터 우리 조상은 '중용中庸'의 자세를 강조했다. 그런데 '가운데 중中' 때문인지 한쪽으로 치우침 없이 중간을 지키는 것을 중용의 뜻으로 오해하기 쉬운데(감정 곡선에서 중앙의 '안정감, 편안함' 영역), 이것은 중용에 대한 수박 겉핥기식 이해에 불과하다. 오히려 중용은 중간만 지키기보다는 역동적으로 움직이면서 균형을 잡는 것을 말한다. 맞닥뜨리는 상황에 따라 기쁠 때는 기뻐하고 슬플 때는 슬퍼하는 것이 중용의 참뜻이다. 중용의 자세란 감정 곡선에서 보면, 현실적 맥락에 따라 희로애락을 온전히 느끼는 것을 뜻한다. 어찌 보면, 중용은 지극히 동적인 개념이다.

감정 곡선에서는 이해의 편의상 감정 사이에 점선을 그려 놓았지만 사실 이런 경계는 존재하지 않는다. 실제로, 편안함이 어느 순간에 슬픔으로 바뀌는지를 어떻게 정확히 구분할 수 있겠는가? 앞에서 살펴봤듯이 감정 자체를 정상과 비정상으로 구분하는 것은 무모한 시도일 뿐이다.

그럼 이 시점에 정상이란 무엇인가를 심도 있게 연구한 정신의학자 조던 스몰러의 이야기를 한번 들어 보자.

"정상이 가장 흔하고 평균적이거나 이상적인 어떤 상태가 아니라 오히려 인간 가능성의 분포나 스펙트럼이라는 사실을 받아들여야 한다면, 어떻게 정상과 비정상을 구분할 수 있을까?"

스스로 던진 질문에 그는 이렇게 답한다.

"낮과 밤은 분명히 다르지만 둘 사이의 경계를 구분하는 것은 어려운 일이다. 이와 마찬가지로 정상과 비정상의 경계를 구분하기는 쉽지 않으며 신중함이 요구된다."

그렇다고 그가 비정상의 존재 자체와 치료 필요성에 대해 부정한 것은 아니다. 다만, 정상과 비정상을 너무 쉽게 구분하려고 하는 우리의 태도에 경종을 울렸을 뿐이다.

감정은 하루에도 수십 번, 아니 수백 번 이상 변하기도 한다. 여러 번 강조했듯 감정 자체는 좋고 나쁨, 옳고 그름이 없다. 감정의 숨은 뜻을 이해하고 감정에 치우친 행동을 줄이기 위해 노력해야 할 뿐이다. 그렇기는 해도 살다 보면 절망감과 무력감에 휩싸일 때가 있다. 이럴 경우 '회복 탄력성 resilience'의 도움이 절실히 필요하다.

마음의 근력, 회복 탄력성 기르기

인생은 고난의 연속이며 역경을 대하는 개인의 반응은 각양각색이다. 그 와중에, 누가 봐도 힘든 상황이지만 불굴의 의지로 이겨내는 사람이 있다. 일찍이 심리학자들은 이런 개인에게 관심을 가지고 많은 연구를 진행했다. 연구 결과 이들에게는 시련과 고통을 이겨내는 힘이 다른 사람에 비해 월등히 강하다는 것을 알게 됐고, 학자들은 이런 힘을 일컬어 '회복 탄력성 resilience'이라고 명명했다. 회복 탄력성은 다른 말로 '마음의 근력, 회복력' 등으로 부르기도 한다.

  사람마다 기초 체력이 다르듯 회복 탄력성도 개인마다 차이가 있다. 그리고 훈련을 통해 체력을 키울 수 있듯이 회복 탄력성도 노력 정도에 따라 증진시키는 것이 가능하다. 그런데 고통과 시련이 반복되다 보면, 어쩔 수 없는 깊은 무력감과 절망감에 빠질 때가 있다. 감정 곡선에서 보면, 감정이 좌측 끝에 편중된 상태로 머무는 것인데, 이 상태에서 벗어나기는 말처럼 쉽지 않다.

  마음의 상처는 눈에 잘 띄지 않는다. 당사자도 처음에는 웬만한 상처는 숨기려 하는 경우가 대부분이다. 그러다 조금씩 회복되면 다행이겠지만, 고통이 크면 무력감과 절망감의 어두운 그림자는 서서히 모습을 드러내기 시작한다. 표정은 어둡고 말수는 적으며 활동량은 줄어든다. 결국, 주위 사람도 변화를 눈치채게 된다. 이럴 경우, 격려한답시고 "다 마음먹기 나름이야", "사는 게 다 그래. 그러니 너무 신경 쓰지마"라는 식의 말을 건네기도 하지만, 당사자에게 별 도움이 되지 않는다. 당사자도 이미 알고는 있다. 마음이 따라 주지 못할 뿐이다.

무력감과 절망감에 휩싸인 상태는 신체로 치면 골절상을 당한 상태와 비슷하다. 골절 상태에 있는 사람에게 움직이라고 다그치는 사람은 없다. 병원에 데려다 주고 거동을 도와주는 것이 보통의 상식이다. 마음의 상처도 이와 다를 바 없다. 무력감과 절망감은 정신적 에너지 고갈의 또 다른 이름일 수 있다. 당사자는 에너지 보충을 간절히 원하지만, 혼자 힘으로는 에너지를 채울 방법이 마땅치 않다는것이 문제다. 그래서 주위의 세심한 도움이 필요한 것이다.

어릴 적 불우한 환경을 딛고 성공한 사람의 사례를 보면, 이들 주위에는 절대적 지지와 관심을 보여 준 사람이 꼭 있었다고 한다. 따뜻한 주위 환경이 역경과 시련을 극복하는 원동력이 돼 준 것이다.

골절이 있으면 깁스를 하고 절대 안정을 취해야 하는 것처럼 무력감이 심할 때는 전문적인 치료도 고려해 봐야 한다. 전문가의 도움을 빌려 비상등이 켜진 자신의 정신적 에너지 탱크에 연료를 채워야 한다. 도움받는 것은 절대 나약하고 부끄러운 일이 아니다. 회복이 우선이다.

시간이 흘러 뼈가 잘 붙으면 깁스를 풀게 된다. 그런데 막상 깁스를 풀면, 피부는 새하얗고 근육은 위축되어 있으며 움직임도 예전 같지 않다. 아직은 재활을 통한 근력과 운동 능력 회복이 필요한 것이다. 주위의 도움으로 상처에서 조금씩 벗어나고 있는 사람도 이와 비슷한 상태다. 주변 사람들의 도움으로 무력감과 절망감에서 벗어날 수 있는 원동력은 얻었지만, 아직은 마음을 원활히 움직이는 추진력은 부족한 상태다. 그런데 이제부터는 본인의 노력 여하가 좀 더 중요한 시기라 할 수 있다. 신체 재활에서도 코치가 도움을 줄 수는 있지만 결국 중요한 것은 본인의 의지이다.

신체 재활과 마찬가지로 마음 재활에도 규칙적인 운동은 많은 도움이 된다. 규칙적 운동은 긍정성을 불러일으키는 여러 호르몬의 방출을 돕는다. 그리고 운동을 통해 얻은 에너지는 긍정적 정신적 에너지로 전환되어 마음을 움직이는 추진력이 된다. 우울증 치료와 예방에 있어 규칙적 운동의 효과는 이미 수없이 입증된 바 있다.

우리는 몸과 마음이 밀접한 관련성을 가진다는 점을 적절히 이용할 필요가 있다. 평소 즐기던 취미 생활이 있었다면, 다시 시작하는 것도 에너지 회복에 도움이 된다. 이와 관련해 임상 경험을 살펴보면, 즐겨 하는 취미 생활이 있던 내담자가 위기상황에서 더욱 빨리 회복되는 편이었다. 그러므로 현대인은 여러모로 자기만의 취미 생활을 할 필요가 있다.

지금까지의 내용을 요약해 보면, 주위의 따뜻한 도움은 역경을 벗어나는 원동력으로 작용한다. 그리고 운동과 취미 생활은 회복 시간을 줄이는 추진력이 된다. 주위의 배려와 취미생활의 도움을 받으면 처음에는 바닥을 보였던 정신적 에너지도 조금씩 채워지기 마련이다.

그렇다면 이제 필요한 것은 무엇일까? 그것은 바로 '생각하는 시간'을 갖는 것이다. 무력감과 절망감에 사로잡히면, 누구나 자존감에 심대한 손상을 입는다. 그리고 '자기부정, 자기 회의, 자기 비하' 같은 부정적 사고가 걷잡을 수 없이 확장된다. 그런 의미로 보면, 무력감과 절망감은 순수한 감정이라기보다는 감정 위에 부정적 자기인식이 덧붙여진 상태라 할 수 있다. 부정적 사고는 자기 비난을 넘어 미래를 회의적으로 보게 만든다. 그 결과 스스로 삶을 포기하는 극단적 행동까지 보일 수 있다.

일반화하기는 어렵지만, 구체적으로 이런 생각을 해 보면 어떨까? '인생의 불확실성에 대한 생각, 현실적 한계에 대한 생각, 목표에 대한 생각, 욕심에 대한 생각' 등등. 이런 사고 과정이 있을 때, 시련에서 회복 중인 개인은 현실에 조금 더 가까이 다가갈 수 있다. 즉, 자율적인 사람으로 한 단계 더 성장할 수 있다. 그리고 더 지혜로운 사람으로 발전할 수 있다.

감정 곡선의 우측 끝에 있는 자만심과 오만함 또한 순수한 감정이라 보기는 어렵다. 여기에도 자기 과신이라는 편향된 인식이 덧붙여 있기 때문이다. 자기 과신이 지나치면, 돈과 권력에 눈이 멀게 된다. 감정 곡선의 좌, 우측 양극단에 머물러 있는 상태는 분명 위험한 상태다. 양극단에 머무는 시간이 길어질수록 본인뿐 아니라 사회에 악영향을 미칠 가능성이 커진다. 우선 양극단에서는 벗어나는 것이 급선무다. 여기에는 가족, 친구, 전문가의 관심과 도움이 필요한 것이 분명한 사실이다.

감정 곡선의 전체 모습은 '산'을 무척이나 닮았다. 무력감과 절망감에서 벗어나 안정감과 편안함에 이르는 과정은 흡사 등산 과정에 견줄 만하다. 정상까지 등산하기 위해서는 에너지가 필요한데, 회복 탄력성이라 부르는 마음의 근력을 이용해 역경과 고난을 이겨낼 수 있다. 그 과정에 따뜻한 지지를 보내 주는 주위의 도움은 산 능선을 오르는 '원동력'이 되고, 운동과 취미 생활로 얻은 긍정적 에너지는 산 정상에 다다르는 '추진력'이 된다. 그리고 어렵게 올라온 산 정상에서 자신을 되돌아보는 과정은 성장의 밑거름이 되는 '사고력'이 된다.

그런데 등산을 하다 보면, 발을 헛디디거나 갑자기 비가 내리는 등 예기치 못한 상황이 발생할 때가 있다. 등산 전에 만반의 준비를 기하기는 하지만 모든 상황을 대비할 수는 없다. 우리는 이런 현상을 일컬어 인생의 불확실성이라 부른다.

불확실성과 함께 뒹구는 삶

얼마 전의 일이다. 운전 중 갑자기 타이어 이상을 알리는 비상등이 켜졌다. 그 순간 펑크가 났나 하는 생각이 들었고, 안타깝게도 불길한 예상은 정확히 들어 맞았다. 오래된 타이어였다면 그러려니 했을 것이다. 그런데 바꾼 지 얼마 안 된 타이어이다 보니 기분은 좀 언짢았다. 그러면서 "올해 재수가 없으려나?", "도로 관리를 어떻게 하는 거야?", "세금을 어디다 쓰는 건지 도대체 알 수가 없어" 같은 부정적 생각이 머릿속을 가득 메웠다. 사고가 안 난 것이 가장 다행이었고 단지 운이 좀 없었을 뿐이건만, 부정적 생각이 꼬리에 꼬리를 무는 것은 어쩔 수 없었다. 아마 같은 상황을 친구가 겪었더라면 액땜으로 여기라는 말 정도만 건넸을 것이다. 이런 생각을 하며 필자 역시 마음을 다스린다는 것이 얼마나 어려운 일인지 다시 한 번 실감할 수 있었다.

그렇다면 인생의 불확실성은 어떻게 받아들여야 할까? 인생에는 불확실성 또는 운이라 부르는 일이 있다는 사실부터 받아들일 필요가 있다. 살다 보면 예상보다 좋은 결과가 나타날 때도 분명히 있다. 그런데 이런 행운이 전적으로 자기 능력 때문인 것으로 과신한다면 언젠가는 불운의 늪에 빠질 수 있다.

인간이 삶의 불확실성에 도전하는 대표적인 예가 주식 시장이다. 주식은 기업의 미래 가치에 투자하는 것인데, 기업의 미래가치를 정확히 예측한다는 것은 사실상 불가능에 가깝다. 그런데 몇 번의 수익을 올렸다고 해서 자기 판단력을 과신하고 앞으로도 정확히 예측하리라고 맹신하는 사람이 있다. 그리고 그런 이들의 불행한 말로를 수없이 지켜봤다.

그렇다고 인생의 불확실성을 두렵게만 바라볼 것은 아니다. 인생의 불확실성을 받아들일 때, 좀 더 겸손해질 수 있다. 그리고 미처 대비할 수 없는 불운도 있음을 인정할 때, 조금은 더 여유로워질 수 있다. 살다 보면 누구에게나 행운과 불운은 찾아온다. 행운이 다가왔을 때는 인생의 보너스 정도로 생각하면 될 일이고, 불운한 일을 겪을 때는 현명한 대처 방법을 생각해 보면 그만일 뿐이다. 필자 역시 타이어에 펑크가 난 것은 운이 좀 없었을 뿐이다.

그렇다고 운의 존재를 인정한다는 것이 수동적인 태도로 인생을 대충 살자는 말은 아니다. 운의 존재는 인정하되 너무 영향을 받지는 말자는 얘기를 하고 싶을 뿐이다. 요즘 사는 것이 힘들다는 말을 주변에서 자주 한다. 즐거움보다는 좌절과 무력감을 야기하는 일이 잦은 것도 사실이다. 즉, 감정 곡선에서 좌측에 편향된 기분 상태로 지내는 시간이 많다는 뜻이다. 당연하게도 이런 상태가 오래 지속되는 것은 절대 바람직하지 않다. 스트레스는 만병의 근원이라고 하지 않던가.

그렇다면 앞으로는 감정 곡선의 우측에 있는 기쁨과 즐거움을 느끼는 시간을 좀 더 확보하기 위해 노력해 보면 어떨까 싶다. 그리고 여기서 중요한 것은 진정한 의미의 기쁨과 즐거움이어야 한다는 사실이다. 즐거움을 추구한다고 '술, 쇼핑, 게임'에 빠지는 것은 별 도움이 되지 않는다. 단순한 쾌락과 진정한 의미의 즐거움은 분명한 차이가 있다. 내가 진정으로 기쁘고 즐거울 때가 언제인지를 알아야 한다. 아마 각자의 가치에 부합하고 타고난 흥미를 실현하는 시간이 아닐까 싶다. 우리는 이런 활동에 좀 더 의식적으로 시간과 에너지를 투자할 필요가 있다.

정규 분포는 지금도 효과적인 통계 분석 방법으로 이용되고 있다. 통계의 생명은 신뢰성으로, 신뢰성은 표본 숫자가 많을수록 높아진다. 실제로, 선거 전에 하는 여론조사도 조사에 참여한 사람이 많을수록 통계적 유의성은 높아진다. 그렇다면 다양한 상황에서 느낀 감정을 정리해 봄으로써, 세상에 하나뿐인 나만의 감정 곡선을 그려 보는 것도 의미가 있을 것이다. 예를 들면, 지난 한 달간 내가 '즐거웠던 시간, 불편했던 시간, 분노를 느꼈던 상황, 편안함을 느꼈던 상황' 등을 되돌아보고, 나만의 감정 곡선을 그려 보는 것이다.

만약 감정 곡선의 양극단에 머무르고 있다면 빨리 빠져 나오는 것이 급선무이며, 희로애락의 감정은 온전히 느끼는 것이 합리적이다. 그런 후에 인생의 불확실성, 인간의 보편성 그리고 나만의 특수성을 고려해 지난 경험을 종합적으로 들여다봐야 한다. 그래야 내가 무엇을 좋아하고 무엇을 싫어하는지를 좀 더 명확히 파악할 수 있다.

마지막으로 이런 작업은 전적으로 나만이 할 수 있다. 조금이라도 흥미가 느껴진다면 틈틈이 나만의 감정 곡선을 그려 보자. 당신은 분명 합리적인 감정 경영자가 될 수 있을 것이다.

에필로그

Slow and steady wins the race

　유명한 이솝 우화인 '토끼와 거북이'를 보면, 느리지만 묵묵히 걸어간 거북이가 마침내 경기에서 승리한다. 이 내용은 영어 속담인 "Slow and steady wins the race"에 딱 부합한다. 속담은 꾸준히 그리고 성실하게 실천하는 것의 중요성을 강조한다. 하지만 우리는 뭐든지 빨리하는 것에 길들여져 있다. 빨리 준비하고, 빨리 결정하고, 빨리 움직이고. "빨리, 빨리, 빨리"가 생활의 좌우명이 된 듯하다.

　인생을 살다 보면 때로 토끼의 민첩함도 필요하지만, 나를 알기 위해서는 거북이의 우직함이 더 필요하다. 나란 존재에 대해 제대로 알기 위해서는 깊은 사색이 필요하고 그만큼 오랜 시간이 소요된다.

　그렇다면 어떻게 해야 나란 존재에 대해 알 수 있다는 말일까? 어느 날 마음을 다잡고 '그래, 지금부터 내가 누군지에 대해 생각해 보자'라고 한들, 불현듯 깨달음을 얻는 것은 아니다. 내가 어떤 사람인지를 알기 위해서는 나를 이해할 줄 알아야 하고 구체적인 방법도 알고 있어야 한다.

　우선 내가 어떤 사람인지 알고자 할 때 첫 번째로 쓸 수 있는 방법이 '감정'을 들여다 보는 방법이다. 평소 느끼는 다양한 감정 안에는 내 생각이 묻어 있다. 감정은 생각의 지배를 받기 때문이다. 아마

독자들 중에는 문득 이런 의문을 가졌던 사람이 있을 것이다.

"별 생각도 안 했는데 갑자기 불안해진 적이 있었어, 왜 그랬지?"

그 이유는 자동 사고나 무의식적 방어 기제가 발동했기 때문이다. 어떤 생각이 나를 지배하고 있는지는 본인만이 알 수 있다. 그래서 '왜?'라는 질문을 끊임없이 자신에게 던져야 한다. 물론 일과를 처리하느라 바쁜 낮에는 하던 일을 멈추고 생각에 잠기기 쉽지 않다. 따라서 퇴근 후 혹은 주말에 지난 감정을 곱씹어 보며 그때 어떤 생각이 들었는지를 자꾸 반추해 봐야 한다. 거기에는 의식적 세계뿐만 아니라 무의식적 세계까지 살아 숨쉬고 있다. 이 두 가지 세계를 넘나들며 자신과 소통할 때 우리는 스스로에 대해 많은 것을 깨달을 수 있다.

두 번째 방법은 '투사projection'를 이용하는 것이다. 누구나 내 생각, 욕망, 감정을 타인에게 투사하며 살아간다. 그래서 다른 사람이 비추는 내 모습은 나를 이해하는 소중한 단서가 된다. 거울 속에 비친 내 모습을 보며 옷매무새를 가다듬는 것처럼 우리는 타인이라는 거울을 통해 내가 어떤 사람인지 파악하고 분석할 수 있다.

본인이 생각해도 지나치게 좋거나 싫은 사람 혹은 그런 상황이 있을 수 있다. 이성적으로 생각해 보면, 이해가 안 될 정도로 말이다. 그 이유는 내 마음속의 '아니마, 아니무스, 그림자'의 투사 때문일 수 있다. 다만 좀처럼 이유를 파악하기 어려운 것은 의식 차원에서 이루어지는 것이 아니라 무의식 세계를 투사하고 있기 때문이다.

대부분의 사람들이 갈등 상황에 부딪히면 문제의 해답을 밖에서 찾곤 하지만 의외로 답은 내 안에 있는 경우도 있다.

감정을 들여다 보고 내 무의식을 투사하고 있는 사람 혹은 상황에 대한 사색이 깊어질수록 우리는 조금씩 스스로에 대해 알고 이해할 수 있게 된다. 결국 생각은 행동으로 완성되기 마련이다. 스스로에 대한 통찰이 깊어질수록 우리는 보다 현명하고 성숙한 사람이 될 수 있으며 그러기 위해서는 꾸준히 성실하게 노력하는 자세가 필요하다.

"천천히 slow 나에 대해 생각한 후, 깨달은 것들을 꾸준히 steady 실천하다 보면 삶은 좀 더 온전해진다 wins the race."

마지막으로 집필 과정에 대한 고백으로 글을 마무리하려 한다. 정신과 의사가 된 후 많은 내담자가 대인관계로 고통받고 있다는 것을 알게 됐고 문제 해결을 위해서는 자율성 회복이 필요하다는 것을 절감하게 됐다. 그리고 이런 생각을 한 권의 책으로 엮어 보기로 마음을 먹었다.

'자율성'이란 단어를 마음에 두고 목차를 정리하고 관련 서적을 탐독했다. 출간 약속은 없었지만 우선 혼자서 책을 완성해 보기로 했다. 과정은 험난했다. 머릿속에 떠오르는 생각들을 글로 정리하는 과정이 녹록치 않았기 때문이다. 꽤 오랜 시간이 흘러 초고를 완성하는 순간, 머릿속에는 정확히 두 가지 생각이 떠올랐다.

"드디어 완성했구나! 정말 홀가분하다."

"너무 힘들어서 다시는 책은 못 쓰겠다."

초고 완성의 기쁨은 잠시 뿐이었고, 다시 내 앞에는 교정이라는 큰 숙제가 놓였다.

"모든 초고는 쓰레기다"라는 헤밍웨이의 말처럼 뼈를 깎는 교정 과정이 필요했다. 하지만 곧바로 교정에 들어갈 엄두가 나지 않았다. 그렇게 시간은 흘렀다. 운 좋게 출판사와 계약을 하게 됐고, 미뤄 두었던 교정이 시작됐다. 결국 충분한 시간을 두고 고치고 또 고치는 수밖에 없었다.

지칠 때면, "Slow and steady wins the race"라는 속담을 마음속에 되새겼다. 유난히도 무더웠던 지난 해 여름은 교정과 함께 지나갔다. 아마도 내 인생에서 지난 여름은 가장 치열했던 여름 중 하나로 기억되리라.

책은 완성됐고, 주사위는 던져졌다. 이제 평가는 독자의 몫이다. 기약할 수 없었던 원고였지만 드디어 세상의 빛을 보게 됐다. 책 출간이 내게 주는 의미는 어찌됐건 나와의 약속을 지켰다는 점이다. 미숙한 글이지만 오랜 시간과 노력이 배어 있다. 집필 과정은 고단했지만, 좀 더 독립적인 사람이 됐다는 생각은 든다. 깊은 생각과 꾸준한 실천으로 '마음 독립'에 조금 더 가까워졌다.

누구나 마음 독립은 어렵다. 그것은 타고난 심리적 본능임과 동시에 평생 실현해야 할 인생의 과제다. 노력은 배신하지 않는다는 옛말을 되새기면서, 독자 여러분도 마음 독립을 위해 꾸준히 노력하기를 기원한다. 그리고 정도와 상관없이 마음 독립을 이룰 때마다 자신에게 따뜻한 격려도 해 주기를 바란다.
 한번뿐인 내 인생이다.

마음 독립, 스스로 나를 선언하다

1판 인쇄 2019년 2월 1일
1판 발행 2019년 2월 11일

지은이 고한석
펴낸이 홍정수
펴낸곳 탐구당
원고진행 장선경
본문디자인 조정자

출판등록 1950. 11. 1 서울 제 03-00993호
04382 서울특별시 용산구 한강대로 62 나길 6
전화 (02)3785 - 2211~2 | 팩스 (02)3785 - 2272
E-mail : tamgudang@paran.com | http://www.tamgudang.co.kr

ISBN 978-89-6499-040-7

값 15,000원

파본은 바꿔드립니다. 본서의 무단복제는 금합니다.

출판예정도서목록(CIP)은 서지정보유통지원시스템 홈페이지(http://seoji.nl.go.kr)와
국가자료종합목록시스템(http://www.nl.go.kr/kolisnet)에서 이용하실 수 있습니다.
(CIP제어번호 : CIP2019003114)